Dieter Reifenschneider

Geistig fit in 10 Minuten

Das Aktivprogramm für jeden Tag

Mit 400 Denksportaufgaben

BASSERMANN

Der Text dieses Buches entspricht den Regeln
der neuen deutschen Rechtschreibung

ISBN 3 8094 0562 0

Umschlaggestaltung: Elisabeth Berthauer
Titelbild: TONY STONE IMAGES, Peter Poulides, München
Zeichnungen: Dieter Reifenschneider
Reinzeichnungen: Raasch & Partner GmbH, Neu-Isenburg
Layout: Graphic Design David Barclay, Neu-Anspach
Redaktion: Karin Schulze-Langendorff, Martina Tadli

Satz: Raasch & Partner GmbH, Neu-Isenburg
Gesamtkonzeption: Bassermann'sche Verlagsbuchhandlung,
D-65527 Niedernhausen/Ts.

817 2635 4453 6271

Inhaltsverzeichnis

Vorwort

Das Gehirn ist die Quelle unseres Erfolgs und unseres Wohlergehens. Also gilt es, diese Quelle am Sprudeln zu halten. Jeder kann sehr viel für sein Denkinstrument tun. Zum Beispiel Gedächtnisübungen absolvieren, Mnemotechniken oder verschiedene Erinnerungsmethoden anwenden. All dies verändert jedoch nur im ganz bescheidenen Rahmen unsere geistige Bildungsfähigkeit. Wenn dagegen der Engpass unseres Gehirns, der Kurzzeitspeicher, gedehnt, erweitert wird, haben wir in allen Bereichen des Lebens bessere Möglichkeiten des Zugriffs auf unsere „Hochenergiezentrale" Gehirn.

Welchen Lebensbereichen nützt die Erweiterung des Kurzzeitspeichers? Kurz: allen. Ein geistig trainierter Mensch nimmt durchaus doppelt so viele Informationen auf wie ein untrainierter. Dazu einige Beispiele:

Jede Informationssendung im Fernsehen oder im Radio bringt für den Trainierten doppelt so viel an neuem Wissen. Zeitungen und Zeitschriften können in kürzerer Zeit effektiver bearbeitet werden. Die Informationen der Umwelt, im Privaten wie im Beruf, werden besser ausgewertet. Stellen Sie sich nur einmal vor, zu welchem zusätzlichen Wissensschatz dies innerhalb kürzester Zeit führt!

Und auch im Verkehr ist eine gute geistige Leistungsfähigkeit wichtig, manchmal sogar überlebenswichtig. Ein durchschnittlicher Mitteleuropäer verarbeitet drei Bilder in der Sekunde. Wenn er zum Beispiel mit 140 km/h über die Autobahn fährt, nimmt er innerhalb einer Sekunde bis zu drei Bildern wahr: beispielsweise seinen Vordermann und zwei Schilder. Für den Wagen, der ihn gerade überholt, für den rückwärtigen Verkehr oder gar für ein Hindernis hat sein Gehirn keine Kapazitäten mehr frei. Er ist quasi blind für alles andere, was auf 39 Metern Fahrweg an Eindrücken auf ihn einstürmt. Denn genau diese Strecke legt sein Auto bei Tempo 140 in einer Sekunde zurück. Mit einem Satz: Die Situation ist lebensgefährlich! Ein geistig trainierter Autofahrer dagegen kann zirka sechs Bilder pro Sekunde aufnehmen.

Dieses Beispiel mag zunächst ein wenig drastisch erscheinen. Doch ebenso drastisch kann ein möglicher Unfall auch Ihr Leben verändern. Lassen Sie es nicht soweit kommen. Erweitern Sie Ihre geistige Leistungsfähigkeit durch tägliches Training von lediglich zehn Minuten. Damit Sie im Straßenverkehr, und auch in all den anderen Bereichen des Lebens besser klarkommen. Und damit Sie mehr Spaß und Erfolg dabei haben. Hierbei will dieses Buch Ihr treuer Wegbegleiter sein. Doch lesen Sie selbst.

Danksagung

Gehört eine Danksagung an den Anfang oder sollte sie den krönenden Abschluss eines Buches bilden? Eigentlich sowohl als auch. Denn dieses Buch wäre nicht möglich gewesen, ohne die vielen helfenden Hände. Oder sollte ich besser sagen, „ohne die helfenden Köpfe"?!

Mein Gedankengut, das ich in Seminaren, Coachings, Vorträgen, Einzeltrainings, Veröffentlichungen und Skripten weitergebe, wird aus vielen Quellen gespeist. Im Laufe meiner langjährigen Tätigkeit als Trainer und Berater habe ich mein Basiswissen durch Gespräche, Vorlesungen, Studien, Besuch von Seminaren und Veranstaltungen sowie durch das Lesen von unzähligen Büchern und Veröffentlichungen vertieft und erweitert. Vieles ist in meine Arbeiten eingeflossen, ohne dass sich heute noch im Einzelnen feststellen lässt, welcher Gedankenansatz wo und zum ersten Mal geäußert wurde. Deshalb möchte ich an dieser Stelle all jenen danken, die direkt oder indirekt zu meinen Arbeiten beigetragen haben und von deren Wissen ich profitiere. Dies trifft insbesondere auf meine Seminarteilnehmer zu, die mir im Laufe der Jahre unzählige Übungen, Denksportaufgaben und Rätsel geliefert haben, von denen etliche auch für dieses Buch ausgewählt wurden.

Danken möchte ich auch all jenen, die bisher schon zu meinen Kunden zählen. Die durch ihre Fragen, Aufgaben, Probleme und Erfolge in praktischer Arbeit immer wieder dazu beitrugen, dass ich mein „Werkzeug ausrichten" konnte und so heute zu einem gefragten Trainer und Berater für Verkauf und Führung zähle. Danke sage ich schon im Voraus den Menschen, die einzelne Tipps aus diesem Buch aufgreifen und dadurch große Erfolge für sich und damit automatisch auch für die Allgemeinheit erzielen. Herzlichen Dank auch an die, die sich ermuntert sehen, noch mehr für sich zu tun und meine Anregungen und Hilfe in Anspruch nehmen.

Bedanken möchte ich mich des Weiteren bei den Leserinnen und Lesern dieses Buches, die mir zukünftig weitere Ideen, Anregungen und Verbesserungen zukommen lassen. Denn sie tragen selbstverständlich auch dazu bei, die nächste Auflage dieses Buches noch weiter zu verfeinern. Schreiben oder faxen Sie an: Dieter Reifenschneider, Emser Straße 166, 56076 Koblenz, Telefax 02 61-9 75 00 75 oder Telefon 02 61-97 50 00. Vielen Dank!

Und jetzt gilt es, einige Helfer besonders zu erwähnen. Herrn Reinhardt Lüger, der die Schriftinhalte mit auswählte. Frau Karin Großmann, selbst Gehirntrainerin, die durch viele Gespräche und Anregungen zu diesem Buch ganz erheblich beitrug, nicht zuletzt durch ihre konsequente sprachliche Überarbeitung und in ihrer Funktion als Co-Autorin. Meiner Frau Birgit für die Überarbeitung und auch für ihr Verständnis und ihre große Geduld, die mir Zeit für das Forschen, Lernen und Lehren ermöglicht. Ebenso liegt es mir am Herzen, meiner Tochter Lara, zehn Jahre alt, und und meinem Sohn Alexander, vierzehn Jahre alt, zu danken. Nicht nur, weil sie während des Projekts öfter auf den Papa verzichten mussten, sondern auch, weil die beiden sämtliche Gehirnjogging-Aufgaben getestet und verbessert haben.

Was ist Gehirnjogging?

Wer durch Wald und Flur joggt, bringt damit seinen Körper auf Trab und sorgt für mehr Fitness. Wer Gehirnjogging betreibt, tut im Prinzip das Gleiche. Nur werden mittels dieser „Sportart" die kleinen grauen Zellen auf Vordermann gebracht, und zwar – genau wie der Körper – durch ausreichend Bewegung und regelmäßiges Training. Es geht beim Gehirnjogging also um die Förderung des „Denkmuskels", der geistigen Fitness. Der Begriff „Gehirnjogging" wird des Öfteren fälschlicherweise als Sammelbegriff für die verschiedensten Techniken des Gedächtnistrainings verwendet. Gedächtnistraining konzentriert sich allerdings ausschließlich auf die Schulung der Merkfähigkeit. Gehirnjogging dagegen trainiert die Aktivierung der gesamten Leistung des Gehirns und schafft damit ideale Voraussetzungen für alle geistigen Leistungen wie Gedächtnis, Lernfähigkeit, Konzentration und Kreativität. Ein kleines Beispiel verdeutlicht dies:
Wie viele Dreiecke enthält diese Figur? (Die Auflösung finden Sie im Praxisteil Nr. 300.)

Beim Lösen dieser Aufgabe ist in Ihrem Gehirn viel passiert. Vor allem folgende Bereiche wurden aktiviert: Sie mussten sich merken, welche Dreiecke Sie schon gezählt hatten – also war das Gedächtnis involviert. Sie lernten mit neuen Strategien und Gedanken umzugehen, kurz: Ihre Lernfähigkeit war gefordert. Sie konzentrierten sich auf eine Aufgabe und konnten kreativ denken – also waren auch die Bereiche Konzentration und Kreativität mit im Spiel.

Durch regelmäßiges Gehirnjoggen kann unter anderem die Geschwindigkeit des Denkens verdoppelt werden. Ein weiterer Effekt ist, dass das Gedächtnis, so scheint es, besser funktioniert. Außerdem werden Sie nach einiger Zeit feststellen, dass Sie auch bei Denkaufgaben und beim Kombinieren flexibler und schneller geworden sind. Doch damit nicht genug: Das schöne am Gehirnjoggen ist, dass es nicht nur gut tut – es macht sogar Spaß.

Erschließen Sie sich neue Dimensionen des Denkens

Ein vielleicht etwas gewagter, dennoch treffender Vergleich: Unsere geistigen Dimensionen sind oft ebenso „bandagiert" wie zu früheren Zeiten die Füße traditionell aufwachsender chinesischer Frauen. Das geistige Potential wird häufig falsch, ja sogar gar nicht trainiert. Daher ist es meist nur zu einem geringen Teil entwickelt. Die tatsächliche Kapazität des menschlichen Gehirns ist jedoch unvorstellbar groß. Schätzungen über die Anzahl der Wechselbeziehungen zwischen den einzelnen Nervenzellen, die das Denken möglich machen, liegen bei 10^{800}. Stellen Sie sich vor, das ist eine Zehn mit 800 Nullen! Zum Vergleich: Die Anzahl der Atome im gesamten Universum wird nur auf 10^{100} geschätzt. An den Schulen wird indes Wissen vermittelt, ohne gleichzeitig den Grundstein für eine effiziente Verwertung dieses Wissens zu legen. Selbst viele Hochschulabsolventen haben keine Ahnung, wie sie Informationen optimal aufnehmen, speichern und abrufen können. Als „mentale Analphabeten" zermürben sie sich mit Selbstvorwürfen über ihre Unzulänglichkeiten beim Lernen und verbringen ein mühsames Arbeitsleben. Wie wunderbar leicht es sich lernen lässt, wenn die mentalen Möglichkeiten optimal genutzt werden, darüber erfahren Sie mehr im Kapitel „Vom Umgang mit neuem Wissen".

Wie gehen Sie nun mit diesem Wissen um? Und vor allem: Wie verarbeiten Sie die enormen Wissensmengen, die tagtäglich auf Sie einstürmen?

Klagen auch Sie – wie so viele Menschen – über ein schlechtes Gedächtnis? Dabei gibt es kein schlechtes, sondern nur ein untrainiertes Gedächtnis.

In diesem Buch geht es um effiziente und effektive Wege, die persönlichen geistigen Möglichkeiten optimal auszunutzen. Die geistige Leistungsfähigkeit erreicht im Allgemeinen etwa mit dem 16. Lebensjahr ihr Maximum. Mit zirka 25 Jahren tritt meist bereits ein Leistungsabfall ein. Er beschleunigt sich oft ab dem 40. Lebensjahr. Um das 60. bis 65. Lebensjahr setzt dann ein noch steilerer Abfall der Leistungsfähigkeit ein. Dies alles können Sie verhindern.

Mit der entsprechenden „Gebrauchsanweisung" für Ihr Gehirn sind Sie in der Lage, Ihr geistiges Potential erheblich zu erweitern.

Lassen Sie mich Ihnen dies anhand eines Beispiels näher bringen:
Ein Verkäufer von Motorsägen besucht einen Waldarbeiter und fragt ihn: „Sagen Sie, ich habe gehört, dass Sie Ihre Bäume noch mit einer Handsäge fällen und in kleine Stücke zersägen. Wie viele Bäumen schaffen Sie denn pro Tag?" „Nun", sagt der Waldarbeiter, „jeden Tag schaffe ich es, einen großen Baum in kleine Stücke zu zersägen." „Ich habe hier eine Maschine", antwortet der Verkäufer, „mit der können Sie leicht zehn Bäume am Tag in kleine Stücke zersägen." Aufgrund dieser Aussichten wechselt die Motorsäge ihren Besitzer. Einige Wochen später ist der Verkäufer wieder in der Gegend unterwegs und fragt den Waldarbeiter: „Nun, wie klappt es mit der Motorsäge?" Der schweißgebadete Waldarbeiter erwidert: „Hören Sie mir bloß damit auf! Früher habe ich wenigstens einen Baum pro Tag geschafft, jetzt schaffe ich noch nicht einmal einen halben." Der Verkäufer traut seinen Ohren nicht: „Das darf doch nicht wahr sein! Geben Sie mir doch bitte einmal die Motorsäge." Er zieht am Anlasser und schon geht die Motorsäge an. Der Waldarbeiter fragt erstaunt: „Was ist denn das für ein Geräusch?"

Genauso, liebe Leserinnen und Leser, gehen viele von uns mit ihrem Gehirn um. Wir bekamen dieses phänomenale Instrument mit in die Wiege gelegt. Jedoch ohne jegliche Gebrauchsanleitung – wie bei so vielen anderen

Dingen und Anregungen des täglichen Lebens. Dummerweise können wir auch niemanden fragen, wie wir unser Gehirn benutzen sollen. Unsere Eltern, Großeltern und Vorfahren gingen häufig ebenso unprofessionell mit diesem wunderbaren Sauerstoffcomputer um. Dieses Buch dient als Anleitung, den „Motor" des Gehirns zu aktivieren, anstatt die „Kettensäge" manuell zu betätigen.

Sehr oft gehen wir genauso vor wie der Waldarbeiter. Wir benutzen heute unser Denkwerkzeug nicht viel anders, als wir es noch vor einem, vor fünf, vor zehn oder gar vor 30 Jahren taten. Wir können jedoch die auf uns einströmenden Wissensmengen nicht mit einem Instrument (Gehirn) bewältigen, welches weiterhin auf Sparflamme läuft. Ich vergleiche die Möglichkeiten des Gehirns gerne mit dem Eigentümer eines riesengroßen Hochhauses. Dieser Eigentümer empfängt Gäste und führt sie im Erdgeschoss in jeden Raum und gibt kräftig mit seinem Haus an. Der Besuch sagt: „Hören Sie, Sie haben doch ein Hochhaus. Warum führen Sie uns immer nur hier im Erdgeschoss herum? Wie sieht es denn weiter oben aus?" Daraufhin der Eigentümer: „Das weiß ich auch nicht, da war ich noch nie."

Wie schade! Seien Sie schlauer als der Hauswirt. Erkunden und nutzen Sie *alle* Varianten und Möglichkeiten, die sich Ihnen bieten. Dabei hilft Ihnen dieses Buch. Vor allem möchte ich Sie dazu ermuntern, den praktischen Teil intensiv zu nutzen. Die Aufgaben sind so zusammengestellt, dass für jeden Geschmack etwas dabei ist. Sowohl für den Leser, der „leicht verdauliche" Übungen bevorzugt als auch für denjenigen, der die Herausforderung des Neuen liebt oder es gerne kniffelig mag. Und noch ein Pluspunkt: Sie können sich jeden Tag Ihr Gehirnjogging so zusammenstellen, wie es Ihnen an diesem Tag bekömmlich ist und Ihnen Spaß bereitet.

Denken Sie jedoch an den Grundsatz der Regelmäßigkeit. So wie Sie täglich duschen oder sich die Zähne putzen, mehrmals die Woche zum Fitnesstraining gehen, so empfiehlt sich auch hier Kontinuität.

Das Gehirn funktioniert wie ein Muskel. Je mehr es genutzt wird, umso leistungsfähiger ist es.

Das Gehirn und seine Funktionen

Aristoteles sah den Sitz von Gedächtnis und Besinnung noch im Herzen. Das Hirn bestehe vorwiegend aus Wasser, seine Aufgabe sei es, das Herz zu kühlen. *Hippokrates* vermutete jedoch bereits vor fast 2.400 Jahren, dass Freude, Lust, Lachen, Trauer und Schmerz vom Gehirn ausgehen. Heute wissen wir viel mehr. Doch über bestimmte Funktionsweisen des Gehirns und des Gedächtnisses letztlich noch immer herzlich wenig. Tatsächlich gibt es viele Zusammenhänge zwischen Kopf und Herz (*Aristoteles* hatte also nicht völlig Unrecht). Herz und Hirn sind „in gesunden wie in kranken Tagen" eng miteinander verbunden. Ist der Mensch gesund, liefert das Herz 20 Prozent seines Blutes an das Gehirn ab, um dort den Stoffwechsel genügend mit den Brennmaterialien Sauerstoff und Zucker zu versorgen.

Schaltzentrale Gehirn: die perfekte „Verkabelung"

Das Gehirn des Menschen wiegt knapp 1,5 Kilogramm. Wissenschaftler sprechen deshalb auch vom „Drei-Pfund-Universum", wenn vom Gehirn die Rede ist. Die Daten über dieses hoch leistungsfähige Organ geben ihnen Recht. Das Gehirn steuert alle wichtigen Körperfunktionen wie **Atmung, Muskelspannung, Durchblutung** und **Stoffwechsel.** Und es organisiert die Art und Weise zu denken. Es besteht aus mindestens hundert Milliarden Nervenzellen **(Neuronen).** Einige Experten vermuten sogar die weitaus größere Zahl von fünfhundert Milliarden Zellen. Jede einzelne Gehirnzelle steht über ihre verzweigten Nervenenden wiederum in Verbindung mit oftmals zehntausend anderen. So wird schnell deutlich, dass der viel zitierte Vergleich mit einem Computer dem Gehirn mit seinen unzähligen Möglichkeiten keineswegs gerecht wird. Die Gehirnforscher tendieren vielmehr dazu, *einzelne* Gehirnzellen mit einem Computer zu vergleichen. Diese komplexe „Verkabelung" auf elektrochemischer Basis mit Hilfe sogenannter **Neurotransmitter** oder **Gehirn-Botenstoffe** ergibt einen enorm leistungsfähigen Informationsspeicher.

Während der Entwicklung des Embryos entstehen täglich rund 360 Millionen neue Nervenzellen. Das Gehirn eines Neugeborenen enthält etwa 50 bis 100 Milliarden Nervenzellen. Der Dialog mit der Umwelt führt zu einem gigantischen Netzwerk von Billionen von Nervenverbindungen und Schaltstellen *(Synapsen)* zwischen den Zellen. Im *Kleinhirn* sind zum Beispiel die Programme bereits gelernter Bewegungsmuster abgespeichert.

Jede Nervenzelle enthält die gesamten Erinnerungen. Ausgeschöpft wird jedoch stets nur ein geringes Potential. Das Gedächtnis ist vermutlich nicht auf einzelne Gehirnregionen verteilt, sondern das Erinnern geschieht mit Hilfe der gesamten *Hirnrinde*.

Die „Nahrung" des Gehirns

Das Gehirn erhält seine Energie in Form von **Glukose** und **Sauerstoff.** Es verbraucht etwa 20 Prozent des gesamten aufgenommenen Sauerstoffs. Andererseits wiegt das Gehirn nur knapp zwei Prozent des Körpergewichts.

Das Gehirn wird als „Hochenergiezentrale" bezeichnet. Der Zucker- und der Sauerstoffverbrauch erhöhen sich während geistiger Tätigkeiten. Denn 50 Prozent des gesamten Zuckers wird im Körper mit Hilfe von Sauerstoff verbrannt und legt dabei die Grundlage für die geistigen und emotionalen Leistungen.

Nervenzellen

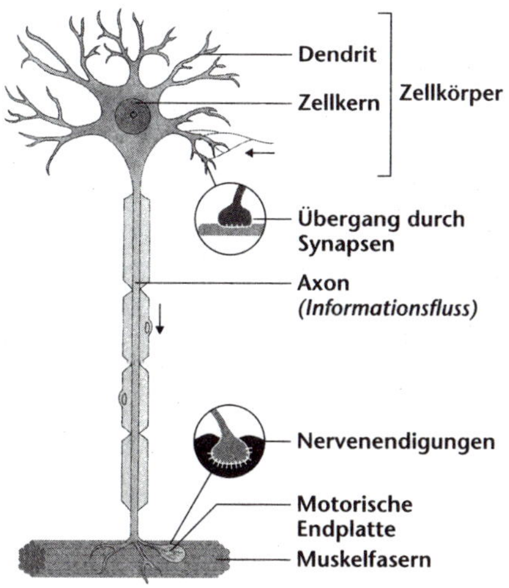

Das zentrale Nervensystem: eine AG aus hundert Milliarden Zellen

Das Gehirn ist der Teil des zentralen Nervensystems innerhalb des Schädels. Der restliche Teil befindet sich im Rückenmark. Das gesamte Nervensystem ist eine Arbeitsgemeinschaft aus weit mehr als hundert Milliarden Zellen. Viele Nervenzellen haben einen sternförmigen **Zellleib**, aus dem ein dünner Fortsatz, der **Neurit**, entspringt. Außer den Neuriten gehen vom Zellleib zahlreiche weit verzweigte Fortsätze, die **Dendriten**, aus. Die meisten Nervenzellen haben wiederum über die Dendriten Kontakt zu mehr als zehntausend weiteren Nervenzellen. Zellleib, Neuriten und Dendriten zusammen heißen **Neuron**. Weit mehr als hundert Milliarden solcher Neuronen bilden im menschlichen Nervensystem ein „Nachrichtennetz“ von gewaltigem Ausmaß. Die gesamte Anzahl an Verbindungsstellen innerhalb des weit verzweigten Netzwerkes im Neuronensystem des Gehirns ist wahrhaft astronomisch. Sie ist größer als die Zahl von Atomen in dem uns bekannten Universum. Die Leistungsfähigkeit des menschlichen Gehirns beruht auf den unzähligen Kontaktstellen seiner vielen Zellen.

Fast unbegrenzt: Leistungsfähigkeit und Kapazität des Gehirns

Dieses weit verzweigte und hochkomplizierte Organsystem ist unbeschreiblich. Es ist leistungsfähiger als alle Elektronengehirne dieser Erde zusammen. Das Nervensystem des Menschen ist bislang der einzige „Computer“, der so vollkommen ist, dass er Macht über sich selbst erlangt hat. Der Mensch besitzt, und damit unterscheidet er sich von allen anderen Lebewesen, durch dieses hoch entwickelte Gehirn die Möglichkeit, über sich selbst nachzudenken, sich selbst zu beobachten, sich selbst Befehle zu erteilen, zu planen und damit die eigene Zukunft vorauszudenken. Das Gehirn bildet den Zentralcomputer des Körpers, der alle Gedanken und fast jede Bewegung steuert.

> SEIT LANGEM IST BEKANNT, DASS DIE KAPAZITÄT DES GEHIRNS UNBEGRENZT IST.

Das heißt, jeder Mensch verfügt über enorme Möglichkeiten zum Ausbau seiner Leistungsfähigkeit. Wussten Sie, dass selbst das Gehirn einer Stubenfliege der Gesamtheit aller NASA-Computer einschließlich sämtlicher Computer der amerikanischen Luftwaffe überlegen ist? Die Stubenfliege kann jedem beweglich angreifenden Objekt ausweichen. Sollte sie es einmal nicht schaffen, so liegt das nicht an ihrem Gehirn, sondern an der Physiologie. Stellen Sie sich vor, die amerikanische Luftwaffe besitze einen solchen Computer. Wenn nun schon das Gehirn einer Stubenfliege über eine solche Leistungsfähigkeit verfügt, was für Möglichkeiten stecken dann erst im menschlichen Gehirn?

Aufbau und Funktion des Rückenmarks

Nun wieder zurück zum Aufbau des **zentralen Nervensystems**. Das **Rückenmark** ist der einfachste Teil des menschlichen Nervensystems: ein kaum 40 Gramm schweres stabförmiges Organ, das vom Gehirn herab hängt und im Wirbelkanal in einer wasserhellen Flüssigkeit, dem **Liquor**, schwimmt. Dieses Organ empfängt in jeder Sekunde tausende von Hilferufen aus dem Leib, den Beinen und den Armen, und es beantwortet diese Hilferufe mit kurzen, sinnvollen Befehlen. Diese werden wiederum in Bruchteilen von Sekunden ausgeführt. Wenn der Mensch sich die Finger verbrennt, wird dieses Ereignis zunächst von der Haut wahrgenommen, jedoch sofort über den Neuriten eines Nachrichtenneurons dem Rückenmark gemeldet. Das Nachrichtenneuron gibt den Notruf an das Befehlsneuron weiter und dieses signalisiert einem Muskel, den Finger sofort aus der Gefahrenzone wegzuziehen. Das alles geschieht blitzschnell, ohne Zutun des Gehirns. Erst jetzt erreicht die Nachricht auch das Gehirn und wird von ihm als Schmerz empfunden. Wissenschaftler nennen eine solche Reaktion **Reflex**. Der gesamte Weg, den Nachrichten und Befehle zurücklegen müssen, heißt **Reflexbogen**. Der Mensch wird im beschriebenen Fall zuvorderst aus dem Rückenmark oder auch dem **Reptilien-Gehirn** (weil diesen Gehirnteil auch die Reptilien besitzen) gesteuert. Dies erkennen Sie auch an den Äußerungen, die der Mensch nach einem solchen „Fehlgriff" von sich gibt. Dabei handelt es sich zumeist um Fluch- oder Schimpfwörter. Diese Aussagen sind oft wenig intelligent. Das ist kein Wunder! Sie entstammen ja auch nicht dem Groß- beziehungsweise Denkhirn.

Das Rückenmark ist also ein Reflexorgan. Reflexe werden nicht erlernt, Reflexe sind angeboren. Über Reflexbögen, die bis ins Gehirn hinaufreichen, regelt das Nervensystem **Atmung, Herzschlag, Puls** sowie die Verteilung wichtiger **Körperfunktionen.** Von alledem merkt der Mensch nichts. Das Rückenmark ist nicht nur ein Reflexorgan, es enthält auch alle Nervenbahnen, die von den Organen zum Gehirn und vom Gehirn zu den Organen führen. Dadurch erreicht jede Botschaft zuerst das Rückenmark. Darum ist der Körper eines Menschen, dessen Rückenmark verletzt wurde, unterhalb der verletzten Stelle schlaff und empfindungslos.

Weiterreise in den Kopf

In seinem oberen Teil geht das Rückenmark, welches einer zwiebelförmigen Anschwellung ähnlich sieht, in den **Hirnstamm** über. Hier liegen zwei lebenswichtige Kommandozentralen: das **Atem-** und das **Kreislaufzentrum.** Auch das Schlucken, Erbrechen, Schnaufen, Sprechen, Singen, die Steuerung des Blutdrucks und teilweise auch die Frequenz des Herzschlags werden hier geregelt. Wenn dieser Teil des Hirns verletzt wird, tritt augenblicklich der Tod ein. Darüber befindet sich das **Zwischenhirn** beziehungsweise **lymbische System,** das bereits kennzeichnend für Säuger ist. Hier sind viele Emotionen angelegt, und dieser Hirnteil gibt jedem von uns die Möglichkeit, aus Erfahrung zu lernen. Darüber befindet sich dann das Gehirnteil, auf welches die Menschen so stolz sind: das **Groß-** beziehungsweise **Denkhirn.**

Unser ganzer Stolz: die Struktur des Großhirns

Das Großhirn sieht von außen recht faltig aus. Die **Großhirnrinde** ist vielfältig, das Gegenteil von einfältig. Die Kompliziertheit ist platzsparend eingefaltet. Wenn das Großhirn diese Form nicht hätte, sondern sich ausdehnen würde, dann müssten in allen Räumen, in denen sich Menschen aufhalten, die Decken erhöht werden, damit es Platz darin fände. Das Gehirn der Frau ist übrigens um zirka 150 g leichter als das des Mannes, besitzt jedoch die gleiche Anzahl Nervenverbindungen.

Schauen Sie sich nun noch einmal die Zeichnung der Nervenzelle an (siehe Seite 13), um die im Folgenden beschriebene Struktur besser zu verstehen. Ein Zellkern hat mehrere Arme, fachspezifisch **Dendriten** und **Axone** genannt. Der Informationsfluss läuft über die **Axone** und **Synapsen,** die Nervenendigungen. Hier wird mittels chemischer Überträgerstoffe **(Transmitter)**, von denen heute etwa 20 bekannt sind, die Informationsweitergabe vorgenommen. Treten Störungen auf, so legt sich bildlich gesprochen, eine matte Scheibe (vergleiche: „Der hat eine Mattscheibe.“) zwischen die Körperzellen und die Gehirnzellen, sodass die Synapsen nicht „feuern“ können. Viele Menschen kennen solch unangenehme Situationen aus Prüfungen. Werden hingegen zum Beispiel durch Training bestimmte Nervenverbindungen reichlich genutzt, so sind hier besonders gute Nervenbahnen und schnelle Zugriffsmöglichkeiten „eröffnet“. Die Synapsen feuern ohne Probleme.

Die auch **Neuronen** genannten Hirnzellen empfangen, analysieren, koordinieren und senden Informationen. Das Hirn lernt und erinnert sich sein Leben lang. Währenddessen verändert es laufend das Netz aus Billionen Neuronenverbindungen. Damit reagiert es auf Anregungen aus der Umwelt. Heute ist bekannt, dass einige dieser auch **Synapsen** genannten Verbindungen durch intensives Lernen stärker werden. Wenn sie dagegen nicht benutzt werden, werden sie schwächer oder verkümmern ganz und gar. Doch auch dann ist noch nicht alles verloren: Bei neuen Anreizen nämlich bilden sich wieder neue Synapsen.

Eine Art Resümee

Das menschliche Gehirn lässt sich also mit einem Zusammenschluss gigantischer Computer vergleichen. Wer diesen Supercomputer richtig zu nutzen versteht, verfügt über ungeahnte Möglichkeiten zur Optimierung seiner täglichen Arbeit.

Viele Menschen haben jedoch manchmal das Gefühl, dass ihr Gehirn wie ein Bremsblock auf die Verwirklichung ihrer ehrgeizigen Pläne wirkt. Es fällt ihnen schwer, sich zu konzentrieren. Das Gedächtnis lässt sie im Stich oder kalte Panik befällt sie, wenn sie kreative Lösungen für ein Problem suchen. Neidvoll schielen sie dann zu den begnadeten Genies hinüber, die scheinbar mühelos die benötigten Informationen aus dem Ärmel schütteln und dazu noch in der Lage sind, diese kreativ und geistreich zu verknüpfen.

Ist es Zufall, dass manche Menschen begnadet erscheinen und andere wiederum sich eher schlecht als recht durchs Leben schlagen? Oder sind letztere schlichtweg im wahrsten Sinne des Wortes „zu dumm“, um die schlummernden Potentiale ihres Gehirns besser auszuschöpfen? Viele Menschen behaupten gar von sich, sie hätten ein „schlechtes" Gedächtnis. Doch ein solches gibt es gar nicht. Oder kämen Sie etwa auf die Idee, einen untrainierten Körper als „schlechten" Körper zu bezeichnen? Natürlich nicht! Und so gibt es eben auch kein schlechtes Gedächtnis, sondern lediglich ein untrainiertes. Und das lässt sich ändern. Mit der richtigen Vorgehensweise bringen Sie Ihr Gehirn auf die volle Leistung.

Warum Gehirnjogging dem Gedächtnistraining überlegen ist

Das Gedächtnis hat enorme Kapazitäten und die Menge an gespeichertem Wissen ist viel, viel umfangreicher, als die meisten Menschen denken. Das **Unbewusste** speichert grundsätzlich jede Information, auch wenn dies dem Wachbewusstsein selten oder gar nicht gegenwärtig wird. Ein Beispiel: Stellen Sie sich vor, Sie sitzen mit Freunden in einem Café und befinden sich gerade in einer angenehmen und angeregten Diskussion. In diesem Fall nehmen Sie die Begleitmusik, die im Hintergrund spielt, selten direkt wahr. Auf der Heimfahrt jedoch pfeifen Sie dann häufig genau das Lied, das zuvor im Café ablief. Sie sehen: Das Unbewusste bekommt grundsätzlich alles mit. Auch das, was Ihnen nicht bewusst geworden ist, speichert es ab.

Unter Hypnose sind all diese unbewussten Informationen jederzeit wieder abrufbar. Dies alles verdeutlicht, dass nicht das *Gedächtnis* das Problem ist, sondern der *Speicher*, der die Informationen bewusst hinterlegt, der **Kurzzeitspeicher.** Den gilt es also verstärkt zu trainieren. Und das gelingt mit Gehirnjogging. Reines Gedächtnistraining hingegen vermag diesen Speicher nicht zu „weiten"; es dient lediglich der Verbesserung des Erinnerungsvermögens. Doch zunächst einige Hinweise zum besseren Verständnis des Speicherprozesses.

Informationen einspeichern

Ein einfaches Modell erklärt den **Einspeicherungsvorgang** sehr schön:
Jeder Mensch empfängt Reize aus der Umwelt. Die Reizaufnahme geschieht mit Hilfe der Sinnesorgane. Die Reize der Umwelt – aufgenommen mit dem Wachbewusstsein –, werden an den Kurzzeitspeicher „weitergereicht". Die

Informationen wiederum, die gelernt und gespeichert werden sollen, leitet der Kurzzeitspeicher, im Rahmen seiner Kapazität, seines Fassungsvermögens, an

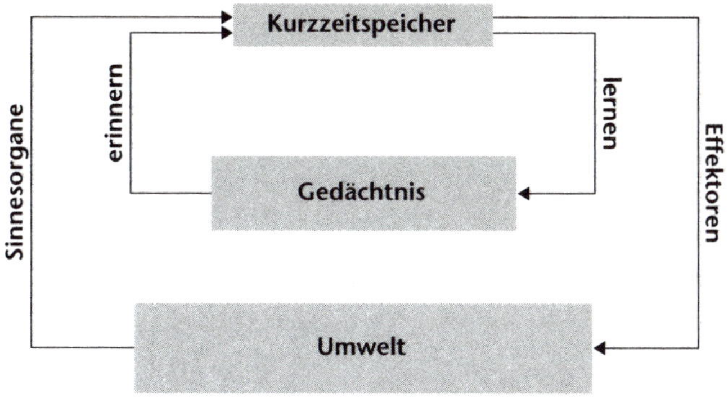

das Gedächtnis weiter. Lediglich die Gedanken, die von der Umwelt direkt aufgenommen werden und sofortige Reaktionen veranlassen, gibt der Kurzzeitspeicher direkt durch Handlungen an die Umwelt ab. Soweit der Einspeicherungsvorgang.

Abruf von Informationen

Nun zum **Rückerinnern** oder Abruf von Informationen aus dem Gedächtnis. Der Vorgang verläuft jetzt umgekehrt: Das im Gedächtnis Eingespeicherte wird wieder in den Kurzzeitspeicher „abberufen“. Da dessen Kapazität jedoch begrenzt ist, kann nur eine bestimmte Menge an Informationen zurückgeholt werden; der Rest bleibt auf der Strecke. Mit anderen Worten: Jede zurückerinnerte Information muss das Nadelöhr Kurzzeitspeicher passieren. Erst danach kann sie wieder in eine Handlung verwandelt werden.

Der Kurzzeitspeicher als geistiger Engpass

Jeder gesunde Mensch hat ausreichend Gedächtniskapazitäten zur Verfügung. Beim Kurzzeitspeicher gibt es jedoch große individuelle Unterschiede, er ist der geistige Engpass. Er bestimmt, wie viele Informationen im Gedächtnis abgespeichert und wieder abgerufen werden. Deswegen spielt die Strategie und die Organisation der Informationsverarbeitung eine große Rolle bei der Erweiterung dieses Speichers beziehungsweise der geistigen Leistungsfähigkeit.

Sie wissen jetzt, dass der Kurzzeitspeicher am wichtigsten für die Informationsaufnahme, -verarbeitung und -wiedergabe ist. Lernen Sie nun noch die wesentlichsten Basisgrößen der allgemeinen geistigen Leistungsfähigkeit näher kennen. (Auch wenn die Materie manchmal etwas trocken erscheint: Halten Sie durch! Diese Informationen sind nämlich wichtig fürs Verständnis - und schon bald wird's wieder einfacher.)

Die drei informationspsychologischen Grundgrößen

Basis der geistigen Leistungsfähigkeit sind folgende Faktoren:

1. **Informationsverarbeitungsgeschwindigkeit**
2. **Gegenwartsdauer oder unmittelbares Behalten**
3. **Mittelbares Behalten oder Basis-Lerngeschwindigkeit**

Diese Größen entscheiden nicht nur über die Intelligenz, deren Messbarkeit und Trainierbarkeit, sondern sie sind auch die Eckpunkte der Erweiterung der Gedächtnisleistung, der Kreativität und der geistigen Leistungsfähigkeit ganz allgemein. Schauen Sie sich nun zum besseren Verständnis die Basisgrößen der Reihe nach an.

1. Informationsverarbeitungsgeschwindigkeit

Die Geschwindigkeit oder Schnelligkeit, mit der die Informationen erfasst werden, heißt **Informationsverarbeitungsgeschwindigkeit.** Diese Größe bestimmt also, wie schnell die Informationen verarbeitet werden. Je höher diese Geschwindigkeit bei einem Menschen ist, umso mehr Informationen je Sekunde kann er aufnehmen. Die Maßeinheit ist Bit/Sekunde (Binäre Informationseinheit).

Folgende Durchschnittswerte sind bekannt:

Medizinstudenten	20 Bit/Sekunde
Erwachsene allgemein	15 Bit/Sekunde
Personen an der Grenze zum Schwachsinn	9–10 Bit/Sekunde

Der durchschnittliche Erwachsene kann 15 Bit pro Sekunde (das entspricht beispielsweise zwei bis drei Buchstaben in „unlogischer" Reihenfolge) an Informationen verarbeiten, also ins Gedächtnis einspeichern und auch wieder abrufen.

2. Gegenwartsdauer oder unmittelbares Behalten

Die Zeitspanne, in der Informationen geistig kurz gegenwärtig gehalten werden können, heißt **Gegenwartsdauer.** Wenn die Gegenwartsdauer gesättigt ist, bricht das Informationssystem zusammen. Bei maximaler Anstrengung ist das nach fünf bis sechs Sekunden der Fall.

Diese Größe hat einen starken Einfluss auf die Kurzzeitspeicher-Kapazität und schwankt je nach geistiger Leistungsfähigkeit zwischen vier und acht Sekunden. Der bundesdeutsche Durchschnitt eines Erwachsenen beträgt 5,4 Sekunden. Der durchschnittliche Erwachsene kann somit eine Information 5,4 Sekunden aufrechterhalten. Eine Zahlen- oder Buchstabenfolge von zirka fünf Informationen, im Sekundentakt vermittelt, kann ebenso aufrechterhalten werden. Bei längeren Folgen bricht zum Schluss das Informationssystem zusammen. Erinnert wird nur noch der Anfang und das Ende der Zahlenreihe. Dieses Phänomen ist beispielsweise für die Gesprächsführung von großer Bedeutung. Denn oft überfordern wir unser Gegenüber mit zu vielen Informationen, die es noch nicht kennt. Besonders häufig geschieht das bei Schülern. Für eine gute Kommunikation sind hingegen kurze Sätze mit wenig Fremdworten sehr hilfreich.

3. Mittelbares Behalten oder Basis-Lerngeschwindigkeit

Eine dritte informationspsychologische Grundgröße ist das **mittelbare Behalten.** Übungen in diesem Bereich trainieren das Einspeichern und das Abrufen von Informationen aus dem Gedächtnis. Hier gilt es, sich zunächst Informationen einzuprägen und sich dann – nach kurzer Ablenkung durch andere Aufgaben – wieder an die ursprüngliche Information zu erinnern. Etwas scherzhaft ausgedrückt, bedeutet „mittelbares Behalten“: Wenn Sie jemandem tausend Mark leihen und sich dann nach einer Stunde immer noch daran erinnern, haben Sie diese Information mittelbar behalten. Doch Scherz beiseite. Mittelbares Behalten ist nämlich immens wichtig, weil es die Vorstufe vom Langzeitgedächtnis darstellt.

Diese drei wichtigsten Grundgrößen der geistigen Leistungsfähigkeit können Sie sehr gut mittels Gehirnjogging trainieren. Gleichzeitig trainieren Sie die Wahrnehmung, die Aufmerksamkeit und die Konzentration mit. Nach diesem Training fällt es leichter zu denken, zu planen, kreativ und geistig flexibel zu sein, zu lernen, zu diskutieren und so weiter.

Schwachstelle Kurzzeitspeicher

Die Kurzzeitspeicherkapazität, die geistige Leistungsfähigkeit, errechnet sich aus der Informationsverarbeitungsgeschwindigkeit mal der Gegenwartsdauer. Ein Beispiel dazu:

16 x 5 = 80 Bit Kurzzeitspeicher-Kapazität.

16 Bit Informationsverarbeitungsgeschwindigkeit können fünf Sekunden aufrechterhalten werden. So ergibt sich daraus eine Kurzzeitspeicher-Kapazität von 80 Bit. Der Erwachsenendurchschnitt beträgt knapp über 80 Bit.

Zum Vergleich: Aus der Umwelt prasseln auf jeden von uns die unvorstellbare Zahl von 10^9 bis 10^{11} Informationen pro Sekunde ein. Bei voller Anstrengung kann ein Mensch davon jedoch nur knapp über 80 Bit Information im Kurzzeitspeicher aufnehmen. Aus den 100.000.000.000 Informationen, die er durchschnittlich pro Sekunde aus der Umwelt erhält, filtert sein Bewusstsein also nur etwa 80 Informationen heraus – und doch behauptet dieser Mensch meist steif und fest, dies sei *die* Wirklichkeit. Ganz schön dreist, nicht wahr! Dabei ist bei dieser Betrachtensweise völlig klar, dass jede weitere Person eine ganz andere Wirklichkeit wahrnimmt. Denn es gibt unvorstellbar viele Kombinationsmöglichkeiten beim Herausfiltern von 80 Informationen aus 100.000.000.000. Und noch etwas wird deutlich: Der Kurzzeitspeicher ist der Engpass bei der Informationsverarbeitung. Diesen gilt es zu erweitern, zu dehnen, um geistig fitter zu werden.

Was geschieht nun, wenn die Gegenwartsdauer zweier miteinander kommunizierender Personen unterschiedlich lang ist? Betrachten Sie dazu ein Beispiel:

Person A hat eine Gegenwartsdauer von sieben Sekunden und spricht drei Wörter pro Sekunde. Sie übermittelt also 21 Wörter in sieben Sekunden. Bei Person B hingegen beträgt die Gegenwartsdauer nur fünf Sekunden, und sie versteht drei Wörter pro Sekunde. Das heißt, bei Person B ist der Kurzzeitspeicher nach 15 Worten voll. Zwischen Person A und Person B ergibt sich also eine Differenz, ein „Verlust“ von sechs Wörtern. Während der Kommunikation der beiden wiederholt sich dieser Vorgang ständig. Jetzt wird Ihnen bestimmt klar, warum Informationen oft trotz guten Willens auf der Strecke bleiben oder bei einem selbst oder beim Gegenüber völlig „falsch“ ankommen. Denn was passiert mit den sechs Wörtern Differenz? Da jeder Mensch eine natürliche „Informationssperre“ besitzt, fallen diese Wörter „hinten runter“ oder bestenfalls werden sie vom Empfänger nach seiner Vorstellung ergänzt – Missverständnisse sind also vorprogrammiert. Und wieder ist der Kurzzeitspeicher schuld.

Im Vergleich: die Speicherkapazität bei Kindern und Jugendlichen

Ein siebenjähriges Schulkind verfügt in der Regel über nur 30 Prozent der Kurzzeitspeicher-Kapazität des Lehrers, hat andererseits schon 75 Prozent von dessen Körpergröße erreicht. Lehrer schätzen deshalb manchmal die geistige Leistungsfähigkeit ihrer Schüler zu hoch ein und überfordern sie. Vor allem von groß gewachsenen Kindern wird oft mehr verlangt als von kleineren Gleichaltrigen.

Das folgende Schaubild zeigt den Anteil der behaltenen Informationen. Dieser liegt bei Kindern von sieben Jahren bei nur 1,8 Prozent der Gesamtmenge an aufgenommenen Informationen, bei Jugendlichen von 15 Jahren bei 2,4 Prozent und bei Erwachsenen bei fünf Prozent. Aus diesem Chart lässt sich somit auch schließen, dass gerade von Schülerinnen und Schülern bis zum 15. Lebensjahr oft Unmögliches verlangt wird. Denn viele haben im Alter von 12 beziehungsweise 13 Jahren eine Körpergröße erreicht, die die des Lehrers übersteigt, und der wiederum überträgt diese Größe auf die geistigen Möglichkeiten. Doch dieser Rückschluss geht natürlich nicht auf. So werden gerade große Schüler oftmals völlig überfordert.

Wie unterschiedlich ist nun die **Zuflusskapazität** des Kurzzeitspeichers? Wie Sie aus den vorangegangenen Ausführungen wissen, wird in der Gehirnforschung die Speicherfähigkeit des Gehirns in Bit angegeben. Kinder von sieben Jahren haben eine Kurzzeitspeicher-Kapazität von sieben Bit. Die 15-jährigen besitzen eine Kurzzeitspeicher-Kapazität von 14,4 Bit und die 17-jährigen von durchschnittlich 16 Bit. Vor allem Kinder und Jugendliche unter 15 Jahren sind also noch gar nicht in der Lage, sehr komplexe Sätze aufzunehmen.

Die Tatsache, dass viele Lehrer *permanente* Aufmerksamkeit von den Schülern fordern, geht völlig an den Erkenntnissen der Informationswissenschaft vorbei und ist sicher mit eine der Ursachen dafür, dass Kinder während der Schulzeit im Vergleich zu dem, was sie eigentlich lernen müssten, recht wenig lernen. Denn das Gehirn ist nicht in der Lage, bereits aufgenommene Informationen einzuspeichern und *zur gleichen Zeit* neue Informationen aus der Umwelt aufzunehmen. Deshalb sind auch kleine Sprechpausen so wichtig.

Anteil der von der Gesamtmenge behaltenen Informationen

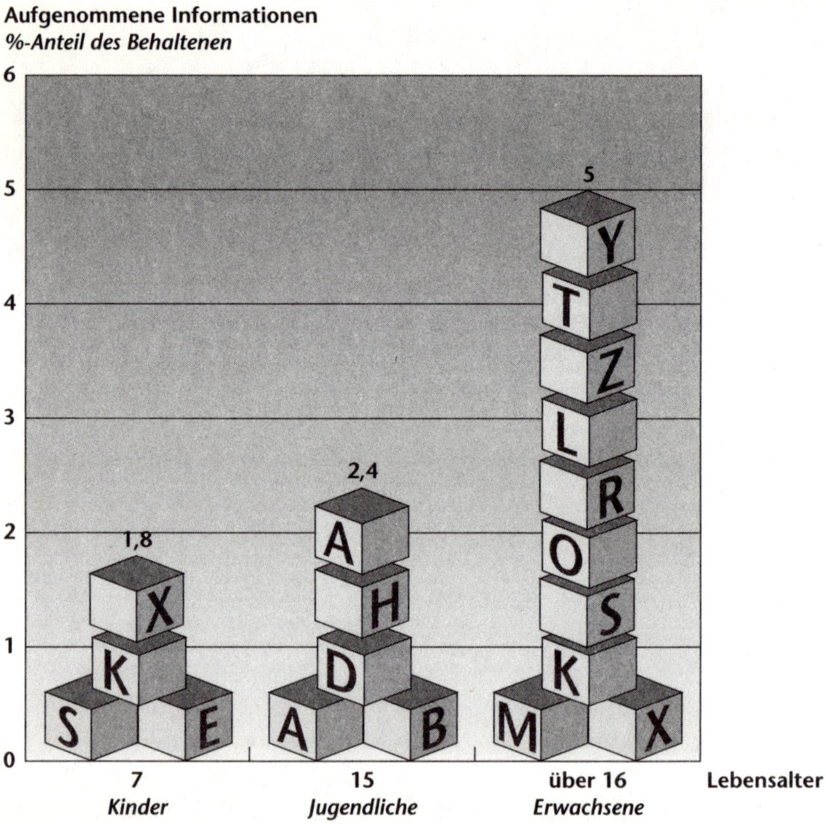

Was den Kurzzeitspeicher anregt

Nicht nur Gehirnjogging bringt die kleinen grauen Zellen auf Trab: Eine der wichtigsten Quellen von Neuinformationen und damit der geistigen Anregung ist die direkte Kommunikation zwischen Gesprächspartnern. Hinzu kommen die verbale Information durch Rundfunk und Fernsehen und die schriftliche Information durch Zeitungen und Zeitschriften.

Doch damit wir die neuen Informationen gut aufnehmen können, müssen einige Voraussetzungen erfüllt sein: Sprechdauer und Schnelligkeit dürfen

Zuflusskapazität Kurzzeitspeicher

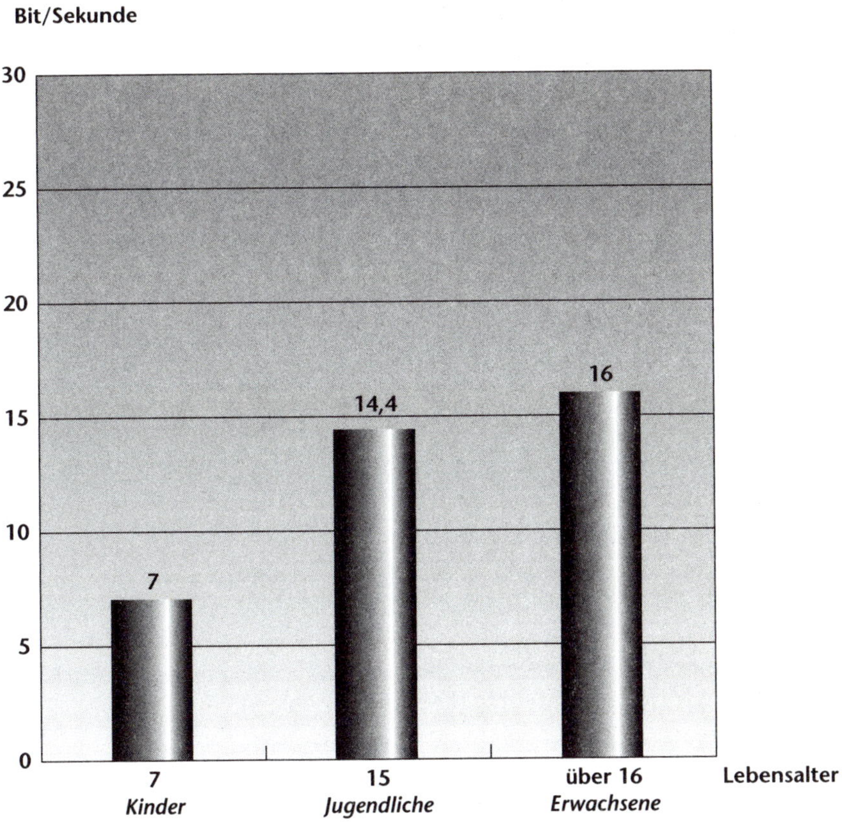

nicht zu lang beziehungsweise hoch sein. Die mündlichen Informationen werden im Durchschnitt automatisch so dargeboten, dass die **Sprechdauer** eines Satzes zirka fünf, maximal sieben Sekunden beträgt. Die **Sprechfrequenz** liegt bei etwa zweieinhalb Wörtern pro Sekunde. Bei schriftlichen Informationen sind die Sätze ebenfalls im Schnitt 12 bis 18 Wörter lang. Diese Sprech- beziehungsweise Informationsdauer und die Schnelligkeit des angebotenen „Sprechmaterials" entsprechen der durchschnittlichen Kurzzeitspeicher-Kapazität eines gesunden Erwachsenen; in dieser Form präsentierte Informationen werden von den meisten Menschen verstanden. Diese Erkenntnis macht sich eine überregionale deutsche Tageszeitung zunutze: Deren Grundprinzip, kurze einfache Sätze und viele Bilder zu bieten, hat wesentlich zu ihrem Erfolg beigetragen.

Die Vorteile einer erhöhten geistigen Leistungsfähigkeit

Eine erhöhte geistige Leistungsfähigkeit ist nicht nur für die Wissenschaft von Nutzen, sondern für jedermann im täglichen Leben.

Der durchschnittliche Mitteleuropäer hat einen **IQ (Intelligenzquotienten)** von 100 (siehe auch das Kapitel „Welchen Einfluss hat der Intelligenzquotient?“). Dieser IQ 100 entspricht einer Kurzzeitspeicher-Kapazität von knappen 80 Bit. Ein IQ von 133 entspricht einer Kurzzeitspeicher-Kapazität von etwa 160 Bit. Das bedeutet, dass ein Mensch mit einem IQ von 133 dem durchschnittlichen Mitteleuropäer um das Doppelte überlegen ist. Er kann also doppelt so viele Informationen speichern.

Das bringt uns wieder zurück zu dem Beispiel mit dem Autofahrer ganz am Anfang des Buches: Als durchschnittlich intelligenter Mensch (IQ 100) nimmt er etwa drei Bilder pro Sekunde wahr. Beim Überholvorgang bei Tempo 130 also beispielsweise das vorausfahrende Fahrzeug, den Wagen neben sich und noch ein Autobahnschild. Für alle weiteren gleichzeitigen Eindrücke ist er quasi blind – und das auf einer Strecke von etwa 36 Metern. Denn genau die legt er bei einer Geschwindigkeit von 130 km/h in der Sekunde zurück. Besäße derselbe Autofahrer statt eines IQs von 100 den IQ 130, wäre er fein raus (und käme sicherer über die Autobahn): Er könnte dann doppelt so viele Informationen aufnehmen.

Welche Schlüsse lassen sich nun aus diesem ganz alltäglichen Beispiel ziehen? Zum einen zu der Erkenntnis zu gelangen: „Meine geistige Leistungsfähigkeit hat eine bestimmte Kapazität. Also sollte ich beispielsweise meine Geschwindigkeit auf der Autobahn dementsprechend anpassen.“ So viel Einsichtsfähigkeit besitzen allerdings die wenigsten von uns; vor allem, wenn es um solch „banale“ Alltagsdinge wie das Autofahren geht. Zum anderen sich die Frage zu stellen: „Wie baue ich meine geistige Leistungsfähigkeit so aus, dass ich den verschiedensten Situationen und Anforderungen besser gewachsen bin?" Ein äußerst effektiver Weg ist das in diesem Buch vorgestellte Gehirnjogging.

Der Kurzzeitspeicher muss regelmäßig trainiert werden. Denn wie Sie sehen, wird er besonders bei Unterhaltungen und Diskussionen, der Abwicklung von Geschäften oder im Straßenverkehr gebraucht.

Der Kurzzeitspeicher ist das geistige Fundament, die geistige Basis oder der „Generalschlüssel", der die „Türen" für höhere geistige Prozesse aufschliesst, wie zum Beispiel logisches Schlussfolgern und Planen, Strategien bilden, Probleme lösen und kreatives Denken.

Je besser der Kurzzeitspeicher funktioniert, desto sicherer und schneller werden Informationen aufgenommen und verarbeitet. Deshalb ist das tägliche Training des Kurzzeitspeichers für alle Menschen in jedem Lebensalter wichtig.

Was ist „Intelligenz"?

Zu Beginn des letzten Unterkapitels haben Sie bereits einiges über die Intelligenz erfahren. Der Vollständigkeit halber seien an dieser Stelle noch einige zusätzliche Ausführungen angeführt. Intelligenz ist die wichtigste Voraussetzung für Karriere und Weiterkommen. Sie hat nichts mit Bildung zu tun, sondern mit Auffassungsgabe und Verarbeitungsgeschwindigkeit. Das bedeutet: Sie können einem Kollegen mit höherem Bildungsgrad (Abitur, Studium und so weiter) weit überlegen sein, wenn Sie schneller denken als er, wenn Sie also Ihre Intelligenz schulen. So vermögen Sie spielerisch bisherige Minuspunkte wettzumachen.

Erstaunt hat wohl jeder von uns schon einmal festgestellt, dass viele ältere Menschen sich noch sehr genau daran erinnern, wie sie den Kriegsausbruch erlebt haben. Wenn sie andererseits gefragt werden, was sie heute zu Mittag gegessen haben, dann fällt es ihnen schwer, sich dessen zu entsinnen.

Die Erklärung für dieses Phänomen ist, dass es zwei Arten von geistiger Leistungsfähigkeit, kurz „Intelligenz" genannt, gibt. Zum einen die geistige kristallisierte und zum anderen die flüssige Intelligenz. Die **flüssige Intelligenz**, der Umgang mit neuen Informationen, nimmt bei vielen Menschen im Laufe ihres Lebens, meist spätestens ab dem 40. Lebensjahr, ab. Dies liegt jedoch in erster Linie daran, dass das Gehirn nicht optimal trainiert wird. Das Gehirn braucht täglich neue Reize. Die **kristallisierte Intelligenz**, die auf Erfahrung aufbaut, bleibt im Schnitt über das gesamte Leben hinweg in etwa gleich.

Die Entwicklung der Intelligenz im Laufe des Lebens

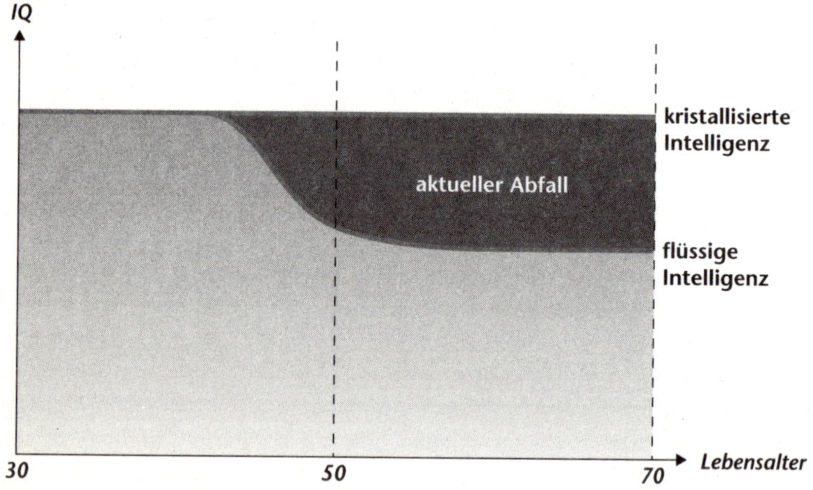

Ältere Menschen besitzen also durchaus einen großen Erfahrungsschatz und eine weitreichende Erinnerung, können sich jedoch im Heute veränderten Gegebenheiten nur sehr schwer anpassen.

Sagen auch Sie manchmal: „Ich weiß, dass ich nicht so intelligent bin?“ Vorsicht! Dieser Satz kann leicht zu einer sich selbst erfüllenden Prophezeiung werden. Sie beweisen sich mit einer solchen Einstellung laufend selbst, dass die Aussage stimmt.

Und: Natürlich ist es schön, zufrieden zu sein. Doch der Zustand „wunschlos glücklich“ ist eigentlich, übertrieben ausgedrückt, die positivste Form der Hoffnungslosigkeit. Viel besser:

LEBEN SIE VOLLER HOFFNUNG, ERHALTEN SIE SICH IHRE WÜNSCHE UND IHRE POSITIVEN ERWARTUNGEN!

Resümee: Tipps für die Kommunikation

Die geistige Leistungsfähigkeit ist bei uns Menschen unterschiedlich hoch ausgeprägt – das ist Tatsache. Wenn Sie nun zusätzlich wissen, dass der Kurzzeitspeicher bei jedem von uns den Engpass darstellt, sollten Sie bei der tagtäglichen Kommunikation Folgendes beachten:

- Überschreiten Sie nicht die Gegenwartsdauer Ihres Gesprächspartners. Denn wenn der Kurzzeitspeicher voll ist, bricht das Informationssystem zusammen.
- Bilden Sie kurze Sätze in Wort und Schrift. Sich aufeinander beziehende Textteile dürfen mit einer maximalen Dauer von fünf bis sieben Sekunden dem Kommunikationspartner dargeboten werden. Längere Sätze überfordern oft.
- Bleiben Sie innerhalb der subjektiven Informationsdauer Ihres Gegenübers. Wie lang diese jeweils ist (beziehungsweise wie lange das Übermitteln der Informationen dauern darf, ohne dass der andere „abschaltet“), hängt dabei auch von den Vorkenntnissen des Gesprächspartners ab. Bitte beachten: Maximal 15 Bit (= zwei bis drei beliebige Buchstaben oder Ziffern) neue Informationen pro Sekunde!

Eine „Gebrauchs-anweisung" fürs Gehirn

Gibt es das überhaupt, eine Gebrauchsanweisung fürs Gehirn? Ist das Gehirn bewusst und gezielt ansprechbar, um so Wünsche zu realisieren und Ziele zu erreichen? Ja, das ist es. Um eine Zusammenarbeit zu ermöglichen und diese zu optimieren, ist es notwendig zu lernen, entsprechend mit dem Gehirn umzugehen. Jede persönliche Veränderung wird nämlich von diesem enorm leistungsfähigen Organ organisiert. Das Gehirn ist stets die höchste Instanz für alle Entwicklungen.

Vom richtigen Umgang mit dem „Supercomputer"

Das Gehirn ist mit einer PS-starken Motorjacht vergleichbar. Stellt sich nur die Frage, ob der Jachtbesitzer auf der Rückbank sitzt und sich wundert, wo sein Boot hinfährt, oder ob er nach vorn geht, sich ans Steuer setzt und selbst die Richtung bestimmt. Sie sollten den zweiten Weg wählen. Zunächst allerdings heißt es, den richtigen Umgang mit Ihrem „Boot" zu erlernen.

Reaktionszeit: Es dauert, bis die Info sitzt

Aus der Gehirnforschung ist bekannt, dass das Gehirn ungefähr vierzehn Tage benötigt, um auch auf organischer Ebene auf eine neue Information, auf neues Einprägen zu reagieren. Zunächst sind die veränderten Bilder und Vorstellungen des betreffenden Wortes, Gedankens oder Wunsches neue **Nervenreize.** Doch neue Nervenreize führen nicht sofort dazu, dass die Nervenzellen neue Verbindungen entstehen lassen. Sie verändern zunächst nur die chemische Reaktion der Nervenzelle, die von dem neuen Reiz „berührt" wurde. Diese veränderte Chemie sorgt erst später dafür, dass die Nervenzelle sich im Kontakt mit dem gesamten Nervensystem neu und anders verhält: Sie gibt andere **elektrochemische Impulse** weiter als zuvor. Diese führen dann im weiteren Verlauf zur Aus- und Umbildung neuer Nervenbahnen und Nervenverbindungen. Der beschriebene Prozess kann auf nervenorganischer Ebene insgesamt zwei Wochen und länger dauern.

Ebenso ist heute bekannt, dass jede Sinneswahrnehmung Spuren in unserem Nervensystem hinterlässt. (Damit lässt sich beispielsweise gut die spontane und lang anhaltende Wirkung eines prägenden Wortes erklären.) Unsere Sprache enthält viele Wendungen, die diesen (vierzehntägigen) „Einprägprozess“ intuitiv richtig beschreiben: „Das habe ich noch nicht verarbeitet“ oder „Ich will diese neue Information erst einmal sacken lassen“ oder „Das werde ich mir einprägen“. Viele Menschen sagen sogar, dass sie neue Eindrücke erst „verdauen“ müssen, bevor sie darüber sprechen können. Dieses Bild ist absolut treffend. Das Gehirn wandelt tatsächlich die neu aufgenommene „geistige Nahrung“ in Körperenergie um.

Das Wort „Eindruck“ beschreibt sehr anschaulich den Vorgang, der von neuen Nervenimpulsen ausgelöst wird. Sie hinterlassen in den Zellen und Nervenbahnen in der Tat „Spuren“, die auch **Gedächtnisspuren** genannt werden. In diesem Sinne drückt die Feststellung, dass „jemandem etwas in Fleisch und Blut übergegangen ist“, treffend die Tatsache aus, dass Veränderungen im Denken, Fühlen und Verhalten immer ins Gehirn – also ins „Fleisch“ – eingehen, und so ein Teil des Körpers geworden sind. Zwar spielen sich diese Prozesse in mikroskopisch winzigen Einheiten ab; die Wirkung nach außen kann jedoch immens groß sein und weitreichende Folgen haben.

Um bewusst neue Gedächtnisspuren zu „legen“ oder bereits bestehende zu vertiefen, empfiehlt sich zum Beispiel folgende Vorgehensweise: Kaufen Sie sich im Schreibwarengeschäft farbige Aufklebepunkte mit einigen Zentimetern Durchmesser. Notieren Sie darauf die Wörter, die Sie sich neu oder besser einprägen und merken möchten. Die Aufkleber befestigen Sie danach auf den verschiedensten Alltagsgegenständen, die Sie öfter benutzen oder betrachten. Fällt Ihr Blick dann auf einen der auffälligen Klebepunkte, so denken Sie kurz und intensiv – zehn Sekunden genügen – an den aufnotierten Begriff. Mit jedem Mal vertieft sich die Gedächtnisspur in die gewünschte Richtung.

Gehirnjogging als „Lebenshelfer“

Der Mensch durchlebt vier für den Intellekt kritische Lebensabschnitte. Während dieser Phasen – die im Folgenden vorgestellt werden – kann Gehirnjogging ganz entscheidend dazu beitragen, die geistige Leistungsfähigkeit zu steigern oder zu erhalten.

Die erste kritische Phase fällt in die Kindheit und die Jugendzeit. In der elterlichen Erziehung, im Kindergarten und in der Schule sieht sich das Kind oft überhöhten Anforderungen gegenüber. Es werden ihm Leistungen abgerungen, die weder Lust, Freude noch Neugier aufkommen lassen, sondern schlichtweg zur Überforderung führen. Das zieht Lernstress und eine verminderte Lernleistung nach sich. Ein Teufelskreis beginnt: Aus dem Eindruck „Ich tauge nicht fürs Lernen“ wird eine sich selbst erfüllende Prophezeiung, weil das Kind gar nicht anders kann, als sich immer wieder zu beweisen, dass es in verschiedenen Bereichen nicht fürs Lernen geeignet ist. Die Themen oder Schulfächer hingegen, die dem Kind leicht verständlich, ohne es zu überfordern, und mit Freude vermittelt werden, entwickeln sich meist zu seinen Lieblingsfächern. Und wie Sie selbst oft bei Ihren eigenen Kindern bemerken, erreichen sie dort in der Regel die guten bis sehr guten Noten. (Siehe hierzu auch das Unterkapitel „Im Vergleich: die Speicherkapazität bei Kindern und Jugendlichen.“ Dort wurde aufgezeigt, wie sich verschiedene Forschungsergebnisse nutzbringend anwenden lassen.)

Der Höhepunkt der geistigen Leistungsfähigkeit liegt um das 16. Lebensjahr. Danach geht es mit ihr im Schnitt kontinuierlich bergab. Wie steil und wie schnell, hängt allerdings davon ab, wie stark die geistige Anforderung in den einzelnen Lebensabschnitten ist. Wenn das Gehirn regelmäßig trainiert wird, so kann zumindest die Leistungsfähigkeit der Jugend erhalten, eventuell sogar ausgebaut werden.

Der zweite für den Intellekt kritische Lebensabschnitt beginnt etwa ab dem 25. Lebensjahr. Viele Erwachsene beenden in dieser Zeit ihr Studium oder ihre Berufsausbildung und laufen nun Gefahr, sich in Bezug aufs Lernen hängen zu lassen. Die neuen Reize werden weniger, eine geistige Unterforderung macht sich breit – dabei benötigt das Gehirn täglich neue Reize. Fangen Sie den schleichenden Verlust an geistiger Leistungsfähigkeit bewusst mit regelmäßigem Gehirnjogging auf!

Die dritte problematische Phase setzt etwa mit dem 40. Lebensjahr ein. Zu diesem Zeitpunkt haben viele Menschen den zweiten Teil des Grundsatzes „Mens sana in corpore sano“ („Ein gesunder Geist in einem gesunden Körper“) häufig schon einige Zeit außer Acht gelassen. Die Folge: eine körperlich schwache Konstitution. Diese wiederum hat einen direkten Einfluss auf die geistige Leistungsfähigkeit. Hinzu kommt oft noch die innere Zerrissenheit aufgrund einer Midlifecrisis. Viele Menschen fragen sich zur Lebensmitte, ob das nun schon alles gewesen sein soll, oder sie sind unzufrieden mit dem bisher Geleisteten. Wenn der alte Grundsatz „Der Mensch soll in der ersten Hälfte seines Lebens ein Haus bauen, einen Baum pflanzen und ein Kind zeugen und in der zweiten Hälfte seines Lebens verstärkt den philosophisch-seelischen Teil ausleben“ nicht berücksichtigt wird, kommt es leicht zu einer starken Zerrissenheit. Spötter sagen, dass ein Mensch in der Midlifecrisis mit jemandem zu vergleichen sei, der zu Ostern noch Weihnachtsgeschenke erwarte. Läuft dagegen die geistige Leistungsfähigkeit auf Hochtouren, verhindert dies wirksam das etwas ziellose Verhalten. Also bietet Gehirnjogging auch in diesem Lebensabschnitt eine ausgezeichnete Möglichkeit, fit, freudig und gesund zu sein – und es vor allen Dingen zu bleiben.

Der vierte kritische Lebensabschnitt folgt etwa ab dem 60. Lebensjahr. Ab diesem Zeitpunkt kommen bei vielen Älteren keine neuen Aufgaben mehr hinzu. Außerdem wird oft vergessen, sich auch noch für die Zeit nach der Pensionierung Ziele zu setzen. Dramatische Folgen hat dies vor allem bei den Menschen, die vorher mit ihrem Beruf „verheiratet“ waren. Besonders stark ist der Einschnitt, wenn es sich zum Beispiel nicht nur um den „Herrn“ Müller handelte, sondern er als „Direktor“ verantwortungsvolle und vielseitige Funktionen wahrgenommen hatte. Bei der Pensionierung entfällt diese Aufgabe und damit oft auch die Sinnhaftigkeit des Lebens. Der Rat lautet: Führen Sie auch in dieser Phase dem Gehirn weiterhin täglich neue Reize mit Hilfe des Gehirnjogging zu, damit krankhafte Veränderungen vermieden werden. Denn:

Mit dem Geiste ist es wie mit einem Fallschirm – er nutzt nur, wenn er sich entfaltet!

Was beeinflusst die geistige Leistungsfähigkeit und deren Entwicklung?

Lassen Sie mich einige Einflussgrößen herausgreifen, die mir wesentlich erscheinen:

Da ist zunächst die **„Ausgangsbegabung"**. Sie ist sicherlich ein wesentlicher Gesichtspunkt, dabei allerdings mehr ein Konstrukt als eine messbare Größe. Deshalb ist sie in ihrer Bedeutung im Einzelfall schwer abzuschätzen und sollte nicht überbewertet werden.

Da ist weiterhin die **stimulierende Umgebung.** Sie ist für die frühkindliche Entwicklung – wie wir bereits aus Experimenten im 13. Jahrhundert wissen – lebenswichtig. Je mehr positive Reize Kinder aufnehmen, umso mehr Nervenbahnen bilden sich.

Da ist die **Schulbildung.** Ihr Wert ist unbestritten. Ihr Anteil an der Intelligenzleistung lässt sich etwas verallgemeinernd auf maximal 20 Prozent schätzen. Immer wichtiger wird jedoch das lebenslange Lernen.

Da ist das **geistige Training** allgemein. Dazu gehört natürlich auch das Training durch die Berufstätigkeit. Es liegen inzwischen zahlreiche Untersuchungen über die Effizienz von Trainingsmethoden zu speziellen Trainingszielen und Zielgruppen vor, die von dem hohen Stand gezielt eingesetzter Trainingsmethoden zeugen. So konnte zum Beispiel durch spezielle Gehirnjogging-Aufgaben in verschiedenen Untersuchungen der Intelligenzquotient beziehungsweise die Kurzzeitspeicher-Kapazität des Gehirns innerhalb von ein bis zwei Wochen um zirka 15 Punkte (!) gesteigert werden. Die Gedächtnisleistung stieg ebenso an. Gleichzeitig entwickelten die Versuchspersonen wieder mehr Wünsche und Ziele und die Fähigkeit zur Kommunikation mit anderen Menschen erhöhte sich.

Da ist das **körperliche Training.** Es konnte nachgewiesen werden, dass körperliche Belastungen auf dem Ergometer die Hirndurchblutung um 50 Prozent zu steigern vermochten, während statische Arbeit keinen messbaren Effekt hatte. Weiterhin konnte gezeigt werden, dass sich die Kurzzeitspeicher-Kapazität von der Bewegungslosigkeit zur leichten Bewegung um 20 Prozent erhöht, bei körperlicher Ruhe jedoch sofort wieder absinkt. Dieses Phänomen scheinen schon unsere Vorfahren bemerkt zu haben. Denken Sie an die antiken griechischen Philosophen, die sogenannten *Peripatetiker,* die ihre Werke im Hinundhergehen fertigten. Gemeint ist mit „Bewegung" jedoch ausschließlich eine leichte. Sportliche Aktivitäten wiederum binden Prozesskapazität in muskuläre Tätigkeiten.

Zuletzt sind da noch die Krankheiten. Auch sie haben Einfluss auf unsere geistige Leistung. Jeder kennt die grundsätzliche Wechselwirkung zwischen Körper und Geist. Körperliche Disharmonien wirken sich häufig auch negativ auf die geistige Leistungsfähigkeit aus. Besonders häufig ist dies bei Herzkrankheiten zu beobachten. Die Geschichte bietet jedoch genügend Beispiele für hohe Leistungsfähigkeit selbst bei schweren chronischen Krankheiten. Und jeder Arzt kennt solche Fälle aus seiner Praxis. Dabei lässt sich manchmal beobachten, dass gerade in diesen Situationen unerwartete Kräfte freigesetzt werden. Ich möchte dazu ein besonders extremes Beispiel anführen: *Theodor Storm* glaubte eines Tages, ein Magenkarzinom zu haben, damals ebenso wie heute ein fast unheilbares Leiden. Und seine Vermutung stimmte. Er brach völlig zusammen, ließ seine begonnenen Arbeiten liegen und verfiel in Depressionen. Sein kluger Hausarzt inszenierte daraufhin ein Konzil mit zwei medizinischen Kapazitäten, einem Chirurgen und einem Internisten. Sie stellten verabredungsgemäß lediglich eine Magenschleimhautentzündung fest. *Storm* blühte nach dieser neuen Diagnose auf, begann wieder intensiv zu arbeiten und hat in dieser Zeit sein bekanntestes Werk, den „Schimmelreiter" geschrieben. Durch diese wohltätige Lüge hatte er Monate von hoher Leistungsfähigkeit und Erfüllung gewonnen.

Welchen Einfluss hat der Intelligenzquotient?

Natürlich lässt es sich trefflich darüber streiten, inwieweit der mittels eines speziellen Verfahrens ermittelte **Intelligenzquotient (IQ)** die einzige Größe ist, die verlässliche Aussagen über die Intelligenz einer Person zulässt. Und man könnte tagelang darüber diskutieren, was überhaupt unter **Intelligenz** zu verstehen ist. Doch um Vergleiche anstellen zu können, brauchen wir eine halbwegs verlässliche Grundgröße; und da kommen wir um den IQ nicht herum.

Die allgemeine geistige Leistungsfähigkeit, die **Intelligenz**, ist im Durchschnitt der Bevölkerung gemäß vorliegendem Schaubild verteilt. Die Mehrzahl der Menschen sind durchschnittlich intelligent, das heißt, sie besitzen einen IQ zwischen 90 und 110. Der durchschnittliche IQ beträgt 100.

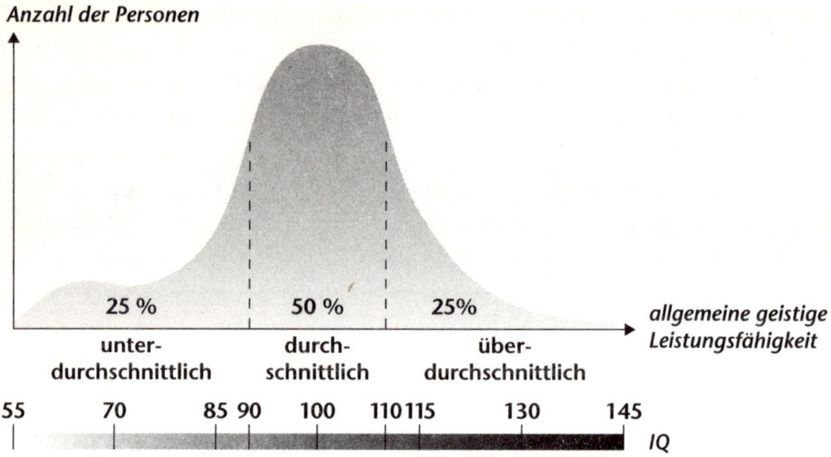

Aus dem Lexikon ist zu erfahren, dass „Intelligenz“ sich aus einem lateinischen Wort mit der Bedeutung „Unterscheidungen treffen“ herleitet. Es definiert Intelligenz als die Fähigkeit, die Realitäten so zu verstehen, dass entsprechende Handlungen auf ein bestimmtes Ziel ausgerichtet werden können.

Praktische Intelligenz setzt sich aus vielen Fähigkeiten, wie zum Beispiel Geschicklichkeit, Sensibilität und guter Orientierungsfähigkeit, zusammen.

SKALA DER INTELLIGENZQUOTIENTEN	
extrem hohe IQ	127 und mehr
sehr hohe IQ	118–126
hohe IQ	110–117
durchschnittliche IQ	91–109
niedrige IQ	79–90
sehr niedrige IQ	63–78
extrem niedrige IQ	bis 62

Ein IQ von weniger als 71 drückt ernsthafte Krankheit – von Debilität bis hin zu Idiotie – aus.

Der allgemeine passive Wortschatz einer Person ist übrigens ein sehr guter Indikator für ihre geistige Leistungsfähigkeit. (Ausführliche Informationen hierzu im Kapitel „Die Vorzüge geistiger Regsamkeit".) Dies bestätigen auch die folgenden Einschätzungen des (klassischen) IQ bei berühmten Persönlichkeiten durch C. M. Cox.

Person	IQ	Person	IQ
Luther	115	Napoleon	135
Rossini	120	Schiller	140
Dürer	125	Descartes	150
Spinoza	130	Mozart	150
Calvin	135	Goethe	185
Kant	135	Leibniz	185

An dieser Stelle noch einige weitere interessante Anmerkungen zum IQ:

- Allgemein darf wohl davon ausgegangen werden, dass Politiker in verantwortungsvollen Funktionen meist hochintelligent sind. Welchen Charakter sie allerdings haben beziehungsweise welche Grundwerte sie vertreten, gibt der Intelligenzquotient hingegen nicht wieder. Denn Intelligenz ist kennzeichnenderweise nur ein menschliches Hilfsmittel, um damit die eigenen Ziele zu verfolgen.
- Wissenschaftler aus Gießen haben den IQ von Nobelpreisträgern untersucht. Das Ergebnis: So intelligent sind sie gar nicht, allenfalls liegt ihr IQ ein bisschen über dem Durchschnitt. Intelligenz ist also nicht alles. Die Geschwindigkeit, mit der Informationen aufgenommen und verarbeitet werden und der Kurzzeitspeicher sind für außergewöhnlichen Leistungen, wie sie die Nobelpreisträger erbracht haben, mindestens ebenso wichtig.
- In den abgelegenen Berggegenden von Kentucky wurden einige Einwohner IQ-Tests unterzogen. Dabei stellte sich heraus, dass ihr IQ bis zu 40 Punkten niedriger war als der gleichaltriger Bewohner von Wohngegenden mit stärker wechselnden Reizen. Ein weiterer Beweis dafür, dass Stimulation das A und O der geistigen Fitness darstellt!

NICHTS AUF DER WELT IST SO GERECHT VERTEILT WIE DER VERSTAND – JEDER GLAUBT NÄMLICH, ER BESITZE GENUG DAVON!

Wie sich Krankheit auf die Intelligenz auswirkt

Im Durchschnitt ist nach einer dreiwöchigen Krankheit ein Absinken des Intelligenzquotienten um 20 Punkte zu beobachten. Dies ist zum einen bedingt durch die mangelnde oder stark eingeschränkte Bewegung, zum Beispiel bei Bettlägrigkeit: Das Gehirn wird schlecht durchblutet. Zum anderen, und dies ist viel wesentlicher, schleicht sich Eintönigkeit und Reizarmut in den Tagesablauf ein. Im Krankenhaus sinkt dann meist auch noch die Laune, der Mensch lässt sich hängen. Das Gehirn lässt sich ebenfalls hängen. Es ruft Informationen nur schleppend ab, Botenstoffe „trödeln“ – und schon geht es mit der Intelligenz bergab. Wird der Kranke hingegen körperlich und geistig gefordert, kann ein starker Abfall des Intelligenzquotienten vermieden werden.

Das Gleiche gilt übrigens für einen reinen Faulenzerurlaub. Vierzehn Tage „Gehirn in Gips“ am Badestrand sorgt dafür, dass die geistige Leistungsfähigkeit nachlässt. Die Rückkehr an den Arbeitsplatz wird oft von einem Gefühl der Überforderung begleitet; zumindest ist meist eine (längere) Eingewöhnungszeit vonnöten.

Deshalb: Wenn Sie einmal längere Zeit krank sind oder in eine Klinik müssen, sollten Sie für genügend Bewegung und geistiges Training sorgen. Beides fördert die Intelligenz. Das Gleiche gilt für den Urlaub: Eine kurze Gehirnjogging-Übung pro Tag wirkt wahre Wunder!

Ein weiterer Anreiz: Es ist nachgewiesen, dass Menschen, die einen höheren Intelligenzquotienten haben – die geistig aktiv, kreativ und vielseitig interessiert sind –, älter werden als Personen mit wenig Interessen und keinen oder geringen geistigen Anforderungen.

Einige Tipps für Langzeitkranke

Das physische wie das psychische Wohlbefinden lassen sich auch im Krankenhaus durch geistige Aktivität erhalten oder steigern. Wie wichtig dabei leichte Bewegung ist, haben Sie einige Seiten zuvor erfahren. Selbst wer für eine bestimmte Zeit fest ans Bett gefesselt ist, hat Möglichkeiten der Bewegung. Das Hinundherkicken oder -dribbeln eines aufgeblasenen Luftballons fördert die Koordination. Das Jonglieren von Gegenständen, und sei es ein Luftballon, macht Spaß und optimiert die Zusammenarbeit von Körper und Geist, baut Stress ab, fördert das Reaktionsvermögen und steigert so die körperliche und geistige Fitness. Massagebälle regen die Handreflexzonen an. Isometrische Übungen, soweit sie durchführbar sind, stärken die Muskulatur und sorgen für eine gute geistige Aufnahmefähigkeit. Und wie immer eignet sich für den Kopf – neben anregender Lektüre und Unterhaltung – hervorragend das Gehirnjogging.

Warum sinkt die Intelligenz bei Krankheit?

Der Engpass ist wieder der Kurzzeitspeicher. Infolge bestimmter körperlicher Prozesse, mangelnder geistiger Anregung und Bewegungsmangel – häufige Begleiterscheinungen einer längeren Krankheit – lässt seine Kapazität nach.

Bei sinkender Kurzzeitspeicher-Kapazität können plötzlich nicht mehr alle Informationen verarbeitet werden. Das sieht dann so aus: Der Verständnisprozess bricht ab einer bestimmten Stelle nicht nur ab, das Informationssystem bricht sogar insgesamt zusammen. Dieses Phänomen lässt sich anhand eines Beispiels gut nachvollziehen: Jemand wird gebeten, eine längere schwierige Passage – zum Beispiel aus einer Fachzeitschrift – mit der doppelten Redegeschwindigkeit, ohne Beachtung von Punkt und Komma, vorzulesen. Der Vorlesende übt dies natürlich mehrmals im Voraus, damit der Text für ihn „informationsarm" wird. Nach dem Vorlesen wird der Hörende gebeten, das Gehörte wiederzugeben. Ab einer bestimmten Stelle muss er meist passen; zu viele Informationen sind zu schnell auf ihn eingeprasselt. Und je höher die Lesegeschwindigkeit war, desto mühsamer war für ihn die Wiedergabe.

Die reduzierte Kurzzeitspeicher-Kapazität hat weiterhin zur Folge, dass anspruchsvolle Lektüre sowie geistig herausfordernde Fernseh- und Rundfunksendungen als zu anstrengend und zu kompliziert empfunden werden. Also greift man im Krankenbett lieber auf „leichte Kost" zurück. Ein fataler Fehler, der ein weiteres Absinken der geistigen Fitness nach sich zieht. Denn unser Gehirn braucht tägliche „Gymnastik" – fehlt diese, lässt unsere Intelligenz nach. Lassen Sie es – auch im Krankheitsfall – gar nicht erst so weit kommen!

Vom Umgang mit neuem Wissen

Vielfach wird darüber gestritten, wie die Aufnahme von Informationen am besten geschieht. Ein solcher Streitfall ist beispielsweise das Super-Learning, wo der Lernende sich in einem tiefen Entspannungszustand befindet, während ihm neues Wissen vermittelt wird. Manch einer hält diese Methode für blanken Humbug, andere wiederum schwören darauf. Neuere Untersuchungen zeigen nun, dass Informationen besonders gut bei voller Wachheit, das heißt bei optimalem **Aktivationsniveau** aufgenommen werden können. Ein sehr hohes Aktivationsniveau, sprich Stress oder Angespanntheit, ist beim Aufnehmen von Informationen genauso wenig förderlich wie ein niedriges Aktivationsniveau, sprich Schlaf oder auch Entspanntheit. Das lässt sich gut an dem untenstehenden Schaubild ablesen.

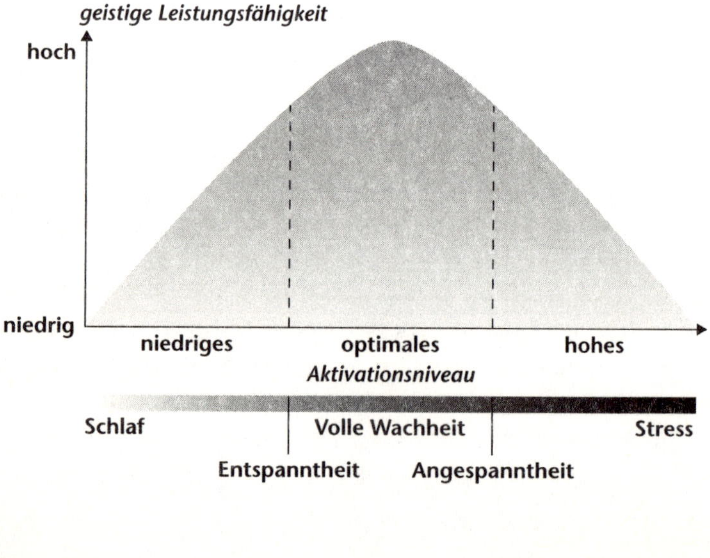

Die Empfehlung kann also nur lauten: Nehmen Sie Ihre Informationen, Ihr Lernprogramm, Ihre Wissenseinheiten in voller Wachheit, mit einem voll leistungsfähigen Gehirn auf. Damit wäre der erste Schritt, der Aufnahmevorgang, beendet. Da das Gehirn nicht zwei Dinge gleichzeitig tun kann, folgt nun der zweite Schritt: das Einspeichern. Bei kurzen, einfachen Informationen genügen dazu kurze Sprechpausen. Wird die Materie hingegen komplizierter, sollte das endgültige Einspeichern der Informationen – wenn möglich – in der **Alpha-Phase**, einer besonders ruhigen Frequenz des Gehirns zwischen Schlaf und Wachheit, also zum Beispiel während einer Meditation oder einer Entspannungsphase erfolgen.

Was Sie denken, bestimmen (überwiegend) Sie

Sie sind den Denkvorgängen in Ihrem Gehirn nicht hilflos ausgeliefert, sondern können selbst das Ruder in die Hand nehmen und bestimmen, wohin die Fahrt gehen soll. Ein kleines Beispiel aus dem Sportbereich soll dies verdeutlichen: Jede körperliche Entwicklung beginnt im Gehirn. Dieses Wissen wird auch im Spitzensport genutzt. Hier wird schon seit vielen Jahren nicht nur körperlich, sondern auch im Geiste trainiert. **Mentaltraining** heißt diese „Disziplin". Das aktive und konzentrierte Üben – beispielsweise einer bestimmten Bewegung – in der Vorstellung, im Geiste, hat nachweisbar einen handfesten Trainingseffekt auf die körperliche Geschicklichkeit. Jede Wiederholung eines solchen Mentalprogramms verstärkt und verfestigt den inneren Zusammenhang der zusammenarbeitenden Zellverbände. Die Erinnerungsspuren in den einzelnen Zellen werden dadurch gestärkt. Auch Sie können so Ihr Denken steuern – und die Auswirkungen Ihres ganz persönlichen Mentaltrainings genießen.

Von Siegern und Verlierern

Der Mensch wird mit einer enormen Gehirnkapazität geboren. Jeder von uns erblickt quasi als Sieger das Licht der Welt. Denn wie ist der einzelne Mensch entstanden? Unter Millionen von Chromosomen hat sich eins durchgesetzt, und daraus ist ein Mensch entstanden – nämlich *Sie*. Sie sind Sieger unter Millionen anderer Chromosomen. Doch schon sehr früh, ab den ersten Tagen nach der Geburt, prägt der „dicke Daumen der Umwelt" den einzelnen Menschen. Dieser „Prägeprozess" beginnt also nicht erst in der Schule, sondern schon im Elternhaus. Durch all die vielen kleinen, teils gut gemeinten Botschaften, die das Kind erhält: „Dazu bist du noch zu klein, das kannst du noch nicht, das ist für Erwachsene, pass auf, lauf nicht so schnell, sei nicht so zappelig!" Und diese Ermahnungen und Beschränkungen setzen sich natürlich im Kindergarten und in der Schule weiter fort. Wenn Sie nur einmal überlegen, dass ein Kind im zweiten Schuljahr im Diktat nicht die 30 Wörter angestrichen bekommt, die es *richtig* geschrieben hat, sondern die zwei, die *falsch* sind! Und dies mit der Signalfarbe Rot. Dabei sollten wir doch alle wissen, dass all das, was mit Aufmerksamkeit belegt und mit Gefühl aufgeladen wird, besonders wächst und gedeiht. Das ist in etwa so, als ob ein Gärtner, anstatt die Rosen zu gießen und zu düngen, das Unkraut pflegen würde. Ziemlich undenkbar, nicht? In der Erziehung oder bei der Mitarbeiterführung geschieht jedoch gerade dies sehr häufig.

Verlassen Sie überholte und unliebsame Denkrinnen

Das Problem unserer Zeit sind in der Tat nicht die vielen neuen Informationen und die Informationsquellen. Das Problem ist oftmals das „Entlernen".

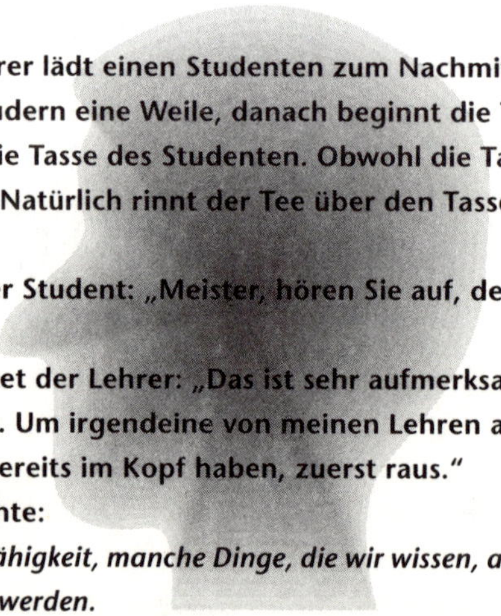

Denkrinnen

Ein Kreativitätslehrer lädt einen Studenten zum Nachmittagstee zu sich nach Hause ein. Sie plaudern eine Weile, danach beginnt die Teestunde. Der Lehrer gießt den Tee in die Tasse des Studenten. Obwohl die Tasse schon voll ist, gießt der Lehrer weiter. Natürlich rinnt der Tee über den Tassenrand und fließt auf den Fußboden.

Schließlich sagt der Student: „Meister, hören Sie auf, der Tee fließt schon über, die Tasse ist voll."

Daraufhin antwortet der Lehrer: „Das ist sehr aufmerksam von Ihnen. Und das Gleiche gilt für Sie. Um irgendeine von meinen Lehren aufzunehmen, räumen Sie alles, was Sie bereits im Kopf haben, zuerst raus."

Moral der Geschichte:

Wir benötigen die Fähigkeit, manche Dinge, die wir wissen, auszuschalten, um unliebsamen Ballast loszuwerden.

Denn immer dann, wenn jemand eine neue Information aufnimmt und diese mit seinem bisherigen Wissen vermischt, entsteht daraus eine völlig neue Wahrheit. Also nicht mehr die, die er vorher als richtig empfunden hat.

Der Mensch hat seit Urzeiten zwei Möglichkeiten, auf Neues zu reagieren. Nämlich mit **Angriff** oder mit **Flucht.** Stets wird etwas Neues als „feindlich" empfunden. Dieser uralte Mechanismus war in früheren Zeiten auch meist sinnvoll, denn stellen Sie sich vor, wie ein Urahne, meinetwegen nur mit Bärenfell oder Lendenschurz bekleidet, durch den Wald zieht und plötzlich zum ersten Mal auf einen Säbelzahntiger stößt. Der Säbelzahntiger ist etwas Neues – also feindlich. Sofort wird der ganze Körper von einer **Disstress-Reaktion** veranlasst, alle Energie in muskuläre Aktivitäten zu lenken. Der Mensch kann nun auf zweierlei Arten reagieren: Einmal durch Angriff, zweitens durch Flucht. Die gleichen Reaktionen zeigen wir Menschen noch heute, wenn wir auf etwas Neues, etwas, was bis dato noch nicht Bestandteil unseres Denkens ist, stoßen: Angriff („So einen Blödsinn habe ich noch nie gehört/gelesen!") oder Flucht („Lass den reden/schreiben, was er will!").

Nun hört man ja oft, der Mensch sei ein geistiges Wesen. Ja, stimmt. Doch warum benutzen wir unseren Geist so selten? Wir haben nämlich durchaus die Möglichkeit dazu: Wir können Neues unverfälscht außerhalb unserer Denkrinnen aufnehmen, wenn wir allem Neuen mit Freude und Neugier (im eigentlichen Wortsinn: gierig auf etwas Neues) begegnen. Wenn wir Neues (im ursprünglichen Sinn des Wortes) gleichgültig, also mit der gleichen Gültigkeit, mit der gleichen Wertigkeit, zu unserem bisherigen Denk- und Wertsystem aufnehmen – ohne jegliche Wertung –, brauchen wir das Leben nur noch sich entwickeln zu lassen, und schon haben wir die alten Denkrinnen verlassen. Nach dem Motto: „Mensch, du bist deine eigene Grenze, erhebe dich darüber!"

Die Schule tut dazu noch ein Übriges. So lange im Unterricht so „wichtige" Dinge wie „wie viel Braunkohle in Südafrika gefördert wird, wie breit der Nil an seiner schmalsten Stelle und wo Friedrich Barbarossa gestorben ist" besprochen werden, wird der Mensch dazu erzogen, sein Gehirn selektiv, auf Sparflamme arbeiten zu lassen. Diese Gewohnheit behält er dann in der Regel auch bei. Viel besser wäre es, wenn schon die ganz jungen Schüler lernen würden, sich im täglichen Leben positiv zu artikulieren, Differenzen mit Mitschülern konstruktiv zu schlichten, ihren persönlichen Lebensweg zu finden und optimal mit ihrem Denkwerkzeug umzugehen. Positiv ist auch folgendes Wissen: wie jeder harmonisch auf das Familienleben Einfluss nehmen kann; wie der Einzelne das, was ihn interessiert, besonders favorisieren kann; wie er gezielt an benötigtes Wissen herankommt und so weiter. Durch solche Lerninhalte wird das Gehirn einem täglichen Training unterzogen, das jedem von uns einen riesengroßen persönlichen Gewinn einfährt.

Wie das Gehirn sich an die heutige Umwelt anpasst

Unser Gehirn ist Weltmeister im Adaptieren (**Adaption** = Anpassung an die Umwelt). Dieser Anpassungsvorgang ist für uns einerseits lebensnotwendig; andererseits sorgen viele der heutigen Umwelteinflüsse dafür, dass sich diese „Weltmeisterschaft“ des Gehirns ins Negative verkehrt. Dazu einige Beispiele:

Das Gehirn ermüdet durch zu viele negative und unnütze Wahrnehmungen, ist immer weniger zu Mitleid fähig. Wir sehen zum Beispiel, dass da abseits des Bahnsteiges etwas Schlimmes geschieht, reagieren jedoch nicht angemessen – das heißt mit einer Hilfeleistung – auf diesen Vorfall. Denn das Gehirn ist mit der Zeit durch die Häufigkeit solcher Ereignisse abgestumpft. Jede Sekunde stürmt so viel auf uns ein, dass nur noch ein gigantischer Computer damit fertig werden könnte. Das Gehirn muss jede Sekunde Millionen Einzelentscheidungen treffen, Informationen auswählen, speichern, vergessen, darauf reagieren. Der Anteil an negativen Informationen, ob im täglichen Leben, im Fernsehen oder im Rundfunk (Nachrichten) ist einfach zu hoch. Wir müssen jedoch nicht andauernd „Dreck“ in den Tank unseres Lebens schmeißen. Wir können uns wehren. Indem wir uns auf die positiven Sichtweisen konzentrieren.

Wie steht es um die Geschmacksnerven? Auf fast alle Lebensmittel, ob Kaviar oder Käse, Brot oder Buletten, reagiert das Gehirn gleich – nämlich mit einer kaum wahrnehmbaren Genusskurve. Verlieren wir langsam unseren Geschmackssinn?

Oder wie ist die Reaktion auf Lärm? Das Gehirn hielt früher 100 Dezibel für laut und reagierte mit dem Signal „Lärm“. Heute hält es 100 Dezibel für ganz normal und zeigt selten eine Reaktion. Das Gehirn kommt mit dieser Fülle an akustischen Signalen, dieser Hektik, diesem Lärm nur schwer zurecht. Werden wir langsam taub?

„Das Gehirn des Menschen ist dabei, sich dramatisch zu verändern", sagen die Wissenschaftler. „Es nimmt immer mehr Informationen auf – und kann immer weniger Informationen vernünftig verarbeiten."

Zum Glück jedoch lässt sich unser Gehirn ebenso trainieren wie der Bizeps oder das Herz oder ein anderer Muskel. Wie Sie inzwischen mehrfach gelesen haben, ist Gehirnjogging dafür die ideale Methode. Es liegt an uns selbst, ob wir im Alter noch geistig wach sind oder langsam, aber sicher geistig einschlafen. Doch nicht nur im Alter, auch in der Jugendzeit oder in der dritten Lebensphase gibt es genügend Möglichkeiten, die geistige Leistungsfähigkeit zu fördern. Ja, das Gehirn ist wie ein Muskel, der täglich trainiert werden will, um volle Leistung zu bringen. Doch welcher Lehrer oder Schüler tut das beispielsweise auch während der sechs Wochen Sommerferien? Stellen Sie sich zum Vergleich ein Bein vor, das sechs Wochen lang eingegipst war. Nach Abnahme des Gipses ist es mit der Muskulatur nicht mehr weit her, und es können wohl kaum Luftsprünge erwartet werden!

Durch eine verstärkte Denktätigkeit bleibt auch Ihr Körper länger jung und fit, die Lebenserwartung steigt.

Was tun bei negativen Eindrücken?

Ein Mensch kennt durchschnittlich 20.000 bis 100.000 Wörter. Da er teilweise nur deren Bedeutung versteht, ohne sie selbst aktiv einzusetzen, nennt man diese Menge an Wörtern den **passiven Wortschatz**. Mit Hilfe dieses Wortschatzes baut sich das Gehirn sein Bild von der Welt, seine Erinnerungen, zusammen. Etwa 50 Prozent der Erinnerungen sind positiv, 30 Prozent negativ und 20 Prozent indifferent. Das Gehirn alter Menschen löscht negative Erinnerungen einfach aus und behält nur die positiven.

Sicherlich haben Sie sich auch schon einmal darüber gewundert, dass Ältere Ihnen oft voller Freude von irgendwelchen Erlebnissen aus der Jugend berichten und dabei alles Negative weglassen. So, als ob früher alles besser gewesen sei. Dieses altersbedingte Vergessen beziehungsweise Neuorganisieren der Vergangenheit kann uns als Hinhörer manchmal etwas ungehalten machen. Doch es hat auch seine guten Seiten. Negativer Ballast wird einfach über Bord geworfen.

Zum Glück ist das Gehirn so angelegt, dass es in der Lage ist, nicht nur Informationen aufzunehmen und zu speichern, sondern auch zu vergessen! Zumindest im Wachbewusstsein. Streichen Sie also negative Erlebnisse und Eindrücke aus Ihrem Gedächtnis. Wie das möglich ist? Nur durch bewusstes „Entlernen" beziehungsweise bewussten Einsatz der „geistigen Müllabfuhr". Das funktioniert so: Ersetzen Sie negative Gedanken durch Erlebnisse, die Sie in Freude versetzen. Speichern Sie bewusst Positives ein, vertiefen Sie die Erinnerungsspur durch Wiederholungen. Sie werden staunen, wie oft am Tag sich Ihnen die Gelegenheit zum bewussten Umdenken bietet. Es ist eine reine Trainingssache. Und der Nutzen ist groß. Sie werden mit der Zeit feststellen, dass Sie tatsächlich einiges von Ihrem „Minuskonto" aufs Konto Nimmerwiedersehen beziehungsweise Nimmerwiederhören verbucht haben. Wörter wirken nämlich Wunder. Wählen Sie deshalb solche Begriffe, die Sie gelassen und heiter stimmen.

Wenn wir schon einmal beim Thema Löschen von Informationen und Erinnerungen sind, einige Anmerkungen zur Auswirkung von Alkoholgenuss. Dieses Thema sorgt sogar unter Gehirnforschern für heiße Diskussionen: Zerstört nun Alkohol Gehirnzellen oder hindert er jeweils nur die einzelnen Synapsen am Übertragen oder ist er ganz und gar unschädlich? Wie dem auch sei, fest steht, dass übertriebener Alkoholkonsum der geistigen Entwicklung nicht förderlich ist. Zwei, drei Gläschen Wein ab und zu – also Alkoholgenuss in Maßen – schädigen dagegen einen gesunden Menschen auf keinen Fall. Sie meinen, Sie trinken nicht viel? Was heißt viel? Probieren Sie's aus. Legen Sie eine Trinkpause von fünf Wochen ein. Ihre Merkfähigkeit wird deutlich ansteigen.

Die Auswirkungen sogenannter Freizeitunterhaltung

Ein anderes Problem der heutigen Zeit ist das Konsumverhalten im Hinblick auf die verschiedenen Medien, wie Fernsehen, Video und so weiter. Dass ein Zuviel an Berieselung in mehrfacher Hinsicht schadet, ist inzwischen sattsam bekannt. Hier geht es eher um die *Art* der Informationsverarbeitung. Aus (fast) jedem Film lassen sich interessante Aspekte herauslesen. Es ist also durchaus möglich, selbst anhand eines – Ihnen unter Umständen stumpfsinnig erscheinenden – „Rocky 3“ interessante Charakter- und Verhaltensstudien zu betreiben, die die geistige Leistungsfähigkeit und Wachheit fördern.

Andererseits können Sie sich auch einfach berieseln lassen, doch das stellt nicht den geringsten positiven Reiz für Ihr Gehirn dar. Die Folge: Nicht nur das Gehirn, sondern auch Sie selbst werden langsam immer träger. Wenn Sie zur letzteren Vorgehensweise neigen, kommt eine weitere Gefahr hinzu: Da Ihr Unbewusstes grundsätzlich jedes Erlebnis speichert – egal, ob Sie dieses selbst erlebt, gesehen, gelesen oder es nur geträumt haben –, finden auch die Bilder des Films Eingang in Ihre Persönlichkeit; und unreflektiert aufgenommene Gewaltszenen können allerhand Schaden anrichten. Deshalb sollte man auch Kinder davor schützen oder zumindest mit ihnen über die kritischen Szenen sprechen.

Die Empfehlungen können also nur lauten: Nutzen Sie aktiv die Vorteile der modernen Medien, vermeiden Sie nach Möglichkeit die passive Berieselung. Leben Sie Ihr Leben selbst, lassen Sie nicht die Filmhelden diesen Part übernehmen!

Das ganzheitliche Denken

Eine gute Nachricht vorneweg:

> **Wer viel lacht, merkt sich auch viel.**
> **Humor ist die beste Lockerungsübung.**

Das bewies zum Beispiel folgender Test: Drei Gruppen mussten sich eine Reihe von Werbespots anschauen. Eine davon durfte vorher einen fröhlichen Comic sehen. Das Ergebnis: Gerade diese Gruppe konnte sich hinterher die meisten Spots merken. Denn Lachen und eine positive Grundeinstellung machen das Gehirn aufnahmefähiger.

Das Gehirn steuert alles: jeden Gedanken, jede körperliche Bewegung und damit also auch die Gesundheit. Natürlich ist Denken die schwerste Arbeit, die es gibt, darum ist es auch bei vielen Menschen so unbeliebt. Ein kleiner Trost: Intelligenz und den optimalen Umgang mit dem Denkapparat bekommt niemand in die Wiege gelegt. Und auch ein Nürnberger Trichter ist bislang noch nicht erfunden worden. Jedoch reagiert das Gehirn ähnlich wie ein Muskel. Wenn wir es ausreichend mit neuen Reizen versorgen und regelmäßig trainieren, nimmt es sehr stark an Leistungsfähigkeit zu. Besonders effektiv ist ein **ganzheitliches Training**, das *beide* **Gehirnhemisphären** anspricht, also sowohl die mehr verbal-logisch ausgerichtete linke Hälfte als auch die nonverbal-intuitive rechte Hälfte.

Nutzen Sie die Kräfte Ihrer Hochenergiezentrale! Denn alles beginnt in Ihrem Kopf. Auch die positiven Veränderungen: Steigern Sie die Lebensqualität in jedem Lebensalter. Leben Sie gesund und bleiben Sie geistig und seelisch beweglich. Sorgen Sie dafür, dass Sie sich rundum wohl fühlen. Und nutzen Sie Ihre geistige Fitness als Motor für den beruflichen Erfolg und die persönliche Ausgeglichenheit. Dabei sollten Sie unter „Erfolg“ nur das verstehen, was sich auf Dauer in jeder Hinsicht günstig auswirkt. Zum Bereich „Erfolg“ gehören demnach auch all die Dinge, Umstände, Menschen, die Ihr Leben bereichern und verschönern.

Hierzu zählt also auch die Musik und im Hinblick aufs geistige Training das Lernen mit Musik. Am besten eignet sich dafür ruhige langsame Instrumentalmusik. Gesang hingegen lenkt ab, da das Bewusstsein versucht, dem Text zu folgen. Doch Vorsicht: Musik, allein über das rechte Ohr gehört, verschlechtert eher die Lernleistung. Über das linke Ohr eingespielt, verbessert sie dagegen die Leistung im Vergleich zum Lernen ohne Musik.

Welche Aufgaben die beiden Hemisphären wahrnehmen, zeigt das folgende Schaubild. Und wie wunderbar das Gehirn rationale und emotionale Eindrücke miteinander verknüpft, erfahren wir tagtäglich. Hier wird die Aufteilung bildhaft vereinfacht an einem Modell dargestellt.

ÜBERBLICK: DIE ZWEI HEMISPHÄREN

Links: Digital

Rechts: Analog

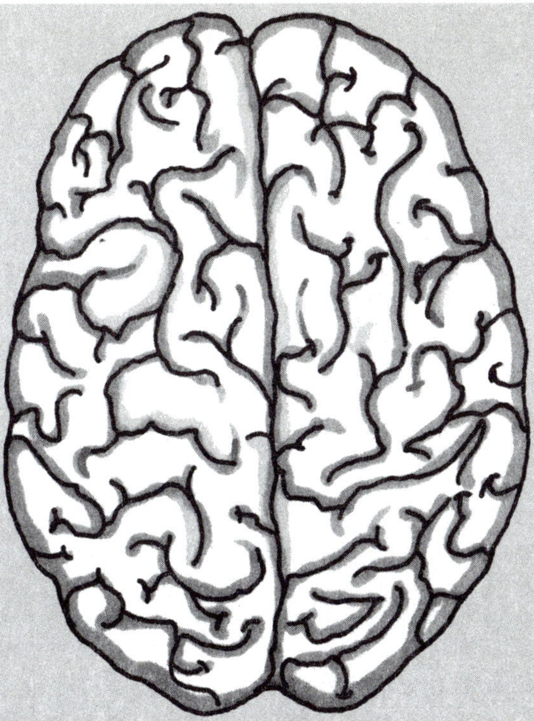

- *verbal – Sprache*
- *Ratio/Logik*
- *Regeln/Gesetze*
- *Analyse → Detail*
- *Wissenschaft*
- *linear, Schritt für Schritt*
- *Zeit*

- *non-verbal, Körpersprache*
- *Intuition/Gefühl*
- *Kreativität*
- *Synthese → Überblick*
- *Kunst, Musik, Tanz*
- *non-linear + ganzheitlich*
- *Raum*

Links lebt ein Wissenschaftler, rechts lebt ein Künstler.
Links wird gedacht, rechts wird gelacht.
Übrigens: Gehirnjogging regt *beide* Gehirnhemisphären an und steigert deren Leistung. Viel Spaß also beim ganzheitlichen Denken!

Die Vorzüge
geistiger Regsamkeit

„Die Vorzüge geistiger Regsamkeit und der daraus resultierende erhebliche Nutzen für jedermann" – so oder so ähnlich hätte vermutlich der Titel dieses Buches vor einigen Jahrhunderten gelautet. Unter Umständen hätten Sie sich auch durch ein lateinisches Werk kämpfen müssen (was natürlich zusätzlich den Geist geschult hätte!), denn bis ins 19. Jahrhundert hinein war Latein die geläufige abendländische Gelehrtensprache.

Das Grundwissen des Menschen hat sich seit *Gutenbergs* Erfindung des Buchdrucks in der zweiten Hälfte des 15. Jahrhunderts bis heute – Schätzungen nach – um den Faktor 132 vergrößert. Heute verdoppelt sich das Wissen etwa alle zwei bis dreieinhalb Jahre. So beispielsweise in den verschiedensten Berufen. Das Universalgenie *Leibniz* hatte im 17. Jahrhundert noch einen totalen Überblick über das gesamte Wissen seiner Zeit. Im 19. Jahrhundert war jemand, der einen Beruf erlernte, mit diesem Wissen ein Leben lang auf der Höhe. Heute muss jeder Mensch im Durchschnitt viermal in seinem Leben neu lernen.

So lernen Sie einfacher, schneller und mit mehr Spaß

- Schätzen Sie das, was Sie tun, und gehen Sie mit Freude an neue Aufgaben heran.
- Motivation und eine positive Haltung sind Faktoren, die Ihre geistigen und körperlichen Fähigkeiten stark beeinflussen.
- Vergessen Sie einfach das Vergessen.
- Erleichtern Sie sich das Lernen, indem Sie durch kontinuierliches Gehirnjogging Ihre Gedächtnisleistung steigern.

- Speichern Sie aufgenommene Informationen in einer entspannten Atmosphäre ab.
- Sprechen Sie über die neuen Informationen. So vertieft sich automatisch Ihr Wissen.
- Nehmen Sie sich Zeit für sich und Ihre geistige Entwicklung. Denn:

> WER EINMAL ZU SICH SELBST GEFUNDEN HAT, DER KANN NICHTS MEHR AUF DIESER WELT VERLIEREN.
> (STEFAN ZWEIG)

Pflegen Sie Ihren Wortschatz

Zur Wiederholung: Es gibt große Unterschiede in der Kapazität des Kurzzeitspeichers. Wie groß (oder klein) sie ist, erfährt man, indem der **IQ**, der **Intelligenzquotient**, ermittelt wird. Seinen Ausdruck findet der IQ unter anderem in einem unterschiedlich großen Wortschatz.

Der allgemeine **passive Wortschatz** ist ein sehr guter Indikator für die geistige Leistungsfähigkeit. Eine Untersuchung zeigte beispielsweise, dass nur noch 25 Prozent der „Durchschnittsbürger" und 60 Prozent der besten Akademiker (Hochschullehrer, Ärzte, Redakteure etc.) die Worte „Kassiber", „Kasside", „Matrix", „Determinante", „Travestie" kennen. Im Zuge anderer Nachforschungen stellte sich heraus, dass Sprachvermögen und Wortschatz entscheidend sind für die Erfolgs- und die Einkommensstufe im Leben. Zum gleichen Ergebnis kam folgende Analyse: Die Belegschaft von 39 Fabriken unterzog sich einem Sprachtest. Die folgende Auswertung spricht dabei für sich. In fast allen Fällen entspricht die Relation der Höhe des Einkommens der erreichten Punktzahl.

Sprachtest	Erreichte Punkte	Mögliche Punkte
Direktoren	236	272
Prokuristen	138	272
Abteilungsleiter	140	272
Werkmeister	114	272
Vorarbeiter	86	272

Je mehr Wörter eine Person kennt und beherrscht, umso größer ist das Wissen, die Intelligenz und die soziale Stellung. Der Grad der Sprachbeherrschung ist entscheidend für die Erfolgsstufe und damit für die Einkommensstufe, die der Einzelne im Leben erreicht. So die Ergebnisse mehrerer Untersuchungen.

Sie können sich nach der neuesten Mode kleiden, ein ansehnliches Auto fahren, in bester Gegend wohnen, sympathisch und angenehm aussehen. In dem Moment, wo Sie zu sprechen beginnen, dokumentieren Sie die soziale Stufe, auf der Sie wirklich stehen. An dem Schauspiel „Pygmalion“ von *George Bernhard Shaw* und der späteren Musical-Fassung „My Fair Lady“ ist dies sehr gut nachzuvollziehen. Die Sprache verrät den Menschen, weniger seine Herkunft.

An einer Universität wurden Studenten die Stimmen von verschiedenen Menschen über Tonband vorgespielt. Danach sollten sie mittels einer Punkteskala beurteilen, auf welcher sozialen Stufe die jeweilige Person anzusiedeln ist. Das Ergebnis war frappierend. Je größer der Wortschatz und je klarer und überzeugender die Aussprache, desto qualifizierter war die Position des Betreffenden. All die, die die wenigsten Punkte erhielten, standen auch auf der niedrigsten Einkommensstufe. Worte wirken Wunder! Ein Test an 350.000 Menschen aller sozialer Schichten zeigte, dass der Sprachschatz eines Menschen ein klares Polaritäten-Profil über Intelligenz, soziale Rangstufe und Einkommensstufe ergibt. Je höher der Sprachschatz des Menschen, umso höher sogar seine soziale Klasse. Ist das nicht noch ein lohnender Grund, sich mit Gehirnjogging zu befassen!?

Was den Geist anregt

- Erweitern Sie Ihr Wissensnetz systematisch und permanent durch neue Informationen.
- Seien Sie in Zukunft neugierig im eigentlichen Wortsinn. Das heißt: auf Neues gierig zu sein.
- Tauschen Sie sich bewusst mit Personen aus, die Ihnen neue Informationen vermitteln. Auch in Ihrem Beruf bieten sich dazu viele Ansätze. Wenn Sie erst einmal gezielt aktiv werden, werden Sie staunen, welches Wissen oft in den Kollegen steckt. Sei es Fachwissen oder Dinge, die Sie einfach begeistern, beispielsweise ausgefallene Hobbys.
- Besuchen Sie bewusst Vorträge, deren Inhalte Sie normalerweise weniger interessieren.
- Lesen Sie Bücher zu Themen, die für Sie neuartig sind.

All dies regt Ihre Synapsen ungeheuer an. Sie warten und brennen regelrecht darauf, endlich gebraucht zu werden, „andocken" zu dürfen. Durch das Andocken entstehen Verknüpfungen zwischen altem und neuem Wissen. Ihr Wissensnetz vergrößert sich ständig und die eben beschriebenen angenehmen Nebenerscheinungen stellen sich auch ein. (Fast schon überflüssig zu sagen, dass Gehirnjogging das Wachstum Ihres Wissensnetzes besonders effektiv fördert ...)

Auch der Informationsaustausch zwischen Alt und Jung regt geistig an. Der amerikanische Forscher *C. Diamond* sperrte zwei Gruppen von Ratten in zwei Käfige. Ihr Lebensalter von 600 Tagen entsprach in etwa einem Menschenalter zwischen 50 und 60. In dem einen Käfig befanden sich ausschließlich gleichaltrige Ratten. Bei ihnen wurde schon nach wenigen Monaten ein Abbau der Gehirnmasse festgestellt. In dem anderen Käfig tobten zwischen den „60-Jährigen" junge Ratten herum.

Wissensnetz

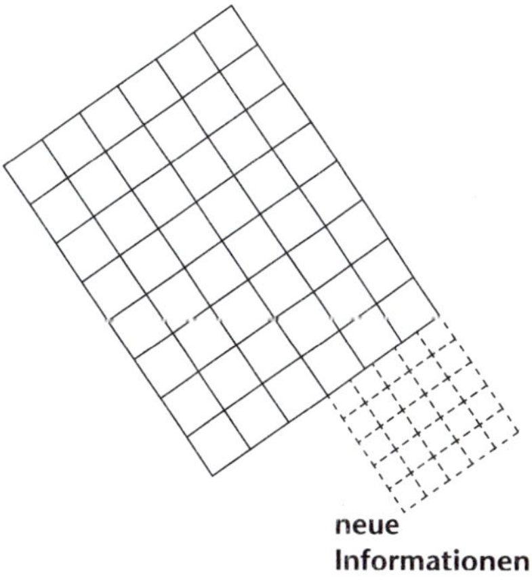

Es gab verschiedenste Spielgeräte, und allerlei Schabernack wurde getrieben. Das Hirn dieser Ratten blieb bis ins hohe Alter fit.

Warum ist eine hohe geistige Leistungsfähigkeit so erstrebenswert?

Ein möglichst langes Leben wünscht sich fast jeder – und geistige Fitness erhöht zumindest die Wahrscheinlichkeit, dass dieser Wunsch wahr wird. Und sie sorgt dafür, dass die Lebenszeit erfüllter ist.
Die Vorteile liegen auf der Hand:

- Lebensqualität und Lebenserwartung nehmen zu.
- Geistige und körperliche Frische bis ins hohe Alter.
- Beim Auftreten von Krankheiten wird die geistige Leistungsfähigkeit länger erhalten und die Unabhängigkeit gestärkt.

Es ist statistisch erwiesen, dass Menschen, die Wünsche und Ziele haben, im Schnitt acht Jahre länger leben. *Adenauer,* der Dirigent *Rubinstein, Bernhard Shaw* und der Maler *Picasso* beispielsweise wurden alle steinalt. Und nicht nur das! Bis ins hohe Alter hinein waren sie fit, leistungsfähig und kreativ. Was war ihr Geheimrezept? Gibt es überhaupt eines für extreme Langlebigkeit? Nun, ganz sicher ist:

Freude und Begeisterung für eine sinnvolle Tätigkeit sowie die Förderung der geistigen Leistungsfähigkeit unterstützen Langlebigkeit in erheblichem Mass.

Und diese bedeutet dann keineswegs – wie die genannten Personen beweisen – Klapprigkeit und Gebrechen.

Die Vorteile geistiger Leistungsfähigkeit für Berufstätige:

- Neues Wissen wird rasch aufgenommen und verarbeitet und kann nutzbringend im beruflichen Alltag eingesetzt werden.
- Die tägliche Fülle an Informationen wird besser bewältigt.
- Es fällt leichter, die beruflichen Qualitäten (fachliches Know-how) auf dem neuesten Stand zu halten, da das Fachwissen heutzutage sehr schnell veraltet.

- Neugier fördert geistiges Wachstum und die Berufsfähigkeit.
- Es gelingt müheloser, kreative Ideen in die Tat umzusetzen.
- Und: Die Zufriedenheit mit sich und seiner eigenen Leistung steigt.

Für Schüler und Studierende ist eine hohe geistige Leistungsfähigkeit wichtig, um

- grundlegendes Wissen in speziellen Schulfächern rasch zu erwerben;
- gehirngerecht zu lernen;
- über neues Wissen schnell einen Überblick zu gewinnen und es abrufbereit zu halten;
- einen guten Berufseinstieg zu finden;
- die Basisvoraussetzungen für kreative Leistungen zu haben.

Und noch zwei Anmerkungen zum Schluss:

- Körperliche Bewegung hat eine stark stimulierende Wirkung auf das Gehirn. 50 Prozent des gesamten Zuckers, den der Körper produziert, wird beim Denken verarbeitet. Um aus Zucker Denkenergie zu gewinnen, muss er mit Hilfe von Sauerstoff verbrannt werden. Bei Bewegung, wie zum Beispiel Treppenlaufen, kann mehr Sauerstoff aufgenommen werden und somit auch mehr Denkenergie entstehen. Das Ergebnis merken Sie sofort.
- Eine freudige Nachricht: Gehirntraining verringert das Krebsrisiko. Die genaue Ursache wurde von der Wissenschaft noch nicht ermittelt. Tatsache ist, dass gut „geschmierte“ Botenstoffe das Immunsystem des gesamten Körpers stärken, also nicht etwa nur im Gehirn. Vermutlich ist der Körper vergleichbar mit einer großen Firma mit verschiedensten Abteilungen. Herrscht zum Beispiel in der Buchhaltung ein gutes Betriebsklima, hat das auf die ganze Firma positiven Einfluss und nicht nur auf die betreffende Abteilung.

Nach diesen aufmunternden Schlussbemerkungen geht es nun an die praktische Umsetzung nach all der „grauen Theorie“. Beginnen Sie heute noch mit dem nächsten Kapitel! Nach dem Motto von Erich Kästner:

> **ES GIBT NICHTS GUTES,**
> **AUSSER MAN TUT ES.**

Übungen: Täglich zehn Minuten „gehirnjoggen"

Nun sind wir endlich bei dem Teil des Buches angelangt, den Sie sicher schon mit viel Spannung erwartet haben: dem Praxisteil. Sie können Ihr Gehirn schon mit täglichen Trainingseinheiten à zehn Minuten in Hochform bringen. Die Betonung liegt dabei auf der „Zauberformel" TET, was so viel bedeutet wie:

TUE
ES
TÄGLICH

Lassen Sie das Üben so selbstverständlich werden wie das Zähneputzen. Schon nach drei Wochen werden Sie eine erhebliche Leistungssteigerung erkennen, und zwar unabhängig vom Ausgangsniveau. Widmen Sie sich jeden Tag so vielen Aufgaben, dass Sie etwa auf zehn Minuten kommen. Das genügt völlig. Am besten, Sie joggen gleich morgens als Erstes. Denn dann hat Ihr Gehirn im Anschluss die optimale „Betriebstemperatur", um den Ansprüchen des Tages gewachsen zu sein und sie erfolgreich zu bewältigen. (Wenn Sie noch mehr für Ihre geistige Fitness tun möchten, können Sie nachmittags zusätzlich fünf bis zehn Minuten gehirnjoggen.)

Wer andere, vor allem ältere Publikationen zum Thema Gehirnjogging kennt, wird vermutlich überrascht sein über die Vielseitigkeit der Aufgaben in diesem Buch. Bisher wurden dem Leser recht sinnarme Aufgaben zugemutet, die zwar – das ist unbestritten – eine sehr gute Auswirkung auf den Kurzzeitspeicher haben, aber leider nicht sehr viel Spaß machen. Diese Aufgaben sehen dann zum Beispiel so aus:

Markieren Sie bitte in den folgenden Buchstabenreihen die Stellen, an denen zwei gleiche Buchstaben als Paar beieinander stehen.

~~AA~~	KH	JH	BG	~~CC~~	LB	~~BB~~	BG	BD	~~DD~~
KL	JK	~~GG~~	~~HH~~	FG	HK	~~HH~~	~~HH~~	KH	~~NN~~
~~DD~~	GH	~~GG~~	~~FF~~	CD	XY	YX	~~CC~~	~~SS~~	AS
~~ZZ~~	OQ	OQ	~~QQ~~	~~SS~~	~~EE~~	EB	EB	~~BB~~	~~EE~~
~~RR~~	KR	RK	~~XX~~	ZX	DL	~~LL~~	~~DD~~	KL	HK
~~TT~~	FT	~~FF~~	TF	~~TT~~	~~GG~~	GB	~~BB~~	HB	~~HH~~

Sie können sich sicher vorstellen, dass diese Art von Aufgaben meist sehr schnell zu monoton werden und schon bald zur Lustlosigkeit beitragen. Die Erfahrung zeigt: Selbst die besten Übungen nützen nichts, wenn sie nicht dazu animieren, täglich mit Spaß an die „Arbeit" zu gehen.

Dieses Buch ist wohltuend anders: Das Gehirnjoggen ist so abwechslungsreich, dass es manchmal sogar schwer fällt aufzuhören. Und: Die Aufgaben machen Jung und Alt gleichermaßen Spaß. Ich habe für Sie aus dem reichhaltigen Angebot meiner Seminare die verschiedensten Aufgaben zusammengestellt. Sie sind so kurzweilig, dass Sie sich schon auf die Übungen des nächsten Tages freuen werden. Suchen Sie sich aus dem Angebot blind eine Aufgabe heraus. Lassen Sie Ihr Gehirn arbeiten. Es kann bei einzelnen „Kopfnüssen" sogar vorkommen, dass Sie die Lösung nicht innerhalb der angestrebten 10 Minuten herausfinden. Kein Problem! Es geht nämlich nicht (nur) um die Lösung, es geht ums Gehirnjogging, ums Trainieren des Geistes. Und das geschieht in jedem Fall. Lösen Sie die Aufgabe einfach am nächsten Tag oder nachmittags zu Ende. Es spielt auch keine Rolle, wenn Sie einmal eine Kopfnuss nicht lösen können. Das wird auch anderen Lesern so ergehen. Hauptsache, Sie haben Ihren Kurzzeitspeicher bis an die Grenze der Leistungsfähigkeit genutzt. Ganz bewusst habe ich auch lustige Aufgaben mit hinzu genommen. Denn das Gehirn arbeitet besonders gut bei so angenehmen Begleiterscheinungen wie Freude und Neugier.

Und nun geht's endlich los. Wählen Sie Ihre erste Aufgabe aus und fangen Sie an. Viel Spaß dabei!

(Weitere Tipps und Anregungen zum Thema geistige Fitness finden Sie übrigens nach dem Übungsteil.)

1. Untersuchen Sie das hier abgebildete Muster. Wie oft, wenn Sie alle Richtungen ausschöpfen und auch „um die Ecke denken", können Sie die Buchstabenfolge MIND im Zusammenhang entdecken?

			D			
		D	N	D		
	D	N	I	N	D	
D	N	I	M	I	N	D
	D	N	I	N	D	
		D	I	D		
			D			

2. Setzen Sie je einen Buchstaben in die Klammern so ein, dass in jeder Zeile zwei neue Wörter entstehen. Der gesuchte Buchstabe stellt immer das Ende des ersten und den Anfang des zweiten Wortes dar.

TRO	( )	URT
LAD	( )	SEL
RE	( )	UT
HA	( )	GEL
STIE	( )	AST
BODE	( )	AME

3. D2 ist die Koordinate des Quadrates, dessen Inhalt noch ein zweites Mal vorhanden ist. Welche der angegebenen Koordinaten (A–F) ist richtig?

	A	B	C	D
1	A B C	A D C	A C A	A A A
2	D D C	A D A	B B B	A A B
3	B D C	C D C	C D D	C C A
4	A B A	C C C	B B C	D D D

- A: A4
- B: B3
- C: A2
- D: D4
- E: D1
- F: C3

4. Setzen Sie jeweils das Wort ein, das dieselbe Bedeutung hat wie die beiden Wörter außerhalb der Klammer.

Werkstoff	( )	Klang
Flüssigkeit	( )	Ergebnis
Neu	( )	Kühl

5. Die folgenden drei Wortreihen sind nach bestimmten Regeln aufgebaut. Wenn Sie das dahinter steckende Gesetz erkennen, wissen Sie, welches fehlende Wort in die Reihe passt. Als Lösung stehen jeweils fünf Wörter zur Auswahl.

Frucht – Ast – Baum – Fuß – ? – Mensch
a) Bein b) Leib c) Zehen d) Stamm e) Laub

Anzug – Uhr – Hose – ? – Jacke – Zifferblatt
a) Strümpfe b) Wecker c) Zeiger d) Hemd e) Armbanduhr

lang – hoch – eng – breit – tief – ?
a) groß b) weit c) klein d) kurz e) schmal

6. Die folgende Zeichnung stellt die Sonne mit drei umlaufenden Planeten dar. Der äußere Planet umkreist die Sonne in 30 Jahren einmal, der mittlere umkreist die Sonne innerhalb von zwei Jahren, der innere innerhalb eines Jahres. Alle drei Umlaufbahnen liegen in der gleichen Ebene, die Planeten umkreisen die Sonne in der gleichen Richtung, wobei die Sonne den Mittelpunkt der Kreisbahn bildet. Nach wie viel Jahren liegen die Sonne und die drei Planeten zum ersten Mal auf einer Linie, wenn man von der gezeichneten Ausgangsstellung ausgeht?

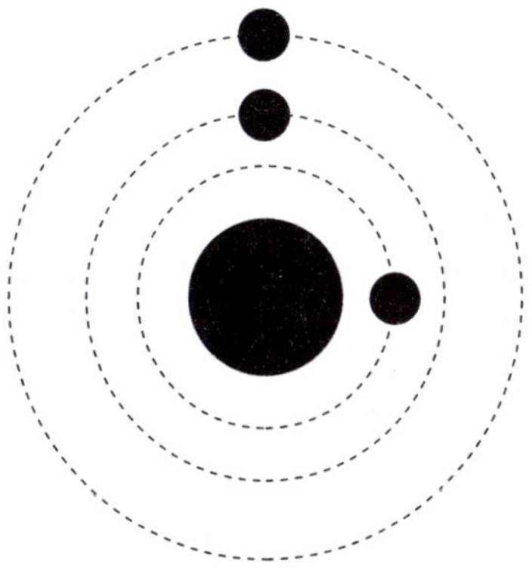

7. Bei den folgenden drei Aufgaben müssen Zahlenmuster, die nach bestimmten Gesetzmäßigkeiten aufgebaut sind, analysiert werden. Die Zahlen, die übereinander stehen, sind nicht als Bruch zu lesen. Alle Zahlen der oberen und der unteren Reihen sind getrennt voneinander nach einem Gesetz aufgebaut. Bitte ergänzen Sie die jeweils fehlenden Zahlen.

a) 11 9 7 5 3 ?
4 5 6 7 8 ?

b) 3 6 18 72 360 ?
2 4 12 48 240 ?

c) 4 5 7 8 10 11 13 14 ?
30 29 27 26 24 23 21 20 ?

8. Finden Sie eine Wortendung, der die folgenden Buchstaben vorausgehen können:

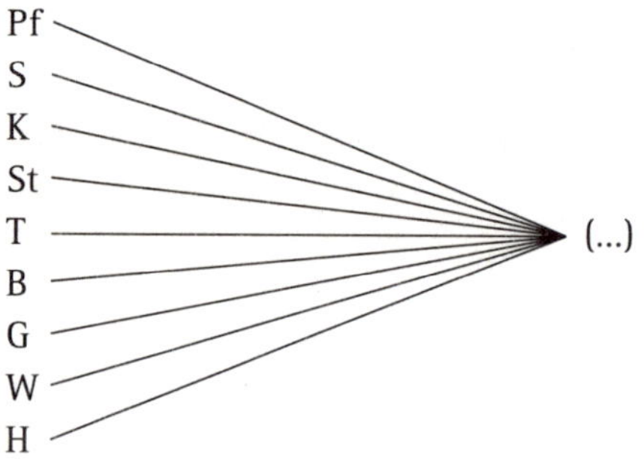

9. In welcher Art und Weise muss die Ziffer 3 dreimal geschrieben werden, damit das Ergebnis 4 ist?

10. Eine Tasse und eine Untertasse wiegen zusammen 120 Gramm. Die Tasse wiegt doppelt so viel wie die Untertasse. Wie viel wiegt die Untertasse?

11. Ein Mann begann, einen Brief zu verschlüsseln. In dem Code wurde jeder Buchstabe durch den nächstfolgenden ersetzt (zum Beispiel D statt C), und die Vokale des ursprünglichen Textes wurden unterdrückt. Die Verschlüsselungsmaschine war jedoch defekt. So blieben die Vokale erhalten, dafür wurden fünf Konsonanten im Originaltext unterdrückt. An diesen Stellen stehen jetzt die Sternchen. Die Reihenfolge der

Buchstaben wurde jedoch wie geplant umgesetzt. Brechen Sie den Code, und lesen Sie die Nachricht.

MJFCF* MF*F*, F* J** *FTDIB***

12. Setzen Sie jeweils das Wort ein, das den drei Wörtern auf der rechten Seite vorausgehen kann:

(...)	Handel Wurzel Malerei	(...)	Spanner Löffel Bänder

13. Ein Kerzenhersteller weiß, dass er aus sechs Kerzenresten wieder eine ganze neue Kerze herstellen kann. Er hat 600 Kerzenreste. Wie viele neue Kerzen kann er daraus insgesamt erzeugen, wenn bei der Herstellung jeder Kerze ein neuer Rest übrig bleibt?

14. Im folgenden Bild sehen Sie drei Waagen. Die obere und die mittlere befinden sich jeweils im Gleichgewicht. Womit müssen Sie die rechte Waagschale der unteren Waage belasten, damit auch sie im Gleichgewicht ist? (Sie haben nur Vierecke zur Verfügung!)

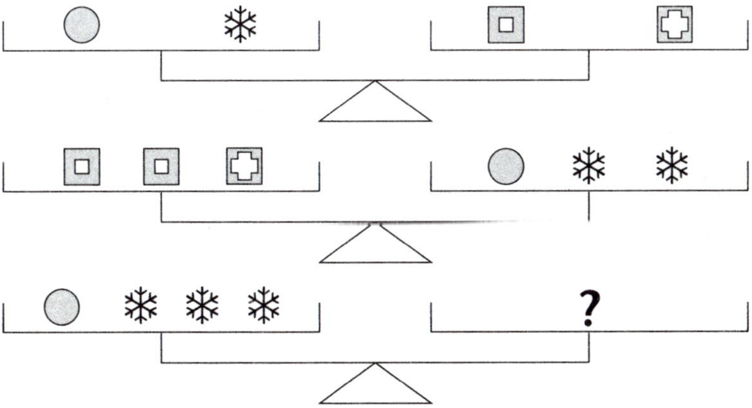

15. Unterstreichen Sie das Wort, das nicht zu den anderen passt:

KATENROT	PANIFELSEN	LAFFENTORK
TETLAND	ENSKIRCH	

(Ein Tipp: Durch Umstellen der Buchstaben innerhalb der einzelnen Wörter entstehen verständliche Begriffe.)

16. Setzen Sie die fehlende Zahl ein.

18 20 24 32 ?

17. Wie viele Kreise enthält dieses Gebilde?

18. Drei Ärzte und ihre Frauen treffen sich. Der eine ist Arzt für Allgemeinmedizin, der zweite Psychiater und der dritte Augenarzt. Frau Possin, die sehr groß ist, überragt den Arzt für Allgemeinmedizin um genau so viel, wie er selbst seine eigene Frau überragt. Die Frau, deren Größe sich am meisten der des Arztes für Allgemeinmedizin nähert, wiegt so viel wie dieser, während Frau Klingenberg 10 Kilogramm weniger wiegt. Dr. Köster wiegt 20 Kilogramm mehr als der Augenarzt.
Wie heißt der Psychiater?

19. Setzen Sie die fehlende Zahl ein.

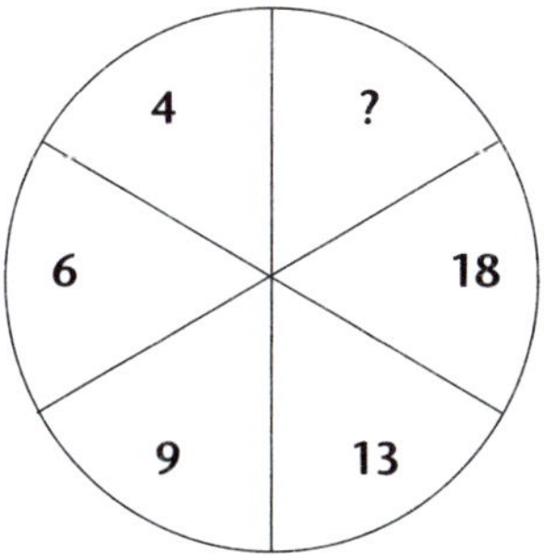

20. Bei einem Duell zwischen zwei Männern schießt nur der eine. Er trifft zwar, ärgert sich jedoch. Der Getroffene freut sich. Was ist los?

21. Wie heißt der Fluss in der griechischen Mythologie, der die Grenze zur Unterwelt bildet?

22. Wie heißt die alte römische Provinz Lusitania heute?

23. Was war die „Tin Lizzy"?

24. Die Buchstaben A bis E sollen in das folgende Quadrat so eingetragen werden, dass keine zwei gleichen Buchstaben waagerecht, senkrecht oder diagonal aufeinander folgen. Als Hilfe sind vier Buchstaben bereits eingetragen.

		C		
A	D			
				B

25. Nobel stiftete den Friedenspreis. Was hat er erfunden und entwickelt?

26. Nennen Sie zwei Kanalinseln zwischen England und Frankreich.

27. Kerbe, Schaft und Sehne. Bei welchem Sport kommen sie vor?

28. Setzen Sie im folgenden Bild die fehlende Figur ein:

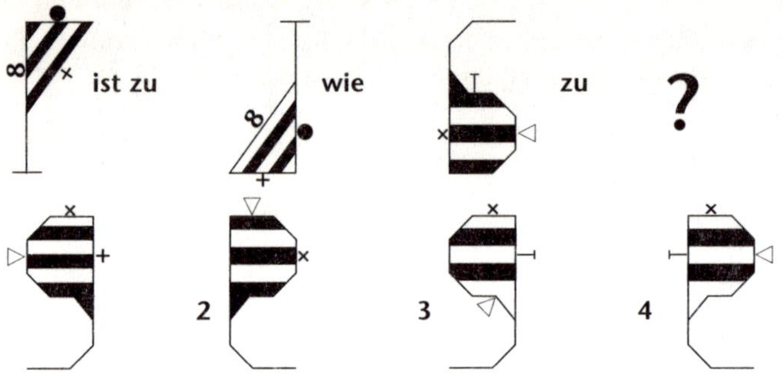

29. 6 verhält sich zu 36 wie 4 zu ...
a) 8 b) 16 c) 24 d) 44 e) 34

30. Stalaktiten verhalten sich zu Stalagmiten wie Decke zu ...
a) Dach b) Boden c) Fenster d) Höhle

31. Ein Quadrat verhält sich zu einem Würfel wie ein Kreis zu ...
a) einer Pyramide b) einem Kegel c) einer Kugel d) einem Achteck

32. Fünf Männer fuhren mit ihren Wagen auf einer Rennstrecke. Es gab kein Unentschieden. Will war nicht der Erste. John war weder Erster noch Letzter. Joe kam direkt nach Will. James war nicht der Zweite. Walt war zwei Plätze hinter James. In welcher Reihenfolge kamen die Männer ins Ziel?

33. Ein Soldat wurde vom Feind gefangen genommen. Er war so tapfer, dass sie ihn die Todesart wählen lassen wollten. Sie sagten zu ihm: „Wenn du eine Lüge sagst, wirst du erschossen, wenn du die Wahrheit sagst, wirst du gehängt." Er durfte nur eine Aussage machen.
Er sagte den Satz – und blieb trotzdem am Leben. Was sagte er?

34. Dieses Gefüge ist zum Teil mit Zahlen nach einem bestimmten System gekennzeichnet. Für welche Zahl steht der Buchstabe A?

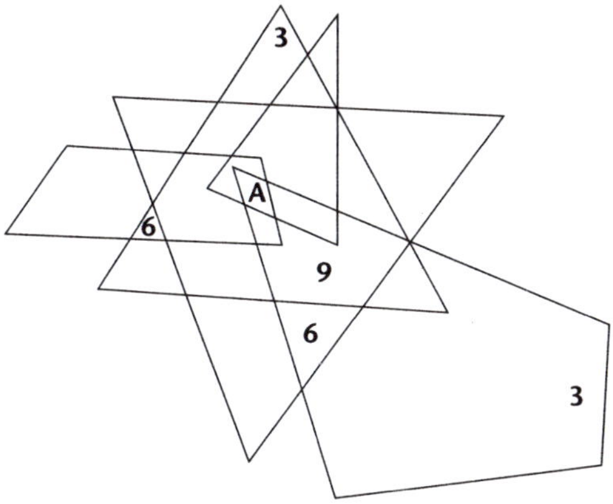

35. Bücher sind für Büchereien wie Waffen für ...
a) Zelte b) Geschütze c) Soldaten d) Zeughäuser

36. Medaille verhält sich zu Tapferkeit wie Lohn zu ...
a) Geld b) Arbeit c) Stunden d) Gewerkschaften

37. Tor verhält sich zu Rot wie Neger zu ...
a) schwarz b) braun c) Schnee d) Regen

38. Welche Figur kommt als Nächste in der folgenden Reihe?

39. Sie gehen mit 60 DM einkaufen. Sie geben ein Viertel davon für Kleider aus, DM 30 für Zubehör für Ihren Heimcomputer und 10 Prozent des Originalbetrags für Essen. Wie viel Geld bleibt Ihnen übrig?

40. Bei dieser Aufgabe zerschneiden Sie im Kopf die gezeigte Figur durch eine Gerade in zwei Teile und setzen sie zu einer neuen Figur zusammen. Dazu ist die Figur von Punkten und Zahlen umrandet. Geben Sie an, wie die Endpunkte des gedachten Schnitts heißen, wenn als neue, zusammengesetzte Figur ein Rechteck entstehen soll.

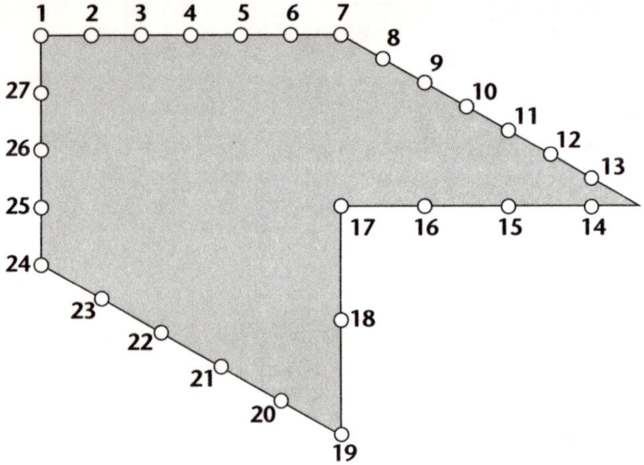

41. Wimbledon ist für Tennis wie Pebble Beach für ...
a) Schwimmen b) Golf c) Segeln d) Laufen

42. Gutenberg verhält sich zu Druck wie Mercator zu ...
a) Büchern b) Chemie c) Landkarten d) Astronomie

43. Silber verhält sich zu Metall wie Hafer zu ...
a) Getreide b) Pferden c) Kuchen d) Essen

44. Ihr Freund hat ein neues Papier- und Bleistift-Spiel erfunden; Sie verlieren, wenn Sie drei gleiche Zeichen in einer Reihe haben. Sie sehen hier eine Zeichnung des Spiels. Sie haben 0 und sind am Zuge. Was müssen Sie machen? (Denken Sie daran: Drei in einer Reihe verliert.)

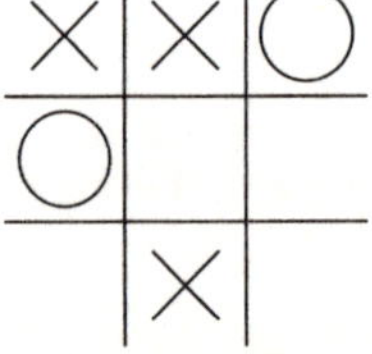

45. Welche Zahl steht an der Stelle des Fragezeichens in der folgenden Reihe?

? 96 24 8 4 4

46. Sie sind bei einem Treffen mit Leuten, die entweder lügen oder die Wahrheit sagen. Eine Frau sagt Ihnen, der Vorsitzende der Gesellschaft habe Ihr erklärt, er sei ein Lügner. Ist sie eine Lügnerin oder sagt sie die Wahrheit? Woraus schließen Sie das?

47. Drei Jugendliche betreten einen ungewöhnlichen Kleiderladen. Der Besitzer erklärt, er nehme für einen Hut 3 DM, für eine Jacke 5 DM und für ein Hemd 4 DM. Wie viel kostet ein Mantel?

48. Kartoffeln verhalten sich zu Erdnüssen wie Äpfel zu ...
a) Bananen b) Lilien c) Pfirsichen d) Tomaten e) Gurken

49. Spanien ist für Argentinien, was Portugal ist für ...
a) Trinidad b) Brasilien c) Mexiko d) Guyana e) Kanada

50. Celsius verhält sich zu 0° wie Fahrenheit zu ...
a) 100° b) 0° c) 32° d) 212° e) 112°

51. Der Inhalt dieses Quadrates folgt einem logischen Muster. Welchen Spielstein werden Sie nehmen, um das leere Rechteck auszufüllen?

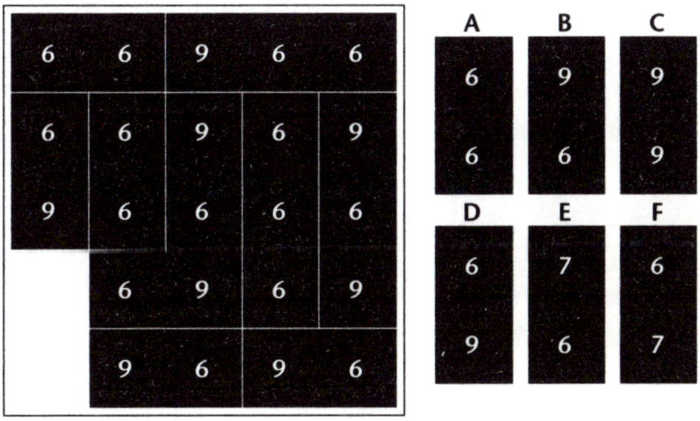

52. Zwei Wagen sind gleichzeitig losgefahren. Der erste Wagen braucht regelmäßig 1 Minute für eine Runde der Rennstrecke und der zweite 1 Minute und 5 Zehntelsekunden. Nach wie vielen Runden und an welcher Stelle der Strecke wird der zweite Wagen den ersten einholen?

53. Beantworten Sie, ohne ein gedrucktes Horoskop zu Rate zu ziehen, folgende Fragen:
a) Wie viele Tierkreiszeichen haben keine Beine?
b) Wie viele Tierkreiszeichen haben zwei Beine?
c) Wie viele Tierkreiszeichen haben vier und mehr Beine?

54. Professor Franz Becker hat auf den Universitäten von München, Berlin und Bremen je eine Tochter. Jede Tochter studiert ein anderes Fach. Die älteste Tochter Christiane studiert nicht in München und Lisel nicht in Berlin. Die Tochter in München studiert nicht Geschichte, und die Tochter in Berlin studiert Chemie. Lisel studiert nicht Biologie. Was studiert Michaela und wo?

55. Bitte lesen Sie den folgenden Text so schnell wie möglich.

GOTTSCHUFSOWEITDIEBIBELGILTDENMENSCHENALSSEINEBENBIL-
DUNDSIEERZÄHLTNUNZIEMLICHLANGEVOMPARADIESVONAPFEL-
SCHLANGEERBSÜNDESINTFLUTUNDMESSIASDIEFORSCHUNGABER-
SUCHTIMTRIASUNDSPÄTERHINIMTERTIÄRONICHTDARINZUFINDEN-
WÄRDASLANGGESUCHTEBINDEGLIEDAUSDEMESAUCHDERBLINDE-
SIEHTDASSWIRVERMEINTLICHGOTTESKINDNURGANZGEMEINEAFFEN
SIND.EUGENROTH

56. Setzen Sie die richtigen Rechenzeichen zwischen den einzelnen Zahlen in die Kreise ein, um die Gleichung zu lösen? Wie lauten die Zeichen?

15 ○ 3 ○ 4 = 20

A	B	C
⊖ ⊕	⊗ ⊖	⊕ ⊕

D	E	F
⊖ ⊖	⊕ ⊖	(:) ⊗

57. Die einen treten ihn, die anderen schlagen auf ihn ein. Wieder andere gehen auf eine Veranstaltung, die seinen Namen trägt.
Was ist gemeint?

58. Verfolgen Sie die Linie von dem Kreis links oben bis zu dem Rechteck rechts unten. Lassen Sie sich von den anderen geometrischen Symbolen nicht ablenken und springen Sie nicht. Folgen Sie der Linie nur mit den Augen und gehen Sie fünfmal hin und zurück.

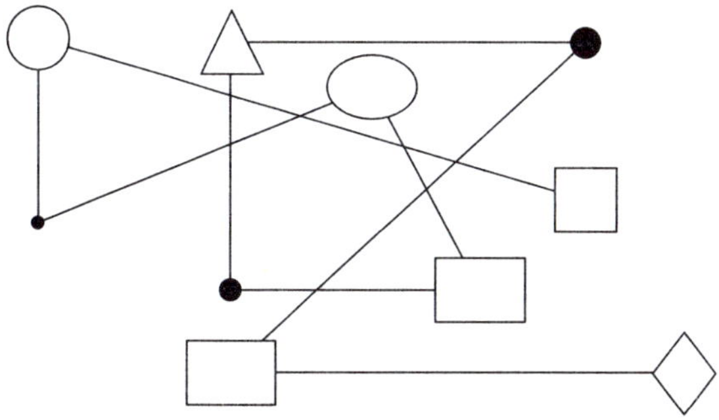

59. Suchen Sie mindestens zehn Wörter, in denen „an" in der Mitte enthalten ist, z.B. Kante, Girlande.

1.__________an__________
2.__________an__________
3.__________an__________
4.__________an__________
5.__________an__________
6.__________an__________
7.__________an__________
8.__________an__________
9.__________an__________
10.__________an__________

60. Eine Fußgängerzone besteht aus sieben kleinen geradlinigen Straßen. Ist es möglich, dass jede von ihnen genau drei andere kreuzt?

61. Setzen Sie die Reihen jeweils fort.

a)	1	2	4	7	11	16	22	...
b)	3	6	12	24	48	96	192	...
c)	4	7	15	29	59	117	235	...
d)	2	4	12	48	240	1440	...	

62. Ein Mann war 1990 zwanzig Jahre alt. 1995 war er fünfzehn Jahre alt. Wann war das?

63. Sie haben zwei Minuten Zeit: Bringen Sie die Buchstaben in die richtige Reihenfolge. Dann ergeben sich Großstädte des In- und Auslandes, zum Beispiel MOR = ROM.

NEIW, OKIOT, SOLO, ZILPEIG, LÖNK, REBNLI,
ÜMNHCNE, NESSE, NURIT, SPIRA, DONNOL

64. Können sich Hund, Katze, Schwein und Huhn ihr Futter holen, ohne dass sich ihre Wege kreuzen?

65. Welche Zahl fügen Sie logischerweise anstelle des Fragezeichens in das Achteck ein?

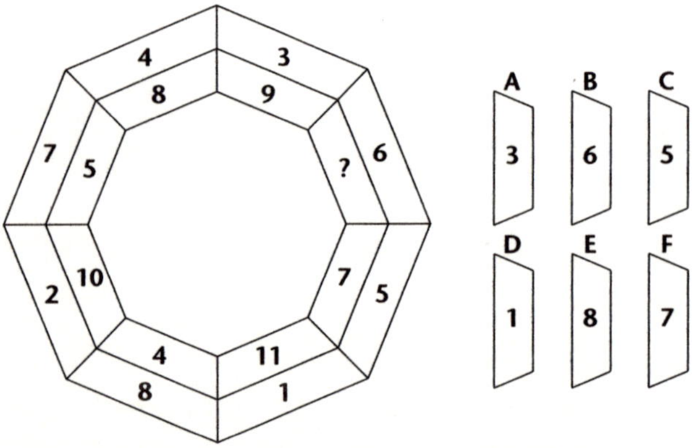

66. Ermitteln Sie den Zusammenhang zwischen den Buchstaben und den Zahlen. Welche Zahlen gehören an die Stelle des Fragezeichens?

B	2 21	U	7
M	13 7	G	
D	4 11	K	
P	?	A	
R	18 15	0	

A	B	C
19 3	24 12	8 17
D	**E**	**F**
5 7	16 1	14 21

67. Der Empfang ist vorbei, alle gehen paarweise nach Hause. Hundertzwölf Händedrücke werden nun ausgetauscht, wobei sich das jeweils zusammengehörige Paar nicht die Hände drückt. Wie viele Personen waren da?

68. Lesen Sie folgende zehn Wörter aufmerksam durch:

PATERNOSTER RATTENSCHWANZ

SCHLUSSREDAKTION MEISTERSINGER

OSTEREIER SEITENSPRUNG

NESTHÄKCHEN GEHIRNSCHMALZ

BERNSTEIN WEIHNACHTSGELD

Nun machen Sie die Augen zu und erinnern sich. In wie vielen dieser zehn Wörter sind die Buchstaben S, T, E, R, N komplett enthalten (egal in welcher Reihenfolge)?

69. Anna betrachtet ein Werk insgesamt zwölf Stunden lang. Am Anfang ist der rechte Teil dick, dann wird er immer dünner. Entsprechend ist der linke Teil erst dünn, später wird er immer dicker. Wieso?

70. Existiert eine Zahl aus zehn verschiedenen Ziffern, die mit zwei multipliziert eine andere Zahl aus wiederum zehn verschiedenen Ziffern ergibt?

71. Welchen Zahlenwert hat jeder einzelne Buchstabe?

$$\mathcal{A} + \mathcal{C} + \mathcal{D} + \mathcal{B} = 19$$

$$\mathcal{D} + \mathcal{D} + \mathcal{D} + \mathcal{D} = 32$$

$$\mathcal{D} + \mathcal{D} + \mathcal{B} + \mathcal{B} = 22$$

$$\mathcal{D} - \mathcal{A} = \mathcal{C}$$

$$\mathcal{A} + \mathcal{A} = 2$$

72. Welche Uhrzeit setzt die begonnene Reihe fort?

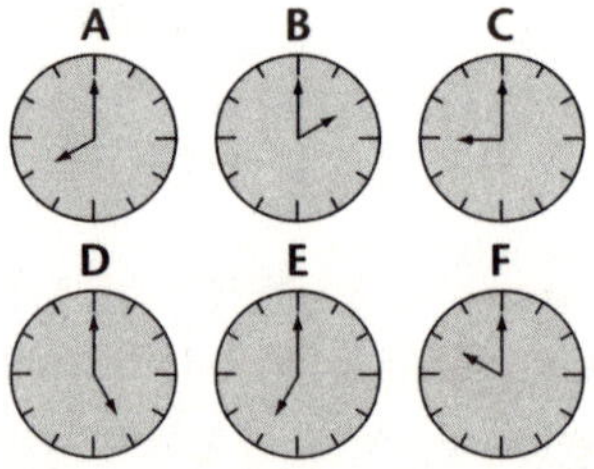

73. Suchen Sie Wörter der unter a) und b) angegebenen Bedeutung bzw. Definition und fügen Sie sie so zusammen, dass sich Wörter der unter c) angegebenen Bedeutung ergeben.

a) Gartengeräte b) Schwarzhändler
c) Hilfsmittel des Technikers

a) spanischer Prinzentitel b) Stadt in den USA
c) Fußtruppe

a) Abgabe an den Staat b) deutscher Schriftsteller („Buddenbrooks")
c) Schiffsoffizier

a) Schlafenszeit b) Hast, Geschwindigkeitsstreben,
c) ungünstige Umstände

a) Zahlwort b) wertloser Schmuck
c) Punkt-Verhältnis beim Tennis

a) Tierprodukt b) großer Beutel
c) Nebenfluss der Etsch

74. Es wird feucht, wenn es trocknet. Was ist das?

75. Im folgenden Text sind die einzelnen Wörter rückwärts geschrieben. Versuchen Sie, ihn schnell und konzentriert zu lesen.

Redej Remhenlietsrhekrev tah hcis os uz netlahrev, ßad niek reredna tgidähcseg, tedrhäfeg redo rhem sla hcan ned Nednätsmu rabdiemrevnu, tredniheb redo tgitsäleb driw.
(Paragraph 1 des Straßenverkehrsrechts)

76. Hier sind Wörter in allen möglichen Richtungen geschrieben. Versuchen Sie, die Wörter schnell zu finden, und kreisen Sie sie ein.

Die versteckten Wörter heißen:
ILLUSTRIERTE – LEITUNG – LAUBE -NEBEL – HAHN – VASE – ROM – GURT – TANK

O	N	N	Z	E	M	L	K	J	I	H	P	O	N	Y	T
M	L	N	A	T	S	Y	E	Z	A	B	C	D	G	R	E
F	G	L	H	R	T	T	R	A	B	I	X	W	U	Y	I
O	P	Q	R	E	S	S	B	T	B	U	H	G	D	L	B
G	N	U	T	I	E	L	J	L	T	Y	Y	N	K	U	L
I	O	H	K	R	I	Z	N	A	O	R	M	L	A	H	G
G	F	A	G	T	E	N	N	U	E	O	G	O	G	E	D
E	H	N	S	S	X	K	I	B	H	S	L	B	R	A	W
I	V	N	A	U	X	T	L	E	B	E	N	T	L	B	Z
R	A	V	W	L	U	C	H	O	T	A	U	A	L	N	J
A	C	N	S	L	X	P	M	O	M	M	A	E	R	K	N
H	A	H	N	I	E	N	F	R	Y	G	I	H	X	M	Z

77. Wenn man die alte Léonie fragt, mit wie vielen Katzen sie lebt, antwortet sie schwermütig: „Mit den vier Fünfteln meiner Katzen plus vier Fünftel Katze." Wie viele Katzen besitzt Léonie?

78. Setzen Sie die Reihen fort.

a) c e g i k m ...
b) a b d g k p ...
c) w v t q m h ...
d) a z b y d w g t ...

79. Welches Symbol (A bis F) gehört an die Stelle des Fragezeichens?

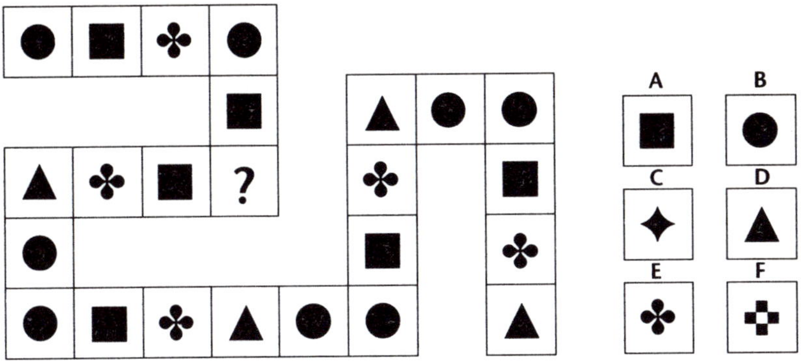

80. Welches Dreieck (A bis F) passt zu der dargestellten Reihe?

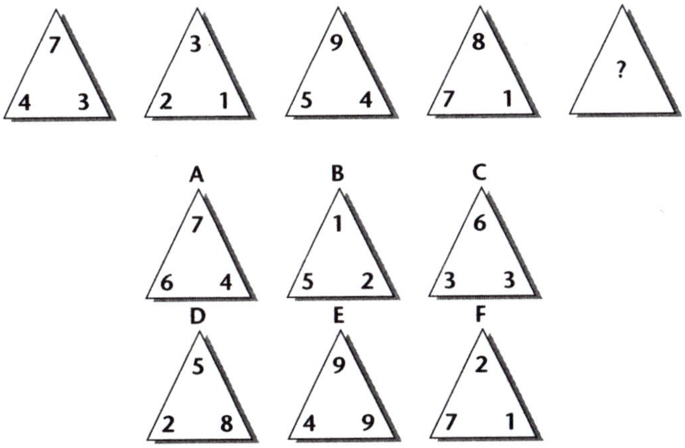

81. In welchem Fall erhält man 6, wenn man 20 und 10 addiert?

82. Markieren Sie alle Zahlen, die ausschließlich aus geraden Ziffern bestehen. (Eine kleine Hilfe: Es sind insgesamt zehn.)

3254	6758	6758	4626	4352	1236	2134
9867	5921	4421	4352	6446	2378	2459
4637	1298	7584	9812	2468	6478	6633
2133	7668	4663	1234	1567	5377	6578
5379	8462	3156	7986	5312	7648	9876
4224	3134	5674	4356	8932	5216	7584
6442	5827	9779	7564	3199	4235	6854
3145	7986	5332	5313	9756	8241	9776
7442	6424	3543	8543	1324	1222	1345
6453	2424	6547	8689	8675	4581	2451
1943	9142	7589	5342	3467	6846	8846

83. Wie viele Dreiecke sind in nachfolgender Figur enthalten? Schauen Sie ganz genau hin!

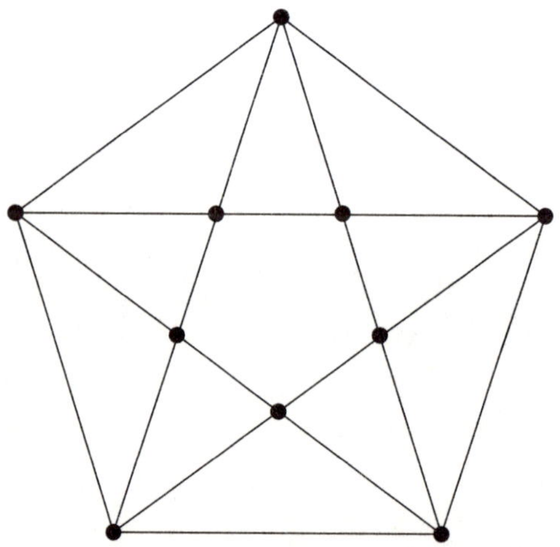

84. Wann fielen Neujahr und der erste Weihnachtsfeiertag ins selbe Jahr?

85. Wechseln Sie in den folgenden Wörtern jeweils einen Buchstaben aus, so dass andere sinnvolle Wörter entstehen:

Verlobung – Schlappe – Aufguss – Karteikarten – Kohlkopf – Salzsäure – Zahnschmerz – Demokrat – Reverenz – Rummelplatz

Wenn die neu eingesetzten Buchstaben im Zusammenhang eine Fortbewegungsmöglichkeit ergeben, haben Sie richtig geraten.

86. Finden Sie drei natürliche Zahlen, deren Summe genau ihrem Produkt entspricht.

87. Setzen Sie die Reihen jeweils fort:

a)	0	00	000	0000	00000	....	....
b)	+0	0+	+00	00+	+000	000+	....
c)	+ - -	- + -	- - +	- + -	+ - -	- + -	....

88. Setzen Sie die fehlenden Zahlen so ein, dass Sie alle Rechnungen richtig lösen können.

	X		–		= 7
X		–		X	
	X		:		= 6
:		+		–	
	X		:		= 3
= 6		= 5		= 1	

89. Am Morgen möchte jemand wissen, wie spät es ist. Um dies herauszufinden, braucht er nur der Zeit bis Mittag die zwei Fünftel der seit Mitternacht verstrichenen Zeit hinzuzufügen. Was zeigt die Uhr an?

90. Der Herr befiehlt's, der Kutscher tut's, ein jeder hat's, im Grabe ruht's. Was ist das?

91. Schreiben Sie „nämlich" mit h oder ohne h?

92. Waage 1 und 2 befinden sich im Gleichgewicht. Bei welcher der sechs abgebildeten Waagschalen gilt dies auch für Waage 3?

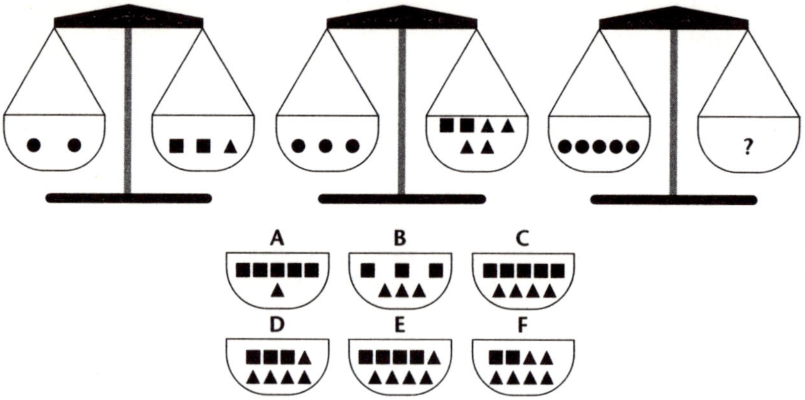

93. Welche Zahl (A bis F) gehört in das Feld mit dem Fragezeichen?

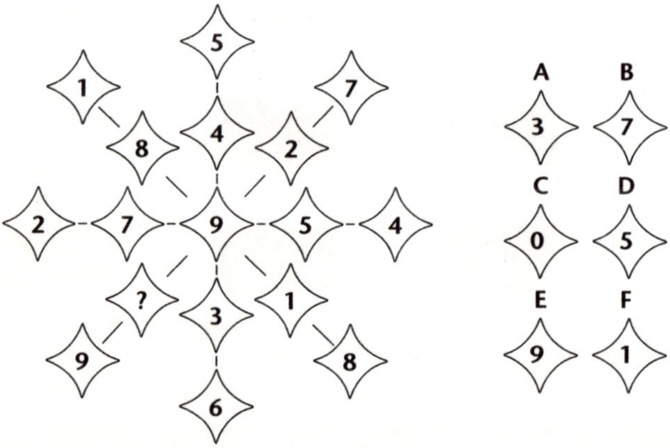

94. Gesucht sind die doppeldeutigen Wörter, die folgende umschriebenen Begriffe bezeichnen.

1. Ein Schild, das nicht an der Tür ist ____________
2. Ein Kamm, der nicht fürs Kämmen gemacht ist ____________
3. Eine Linse, die nicht schmeckt ____________
4. Ein Strauß, den man nicht pflücken kann ____________
5. Ein Ton, den man nicht hören kann ____________

95. Ein König hatte vier Söhne. Als er starb, hinterließ er ihnen sein Reich. Im Testament verfügte er, es so aufzuteilen, dass jeder Teil mit den anderen drei Teilen jeweils eine gemeinsame Grenzlinie hat. Wie muß die Aufteilung erfolgen?

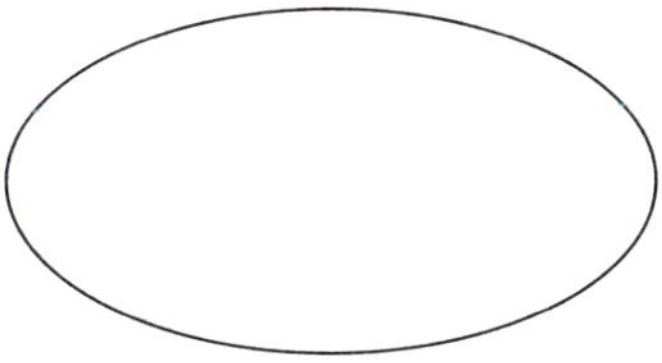

96. Was mögen der Banker und der Musiker.

97. Die Ziffer 8 soll achtmal so angeordnet werden, dass sich als Summe 1000 ergibt.

98. Aus fünf Quadraten werden vier sich berührende Quadrate, wenn Sie drei Hölzer anders positionieren.

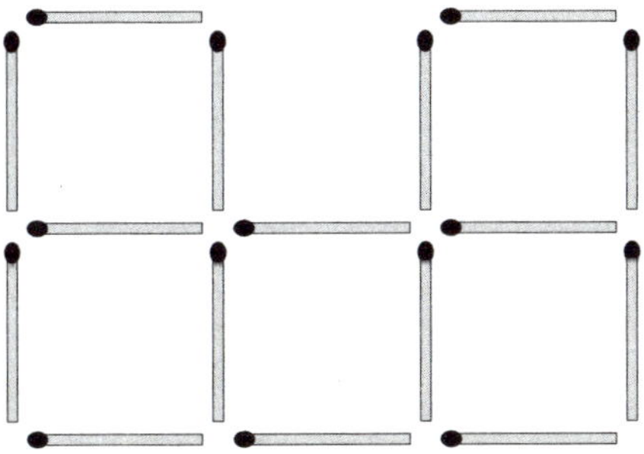

99. Legen Sie vier Hölzer an eine andere Position und Sie erhalten eine symmetrische Figur, bestehend aus siebzehn gleich großen Quadraten.

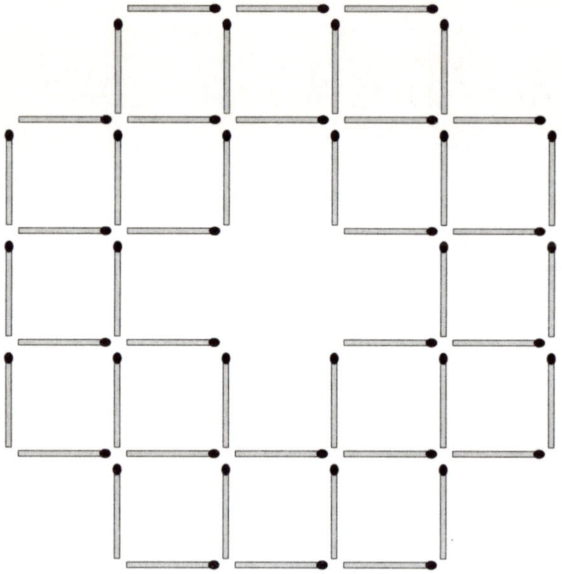

100. Was ist jeweils das Gemeinsame der Begriffe? Suchen Sie Oberbegriffe, zu „Hund – Katze“ zum Beispiel „Haustiere“ oder „Säugetiere“.

a) Weizen – Roggen
b) Regenbogen – Alpenglühen
c) Flugzeug – Hubschrauber
d) Gelb – Rot
e) Wut – Ärger

101. Jemand befindet sich in einem Raum mit viereckigem Grundriss und je einem Fenster in jeder der rechtwinklig zueinander stehenden Wände. Schaut er zum ersten Fenster hinaus, blickt er nach Süden, beim zweiten ebenfalls. Das Gleiche trifft für die anderen beiden Fenster zu. Wo befindet er sich?

102. Welches Wort wird in Deutschland immer falsch geschrieben?

103. Kinder gehen die Straße entlang. Eines vor zweien, zwei vor einem, eines zwischen zweien. Wie viele Kinder sind es mindestens?

104. Beantworten Sie folgende Fragen:

a) Wie viele Farben hat die französische Nationalfahne?
b) Was liegt nördlicher, Hannover oder Hamburg?
c) Welcher Staat ist am größten: China, Kanada oder USA?
d) Was liegt Hessen am nächsten: Nürnberg, Aschaffenburg oder Würzburg?
e) Wer verarbeitet Informationen am schnellsten: Schnecke, Mensch oder Kampffisch?

105. Wenn alles andere gedeiht, nutzt er sich schon ab. Später, wenn alles andere zerfällt, überdauert er doch alles. Worum handelt es sich?

106. Versuchen Sie, die Dreiecke, Quadrate und Rechtecke in der folgenden Skizze innerhalb von zehn Sekunden zu zählen.

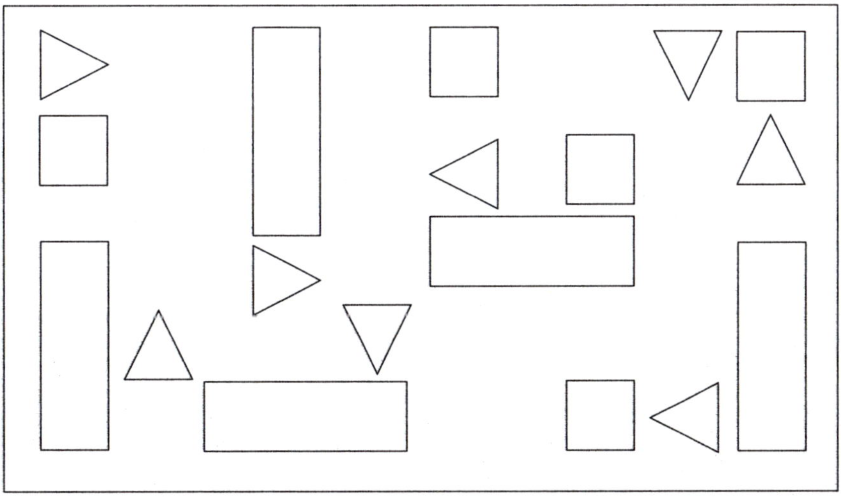

107. Peter ist so viele Jahre alt wie seine beiden Schwestern Andrea und Cornelia gemeinsam. Cornelia ist zwei Jahre älter als ihre Schwester. Alle drei Geschwister zusammen sind 24 Jahre alt. Wie alt ist Cornelia?

108. Welche Zahl (A bis F) setzen Sie für das Fragezeichen ein, um die dargestellte Reihe logisch zu vervollständigen?

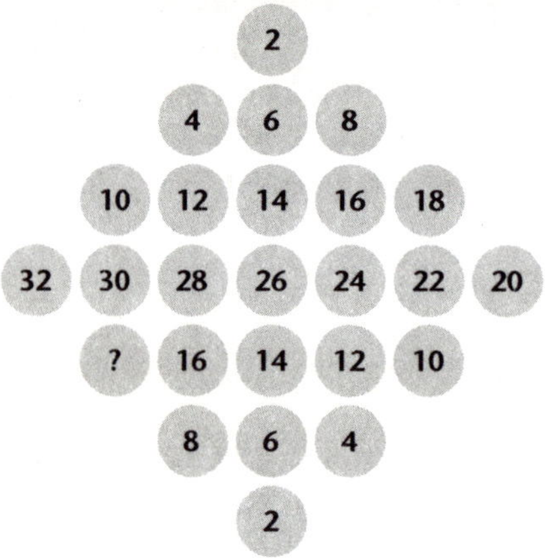

A 8 | B 14
C 10 | D 2
E 18 | F 16

109. Welche der sechs nebenstehenden Zahlen gehört in das Feld mit dem Fragezeichen?

8	6	5	9	3
5	2	4	7	0
?	4	1	2	3

A 3 | B 5
C 7 | D 9
E 1 | F 6

110. Ergänzen Sie die Konsonanten um beliebig viele Vokale, damit Sie möglichst viele Wörter bilden können. Sie können die Reihenfolge der Konsonanten verändern, dürfen jedoch keine anderen hinzufügen. Jeder der angegebenen Konsonanten darf pro Wort nur einmal verwendet werden.
Ein Beispiel: Gegeben sind die Konsonanten R – N. Es ergeben sich unter anderem die Wörter: Niere, Ren, Arena.

Bitte bilden Sie wie in diesem Beispiel Wörter mit den Konsonanten S – T.

111. Welche Stadt liegt 6666 Kilometer westlich vom Nordpol?

112. Der Davidstern besteht aus zwei verschränkten gleichseitigen Dreiecken, die zusammen sechs gleiche kleine Dreiecke bilden. Legen Sie zwei Hölzer so um, dass der Stern nur noch aus sechs Dreiecken besteht.

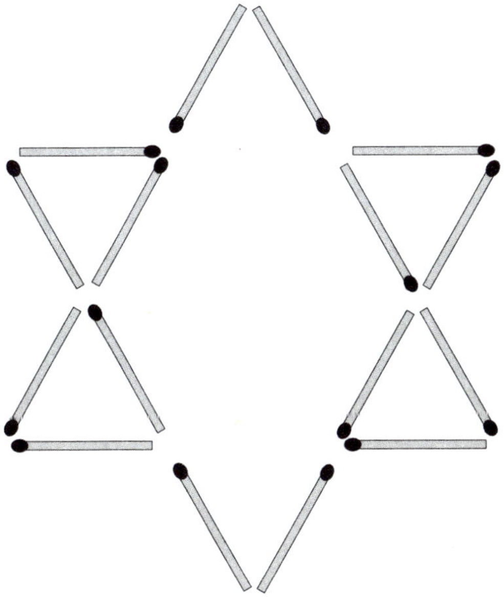

113. Beginnen Sie an einer beliebigen Ecke und folgen Sie den Linien. Bilden Sie die Summe aus der Eckzahl und den ersten vier Zahlen, denen Sie begegnen. Wenn Sie die richtige der unteren sechs Zahlen einsetzen, ergibt einer der entsprechend beschrittenen Wege die Summe 33. Welche Zahl setzen Sie ein?

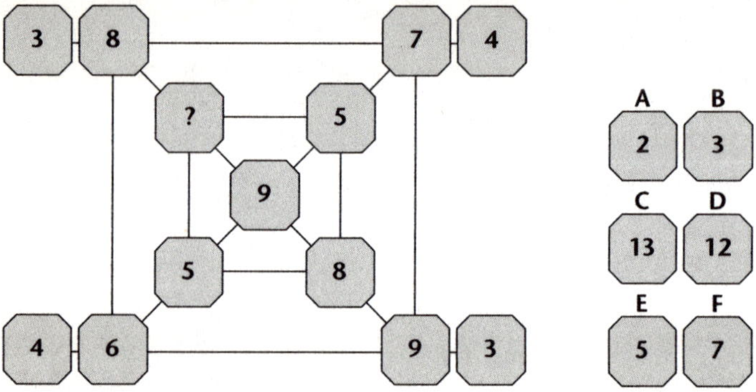

114. Bilden Sie mit den Buchstaben des Quadrates zehn Wörter. Die Wörter sollten mindestens fünf Buchstaben haben. Sie können jeweils ein Kästchen „vorrücken“. Dies kann diagonal, senkrecht und waagerecht in beide Richtungen geschehen. Sie können einen Buchstaben auch mehrfach verwenden, müssen jedoch das entsprechende Kästchen verlassen haben.

W	H	L	M
I	A	U	S
E	L	N	O
D	K	E	D

115. Wenn ich meine Schlafmütze aufsetze, ziehe ich die Pantoffeln aus. Nehme ich die Schlafmütze ab, ziehe ich meinen Pyjama an. Habe ich die Schlafmütze auf, ohne Pantoffeln anzuhaben, setze ich meine Brille auf. Wenn ich den Pyjama ausziehe, setze ich meine Schlafmütze auf. Trifft es jedoch nicht zu, dass ich weder Schlafmütze noch Pantoffeln anhabe, setze ich die Brille auf. Nun trage ich keine Brille. Habe ich den Pyjama an?

116. Von sieben Schwestern hat jede drei Brüder. Wieviel Geschwister sind es zusammen?

117. Im folgenden Feld können Sie die Zahlen von 1 bis 30 finden. Suchen Sie die Zahlen in der richtigen Reihenfolge. Wenn Sie bei 30 angelangt sind, gehen Sie wieder bis zur 1 zurück. Bemühen Sie sich, möglichst schnell zu arbeiten.

118. Streichen Sie innerhalb einer Minute möglichst viele „o“ oder „°“ durch. Jedoch keine „0“ oder „O“ oder „8“:

o°008°0o0o°o0°00o8°0o0o00°00°08o0°0o00o00o0o0°08000o080
o0o0°°008o°0o0809°°o0800o88800o87800o880°°80000o8000°08°0
°o800°0°8080oo80000°0°o0°o0080°008o000o°00800o°0°080°o00°
o80°00o80008°0°o0oo008°008o00800o0°o00°0°00o08°00o°080o00
8°080880°o0000800o800880080°0°08o0°0o°08°o008°0o800o78°80
0o800o°°8o008o0°°o00800o00°0°80°o00800o°°o00°0o08°0°008o0
08o0°800o°0o0080°o°008000008

119. Vierzig Höflinge vom Hof des Sultans wurden von ihren Frauen betrogen, und allen Mitgliedern des Hofes, ohne Ausnahme, war diese Tatsache bekannt. Nur jeder einzelne der betrogenen Ehemänner wußte nichts von seinem eigenen Missgeschick. Der Sultan bestellte seine Höflinge zu sich und sagte: „Wenigstens einer von euch hat eine untreue Ehefrau. Ich verlange, dass er sie gleich am nächsten Morgen aus der Stadt vertreibt, sobald er sich ihrer Untreue sicher ist." Am vierzigsten Morgen jagten alle vierzig Höflinge ihre Frauen aus der Stadt. Warum?

120. Bei diesem ungewöhnlichen Safe darf jede Taste nur einmal benutzt werden, um ihn zu öffnen. Es kommt also darauf an, die Tasten in der richtigen Reihenfolge zu drücken.
$ ist die letzte Taste. Anzahl und Richtung der Züge sind auf jeder Taste vermerkt. 1i bedeutet ein Feld nach innen, 1a ein Feld nach außen, 1u ein Feld im Uhrzeigersinn, 1g ein Feld gegen den Uhrzeigersinn.
Welche Taste betätigen Sie als erste?

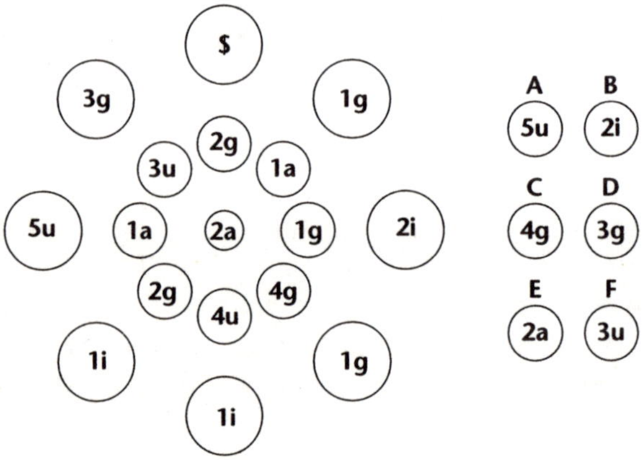

121. Bei diesem ungewöhnlichen Safe darf wiederum jede Taste nur einmal – und unter Beachtung der richtigen Reihenfolge - benutzt werden, um ihn zu öffnen.
X ist die letzte Taste. Anzahl und Richtung der Züge sind auf jeder Taste vermerkt. 2O bedeutet zwei Felder nach oben, 3R drei Felder nach rechts.
Welche Taste betätigen Sie als erste? (Die Lösungsvorschläge bezeichnen die Koordinaten der entsprechenden Taste.)

	A	B	C	D	E
1	X	3U	4U	3L	2L
2	4R	2R	1U	3L	2L
3	1R	2U	1U	2O	1L
4	1U	2O	2R	3L	3O
5	2O	3R	1R	1O	2O

A	B
1B	2E
C	**D**
5D	3A
E	**F**
4C	5B

122. Vier Hölzer sollen eine neue Position bekommen. Erhalten Sie dadurch
1. drei gleichseitige Dreiecke oder
2. vier gleiche Rauten?

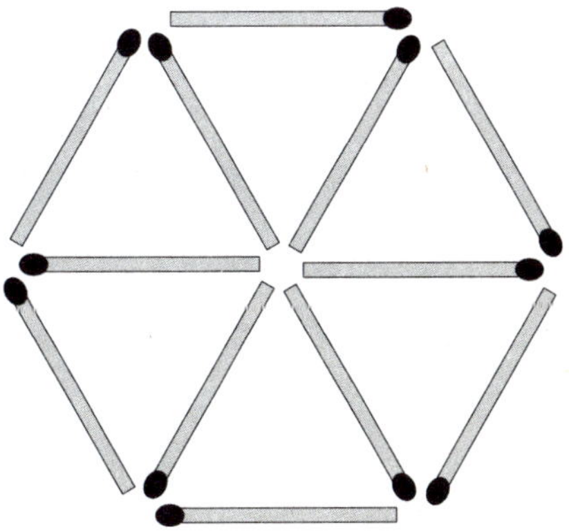

123. Wie viele Quadrate zählen Sie insgesamt?

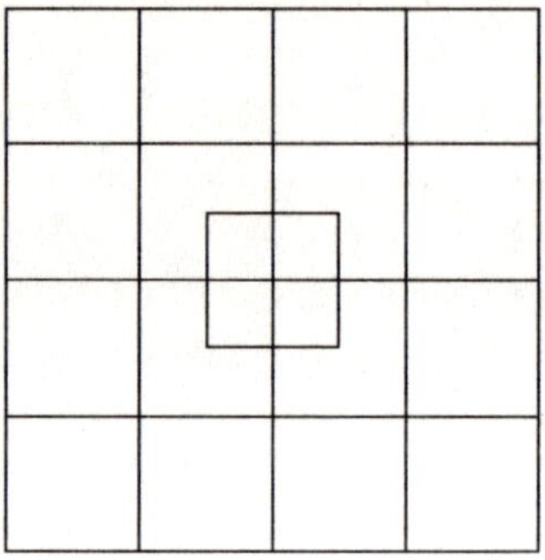

124. In der letzten Saison organisierten sich vier Fußballmannschaften in einer „Miniaturliga“ (Gewinner: 2 Punkte, Verlierer: 1 Punkt). Jede der Mannschaften spielte ein Spiel gegen die anderen. Keine zwei Spiele ergaben den gleichen Punktestand, und jede Mannschaft gewann ein Spiel, verlor eines und spielte einmal unentschieden. Der Champion wurde anhand des Torestandes bestimmt:

Hornissen	4 : 2
Schmetterlinge	2 : 2
Wespen	3 : 4
Libellen	2 : 3

Wie ging das Spiel Libellen gegen Wespen aus?

125. Suchen Sie das Wort, das mit beiden Wörtern einer Reihe eine sinnvolle Verbindung eingeht. An das erste Wort wird es angehängt, dem zweiten Wort wird es vorangestellt.

1. Zahn	________	Fahrer	6. Keller	________	Brief
2. Bau	________	Schein	7. Salz	________	Wein
3. Pudding	________	Lager	8. Steuer	________	Haus
4. Anklage	________	Gelehrter	9. Zug	________	Schein
5. Welt	________	Mittel	10. Rat	________	Laune

126. Ein Mann betrachtet ein Foto und sagt: „Ich habe keinen Sohn und doch ist der Vater dieser Person auf dem Foto meines Vaters Sohn!" Wen zeigt das Foto?

127. Schreiben Sie möglichst viele Hauptwörter auf, die mit dem Buchstaben A beginnen (zum Beispiel: Atlantik, Ananas, Apfelbaum und so weiter).

128. Bilden Sie innerhalb von zwei Minuten möglichst viele richtige Sätze aus den folgenden Wörtern. (Es dürfen keine Wörter weggelassen, keine hinzugenommen werden. Beispiel: Haus Baum ein dem vor steht = vor dem Haus steht ein Baum.)

a) macht Denken Freude
b) wichtig auch Entspannung ist
c) Tee ich eine Tasse trinke
d) Garten Taube fliegt über eine meinen
e) Straße die Kinder entlang laufen zwei schnell
f) den Berg verschneiten graue zu Wolken ziehen über Weihnachten

129. Jede der Formen hat einen bestimmten Zahlenwert. Ein Oval steht für eine Vier, ein Kreis steht für eine Sieben, und jedes Sechseck bedeutet minus fünf. Welche Zahl ergibt sich, wenn alle Formen zusammengezählt beziehungsweise abgezogen werden?

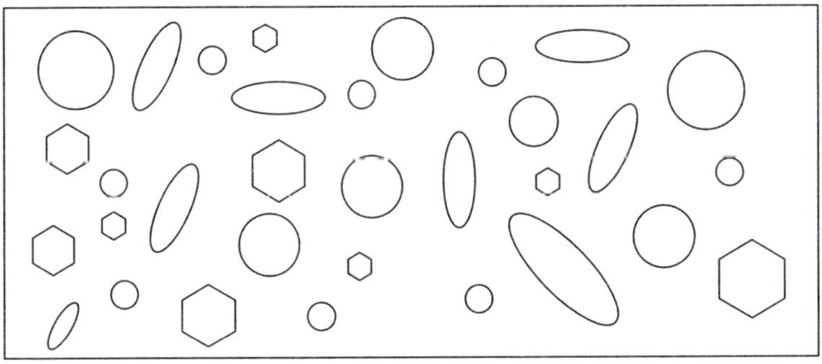

130. Caesar und Kleopatra liegen tot auf dem Boden. Sie sind erstickt. Das Fenster ist offen, der Boden ist nass und voller Scherben.
Was ist passiert?

131. Welches Dreieck (A bis F) setzt die begonnene Reihe fort?

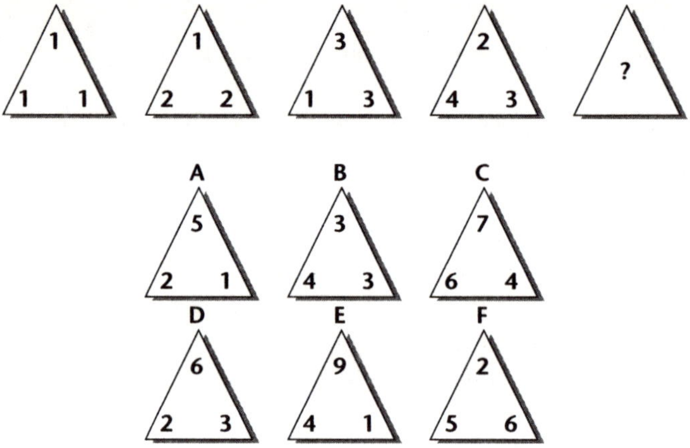

132. Bilden Sie aus dieser Figur eine Reihe fünf gleicher Quadrate, indem Sie zwei Hölzer an eine andere Position legen.

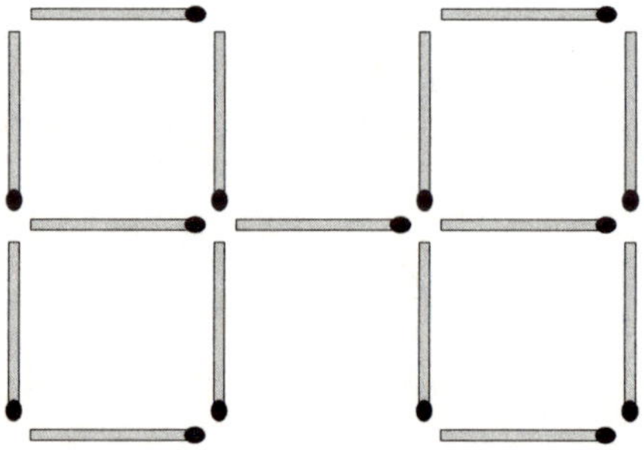

133. Schreiben Sie möglichst viele Wörter auf, deren letzter Buchstabe „r“ ist (zum Beispiel: Vater).

134. Es steht eine Waage mit zwei Schalen zur Verfügung. Von 200 scheinbar gleichen Münzen ist eine schwerer als die übrigen. Wie oft muss man wiegen, um die schwerste herauszufinden?

135. 1. Durch das Entfernen von fünf Hölzern sollen fünf identische Dreiecke übrig bleiben.
2. Ein Stern aus sechs gleichen Rauten entsteht, wenn Sie sechs Hölzern entsprechend andere Positionen zuweisen.

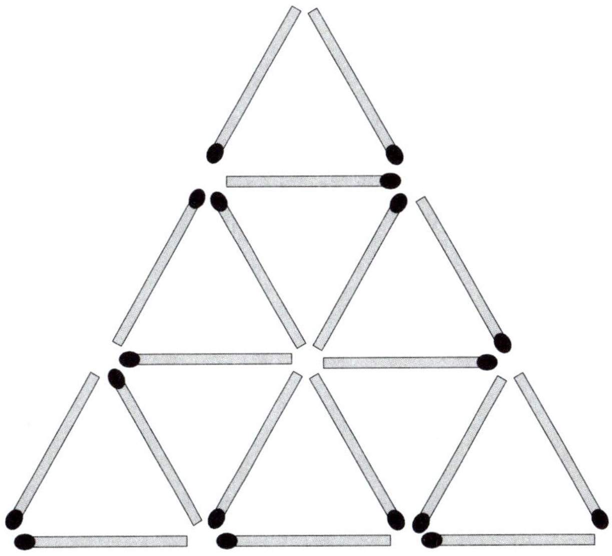

136. Welche Zahl fügen Sie logischerweise anstelle des Fragezeichens in das Achteck ein?

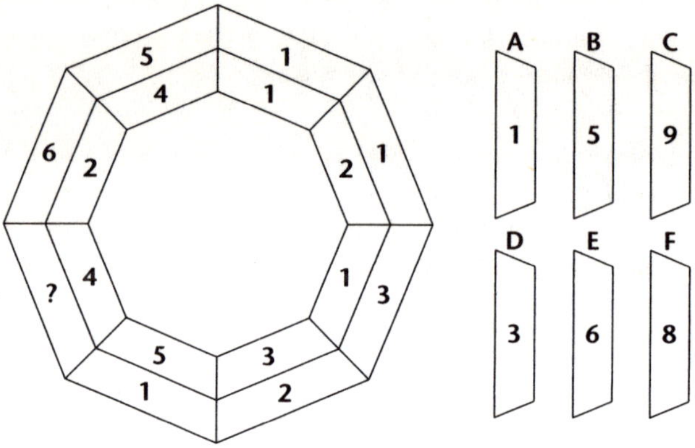

137. Setzen Sie die richtigen Rechenzeichen zwischen den einzelnen Zahlen in die Kreise ein, um die Gleichung zu lösen. Wie lauten die Zeichen?

8 ○ 5 ○ 3 = 37

A	B	C
ⓧ ⊕	ⓧ ⊖	⊕ ⊕

D	E	F
ⓧ (:)	⊕ ⊖	(:) ⓧ

138. Was kommt einmal in der Minute, zweimal im Moment und keinmal in 1000 Jahren vor?

139. Nennen Sie zu jedem Buchstaben des Alphabets eine sinnvolle oder eine unsinnige Beschäftigung. Das Substantiv und das Verb müssen mit dem gleichen Buchstaben beginnen.

Variante 1: Es dürfen nur sinnvolle Beschäftigungen genannt werden.
Autos anschieben
Briefe beschweren
Chinesen charakterisieren
usw.

Variante 2: Nur unsinnige Beschäftigungen gelten.
Dinosaurier drehen
Esel einrichten
Fahrräder formulieren

Tipp:
Wenn man zu mehreren spielt, sollte man möglichst nicht in der Reihenfolge der Sitzordnung vorgehen. Besser ist es, man nimmt einen Ball und derjenige, der das erste Wortpaar gebildet hat, wirft diesen Ball irgendjemand anderem in der Gruppe zu, der dann als Nächstes an der Reihe ist. Durch dieses Hinundher muss sich nämlich jeder bei jedem Buchstaben etwas ausdenken – weil er ja vielleicht drankommen könnte.

140. Haut ist für Menschen wie der Rückenschild für ...
a) Löwen b) Katzen c) Schalentiere d) Vögel

141. Wie kommt Kater Xaver zu seiner Charlotte? Nehmen Sie einen Stift zur Hand und helfen Sie dem Kater, den richtigen Weg zu finden. Fahren Sie nur auf den Wegen entlang und überschreiten Sie nicht die Begrenzungslinien. Sollten Sie in eine Sackgasse geraten, drehen Sie mit dem Stift um und probieren Sie weiter, bis Sie bei der Katzendame unten angekommen sind.

142. Der Inhalt dieses Quadrates folgt einem logischen Muster. Welchen Spielstein (A bis F) setzen Sie ein, um das leere Rechteck auszufüllen?

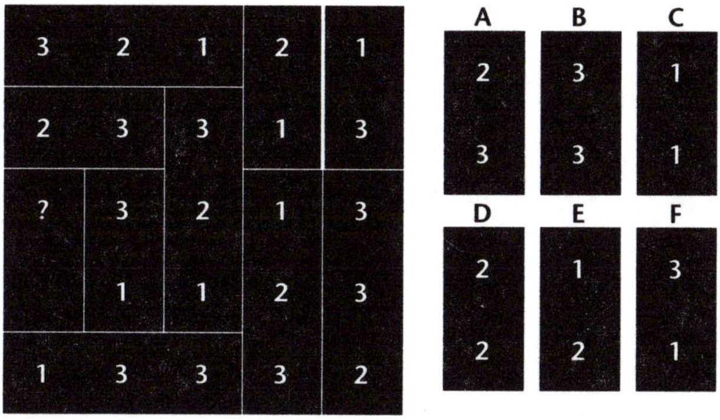

143. Vier Hölzer sollen entfernt werden, um vier identische Dreiecke zu erhalten.

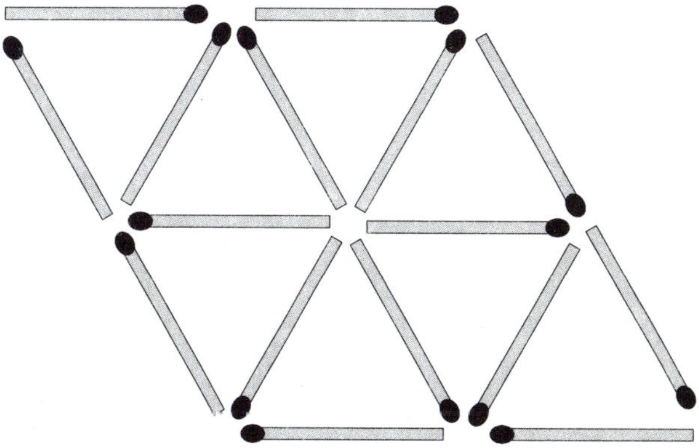

144. Womit fängt der Tag an und hört die Nacht auf?

145. Solar verhält sich zu Sonne wie terrestrisch zu ...
a) Mond b) Sternen c) Erde d) Planeten

146. Hier haben Sie die Aufgabe, den Buchstaben-Wirrwarr zu entschlüsseln. Alle Buchstaben wurden versehentlich vertauscht, aus A wurde B, aus B wurde C und so weiter. Haben Sie alles wiederhergestellt, können Sie ein bekanntes Sprichwort ablesen.
Beispiel: TUFSO = STERN

KDDQDQAZTBGRSTCHDQSMHBGSFDQM

147. Bei dieser Aufgabe versuchen Sie, aus den durcheinander gewürfelten Buchstaben ein sinnvolles Wort zu bilden. Von oben nach unten gelesen, ergeben die jeweiligen Anfangsbuchstaben ein passendes Wort.

ERGNAT ____________
SRELSOEH ____________
MEITAH ____________
EMRKI ____________
NGTTREU ____________
HUANGRN ____________

148. In einem kleinen Ort nahe der französischen Grenze stehen 15 Häuser, die einen Schornstein haben. Im Nachbardorf stehen 22 Bauwerke und in einem anderen benachbarten Ort 31. Wissen Sie, was da raus kommt?

149. Versuchen Sie, so viele verschiedene Wörter wie möglich in folgenden Begriffen zu entdecken. (Hinweis: Sie müssen nicht alle Buchstaben verwenden.)
Beispiel: Gardine = Ei, gar, dein, ein

1. Lager 2. Gesundheit
3. Gehirn 4. Neger

150. In dem folgenden Brief kommen alle Buchstaben des Alphabets vor, bis auf einer. Diesen gilt es zu finden.

Lieber Xaver,

herzlichen Dank für Deine wunderschöne erquickende Postkarte aus Jamaica. Es hat mich sehr gefreut, dass Du an mich gedacht hast. Ich hoffe, es fällt Dir nicht so schwer, Dich hier wieder einzugewöhnen. Ich freue mich schon sehr auf unser nächstes Wiedersehen.

Liebe Grüße

Marie

151. Versuchen Sie bei dieser Aufgabe, schnellstmöglich den Fehler in jedem Block herauszufinden.

SDKRLIRK SDKRLIBK	EISLAOEL EIBLAOEL	ZWLSIKCM ZWLSINCM
8746403039 8746483039	5421658451 5431658451	1364823975 1354823975
skalrieufalsd skalrieufolsd	qewopruier qewobruier	arbietlswsel arbietlawsel
EOAIUSNL EOHIUSNL	ABMYKIEL ABMZKIEL	MURLAIIE MURTAIIE
3638370921 3698370921	4215478454 4215418454	658794512 658794612
keizleiowur keizlaiowur	craliekurkse craliekvrkse	eurdwihalo eurbwihalo

152. Sie kommen an ein Hotel, müssen 40 000 DM bezahlen und gehen danach wieder weiter. Wie heißt die Straße, in der das Hotel steht?

153. Versuchen Sie sich an folgendem Rebus:

154. Wie viele Vierecke sind in dieser Figur enthalten?

155. Berechnen Sie die folgenden Aufgaben. Jeder Buchstabe steht für die Zahl, an deren Stelle er im Alphabet steht. Bringen Sie die Lösungen der Aufgaben in die richtige Reihenfolge, erhalten Sie einen Blumennamen.

Beispiel:	F	+	M	=	?		F	=	6
							M	=	13
	6	+	13	=	19	→	19	=	S

B x F	=	________	→	________
V – Q	=	________	→	________
C + K	=	________	→	________
J : B	=	________	→	________
D + G	=	________	→	________

156. Ein Deutscher benötigte Jahre dazu, Sie nicht mal eine Sekunde! Machen Sie's!

157. Markieren Sie das Wort (1 oder 2), welches zu dem Wort ohne Zahl inhaltlich passt.

RAUMSCHIFF	(1) ERDE	(2) WELTALL
NACHT	(2) DUNKEL	(1) TAG
SCHREINER	(1) TISCH	(2) KLINGEL
(1) LENKER	FAHRRAD	(2) STRASSE
TANKSTELLE	(2) AUTOBAHN	(1) BENZIN
(1) EINKAUFEN	UHR	(2) ZEIT
(2) LAUFEN	(1) DURST	TRINKEN
BLUME	(2) FELD	(1) NEKTAR
BILD	(1) FARBE	(2) DECKE
(1) NÄSSE	(2) STRASSE	SCHIRM

158. Welche Rechnung versteckt sich in folgenden Zahlen?
Beispiel: 9413 = 9 + 4 = 13

A) 3452123
B) 124911259
C) 4321825
D) 1024327

159. Drei Hölzer sind so zu entfernen, dass nur noch drei Dreiecke übrig bleiben.

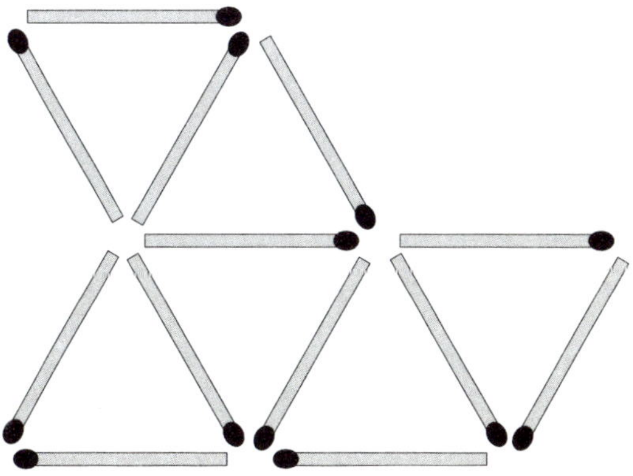

160. Welches Symbol gehört an die Stelle des Fragezeichens?

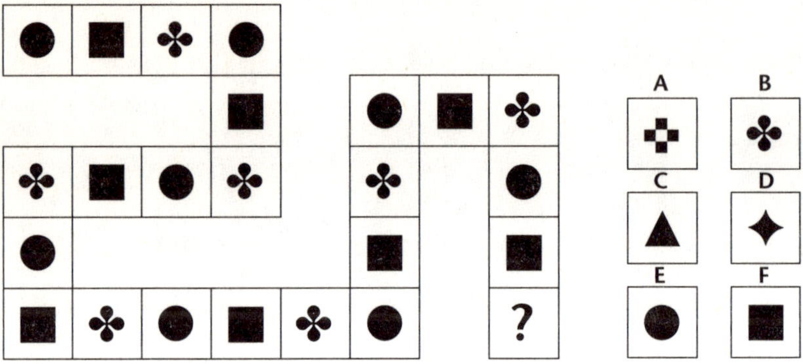

161. Eines der beiden angegebenen Wörter ist im rechten Buchstabendurcheinander versteckt. Finden Sie das Wort und markieren Sie es.

LEIM	REIM	FKENGLEEILNDIEGRENGEREIMELE
HAUS	MAUS	HAUMAUIUAHAULMAUSGEMAUSN
LIEBE	HIEBE	BELBEHELKMGSIELIEBEHIELHCEIL
LEID	NEID	LEINEDNIGELECNLIOANEIDMEIDMI
FARN	GARN	NRAGFABELGARNTERNFARGILLNS
BEIL	SEIL	SIELBIEDEREILIGSEILBILDERFALSI
BUCH	TUCH	CHUTBULWTUHSNCLUTUCHBIHRU
KOCH	LOCH	LOHKCHOKKRLACHLCHKOCHWTN

162. Ihre Tochter hat die Aufgabe, in einer vor ihr liegenden Zahlenreihe von 1 bis 100 alle Ziffern zu umkreisen, die eine Neun enthalten. Wie viele Ziffern hat sie zu kennzeichnen?

163. Auf dem Markt haben Sie mehrere Zwiebeln von weißen und von gelben Krokussen gekauft. Zu Hause angekommen, wissen Sie nicht mehr, welche Zwiebeln zu welcher Farbe gehören. Wie viele Zwiebeln müssen Sie in die Erde stecken, damit dort im Frühjar wenigstens zwei gleichfarbige Krokusse blühen?

164. Dummme Schweine gibt's nicht!

Das Mutterschwein Frida ruft nach ihrem Nachwuchs, den kleinen Ferkeln Hannes und Marie. Über welche, stets gleiche Punktkreise gelangen die kleinen Ferkel zu ihrer Mutter?

165. Bei dieser Aufgabe können Sie Ihre Aufmerksamkeit für Wörter und Begriffe trainieren. Versuchen Sie, aus den durcheinander gewürfelten Buchstaben so schnell wie möglich Blumennamen zu bilden.

Beispiel: EKNLE = NELKE

1. AGEMRIERT	4. EWDEISLES
2. UPTEL	5. RINSZEAS
3. HLEVCEIN	6. RHDOEICE

166. Ein Bauer steht auf seinem Feld. Sekunden später ist er verschwunden. Warum?

167. Ein Brunnen verhält sich zu einem Keller wie eine Höhle zu einem ...
a) Hügel b) Kellergeschoß c) Tal d) Fluß

168. Ihnen ist Ihr ganzer Vorrat an Bleistiften aus dem Regal gefallen. Wie viele sind es? Versuchen Sie als Erstes die Anzahl zu schätzen, dann zählen Sie genau.

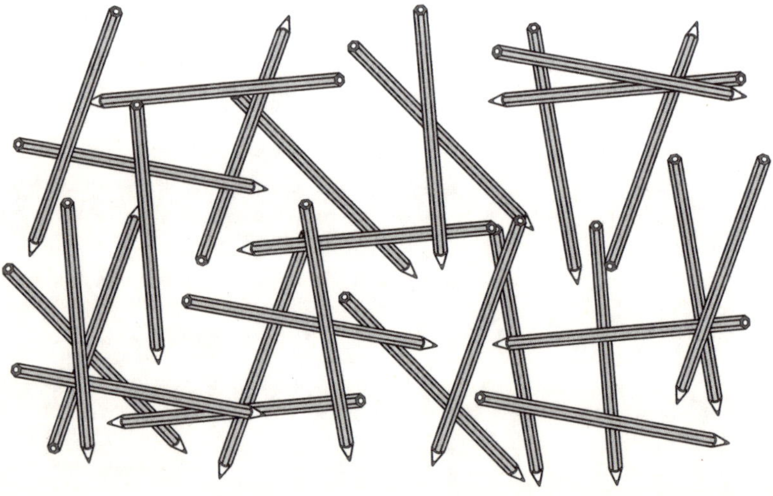

169. Bei dieser Aufgabe beginnen die fünf versteckten Wörter jeweils mit dem Buchstaben K. Sie finden die Wörter, indem Sie aus jeder Zeile einen Buchstaben anhängen. Dabei sollte jeder Buchstabe – bis auf das K – nur einmal benutzt werden.
Ein erstes Beispiel, das allerdings nicht mitzählt, zeigt, wie es geht.

		K		
A	R	A	I	R
S	U	N	S	E
I	S	M	N	T
E	E	S	E	M

170. Verbessern Sie nun Ihre akustische Aufmerksamkeit, indem Sie mit geschlossenen Augen versuchen, möglichst viele Geräusche in- und außerhalb des Raumes in sich aufzunehmen und zu erforschen.

171. Welche Uhrzeit setzt die begonnene Reihe fort?

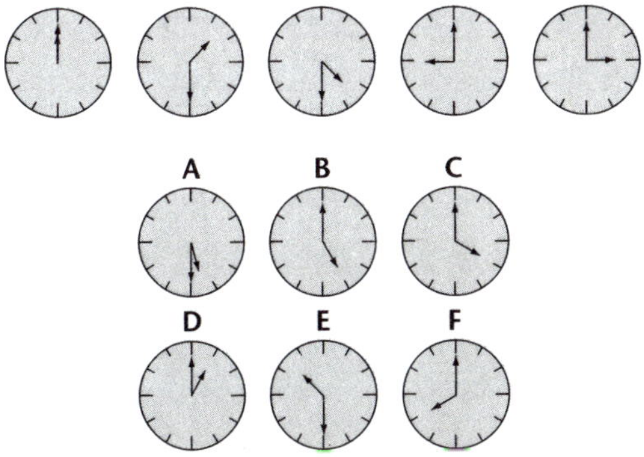

172. Sie feiern Geburtstag. Ihre Frau sitzt rechts von Ihnen. Sie sitzen links von Onkel Rudolf. Peter befindet sich rechts direkt neben Ihrer Frau. Auf welcher Seite von Ihnen sitzt Onkel Rudolf?

173. Peters Mutter hat drei Kinder: Tick, Trick und ...?

174. Diese fünf Quadrate sollen auf vier Quadrate reduziert werden, indem zwei Hölzer an eine andere Position gelegt werden.

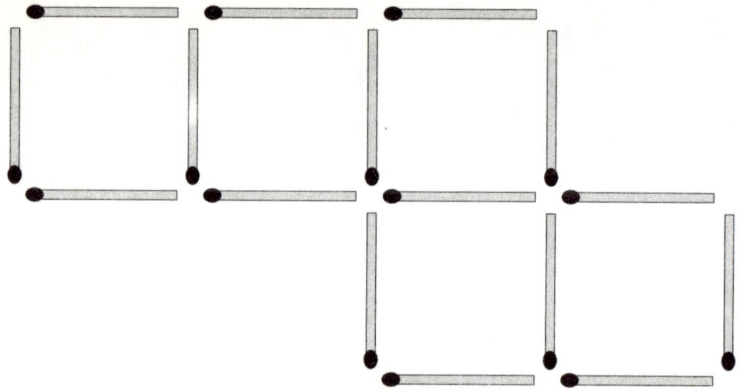

175. B1 ist die Koordinate des Quadrates, dessen Inhalt – unabhängig von der Anordnung – noch einmal vorhanden ist. Welche der angegebenen Koordinaten (A bis F) ist richtig?

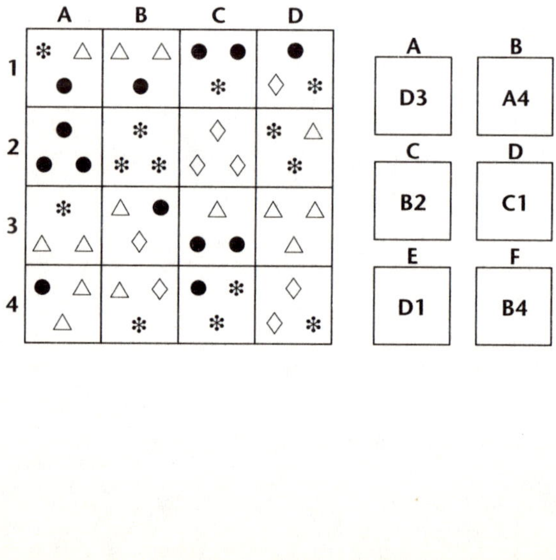

176. Welches der sechs Dreiecke wählen Sie, um das Achteck zu vervollständigen?

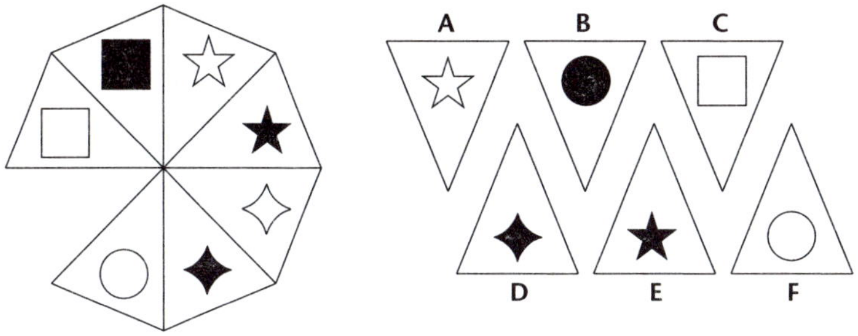

177. Der Schiefe Turm ist für Pisa, wie die Tower Bridge für ...
a) New York b) London c) Edinburgh d) Paris

178. Die Eltern meiner Freundin haben einen Sohn und eine Tochter. Hat meine Freundin eine Schwester oder einen Bruder?

179. Eine Fliege fliegt zwischen zwei Jungen auf Fahrrädern hin und her, die mit 10 km Stundengeschwindigkeit aufeinander zu radeln. Die Fliege erreicht einen Jungen, dreht sich um und fliegt sofort zum andern Jungen zurück und wiederholt das die ganze Zeit. Die Fliege fliegt mit 60 km in der Stunde. Die beiden Jungen treffen sich nach 30 Minuten. Wie viele Kilometer ist die Fliege in dieser Zeit geflogen?

180. In dieser Aufgabe sollen Sie den Namen einer seltenen Blume herausfinden. Ihre Buchstaben wurden bunt durcheinander gewürfelt und dann in die einzelnen Blütenblätter eingebettet. Es wird Ihnen sicherlich nicht schwer fallen, ihren Namen zu entdecken.

181. Eine oder beide Zeichenfolgen können rückwärts oder vorwärts im rechten Wirrwarr versteckt sein. Finden Sie die Zeichenfolge(n) und markieren Sie sie.

$34ß	%278	46!%88ß37$ß%27654?%278$34087&ß06
%?19	ß13!	%97!853%430?!91?%$13?74ß76?96!5%7
87$1	&$5!	ß648$1&980!687%43?!5$&65ß87$10?2!!
5?3$	1?&%	75!80?$630!ß$&5?3%8!2?545?3$761?%1
44&&	6$$5	&&4&086%$2?644&$$6!36?97%6$$53?
?!10	%&98	65$ß9780?!1987?!%32&&4389&%301!6
ß!2&	00?1	%37&42ß!21!765?74ß!001&ß&2!ß71?00
6%$1	&77!	$$387%3?875$&77!971$%843&763?6%

182. Verbessern Sie die Geschwindigkeit Ihrer Informationsverarbeitung, indem Sie mit folgenden Übungen trainieren:

a) Nehmen Sie einen beliebigen Text zur Hand und markieren Sie schnellstmöglich alle vorhandenen N. Überprüfen Sie danach genau, ob Sie welche übersehen haben.

b) Nehmen Sie Ihr Telefon- oder Faxbuch und suchen Sie im Eilverfahren zum Beispiel nach der Zahlenfolge 82.

183. Wenn Einsteins Sohn der Vater meines Sohnes ist, was bin ich dann für Einstein?

184. Bei der folgenden Aufgabe können Sie Ihre visuelle Konzentration verbessern. Richten Sie Ihre Aufmerksamkeit auf Details. Versuchen Sie, wenn möglich täglich, ähnliche „Aufgaben" mit Hilfe von Fotos, Zeitschriften oder Ähnlichem zu „lösen".

Prägen Sie sich das folgende Bild etwa fünf Sekunden gut ein.

Verdecken Sie dann das Bild und beantworten Sie folgende Fragen:

1. Wie viele Personen sind im Heißluftballon zu sehen?
2. Hat das Kind Schuhe an? Wenn ja, welche?
3. Wie viele Palmen stehen am Haus?

185. Zeus verhält sich zu Jupiter wie Hermes zu ...
a) Eros b) Herkules c) Merkur d) Venus

186. Jede waagerechte und senkrechte Zahlenreihe soll die Summe 30 ergeben. Dazu werden die Lücken mit A bis F aufgefüllt. Welche der nebenstehenden Zahlen gehört in das Feld mit dem Fragezeichen?

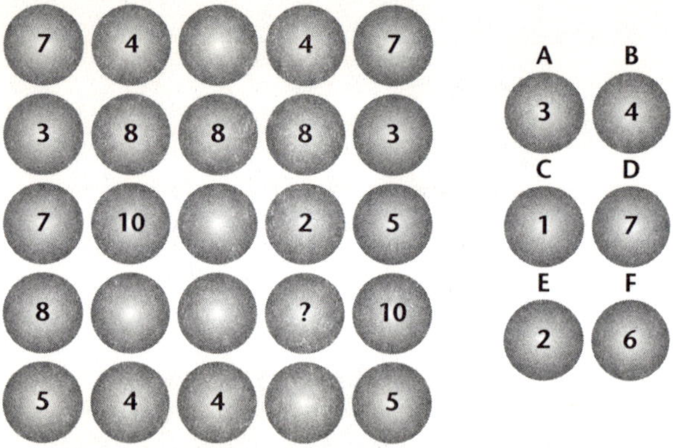

187. Die vier schwarzen Teile lassen sich zu einer bestimmen Zahl zusammenfügen. Wie lautet sie?

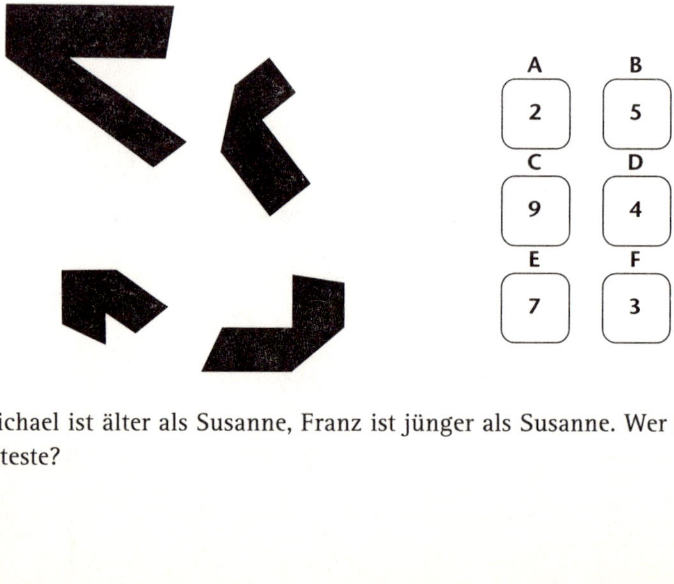

188. Michael ist älter als Susanne, Franz ist jünger als Susanne. Wer ist der Älteste?

189. In diesen drei Reihen sollen Sie das leere Kästchen jeweils durch das logisch folgende Symbol ergänzen.

A) 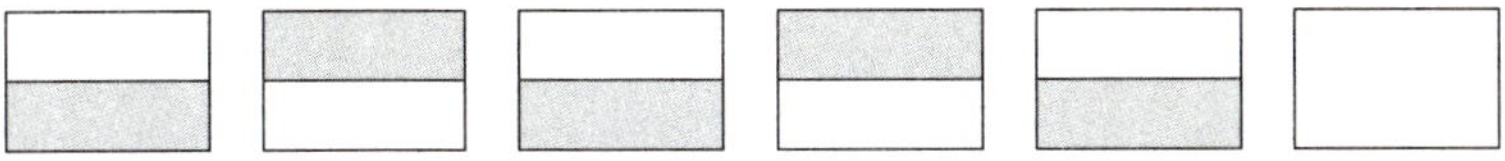

B) 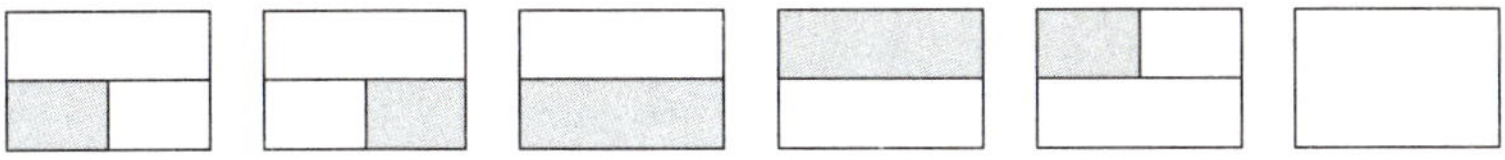

C) 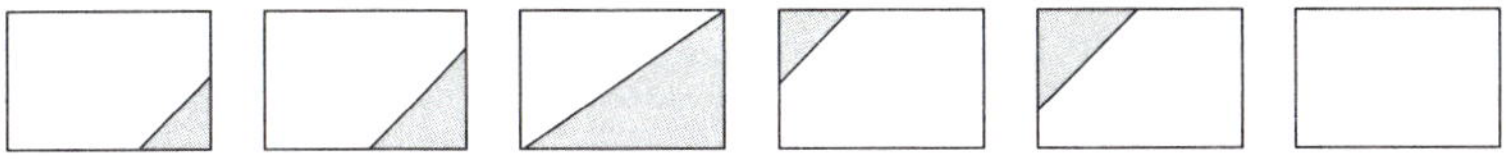

190. Prägen Sie sich die auf der Grafik dargestellten Dinge 10 Sekunden lang genau ein. Verdecken Sie dann das Bild und versuchen Sie, dann alle 10 Gegenstände aufzuschreiben.

1. ______________________ 6. ______________________
2. ______________________ 7. ______________________
3. ______________________ 8. ______________________
4. ______________________ 9. ______________________
5. ______________________ 10. ______________________

191. Daimler ist für Autos wie Hughes für ...
a) Motorräder b) Flugzeuge c) Segelflugzeuge d) Motorboote

192. Ein Kind ist bei einem Unfall verletzt worden und wird in ein Krankenhaus gebracht. Doktor Müller sieht das Kind und ruft: „Ich kann es nicht behandeln. Das ist mein Sohn!“ Wir jedoch wissen, dass Doktor Müller nicht der Vater des Kindes ist. Wie erklären Sie das?

193. Sie fahren allein in einer dunklen Nacht und kommen durch den Ort Hundshausen. (Sie sehen den Namen am Rathaus.) Nach einer halben Stunde gelangen Sie an eine Straßenkreuzung. Es geht in fünf Richtungen, jedoch ist das riesige Straßenschild herausgerissen. Wie können Sie herausfinden, welcher Weg nach Kreuzhausen führt, wo Sie hinwollen?

194. Mit folgender Übung können Sie Ihr Kurzzeitgedächtnis verbessern. Versuchen Sie, sich so viele Details wie möglich zu merken. Prägen Sie sich das untere Bild zirka 10 Sekunden genau ein. Verdecken Sie es anschließend und pausieren Sie eine Minute.

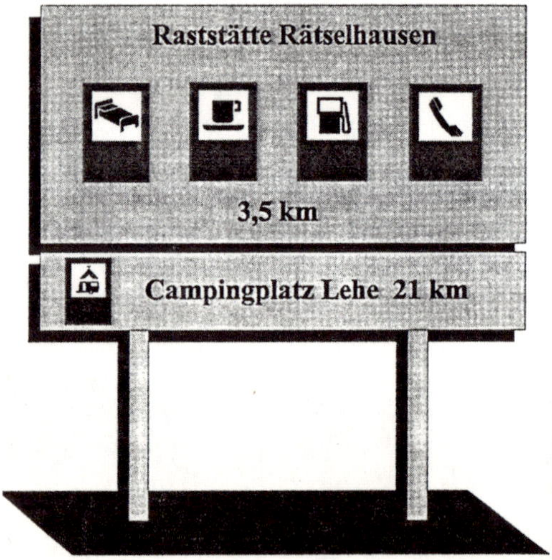

Versuchen Sie nun, folgende Fragen zu beantworten:
1. Wie viele Kilometer sind es noch bis zum Campingplatz Lehe?
2. Wie weit ist es bis zur Raststätte Rätselhausen?
3. Kann man dort auch tanken?
4. Ist bei der Raststätte eine Werkstatt?

195. In höchstens 30 Sekunden sollen Sie die Zahl berechnen, die doppelt so groß ist wie die Hälfte von 99.637.543.667.345.

196. Welcher ist der nächste Buchstabe in dieser Reihe?

E Z D V F S S A N ?

197. Ermitteln Sie den Zusammenhang zwischen den Buchstaben und den Zahlen. Welche der nebenstehenden Zahlen gehört in das Feld mit dem Fragezeichen?

G	7
N	14
E	5
U	21
I	9
S	?

A	15
B	13
C	2
D	26
E	8
F	19

198. 1. Wenn Sie acht Hölzer entfernen erhalten Sie sechs verschieden große Quadrate.
2. Wenn Sie vier Hölzer entfernen erhalten Sie acht identische Quadrate.

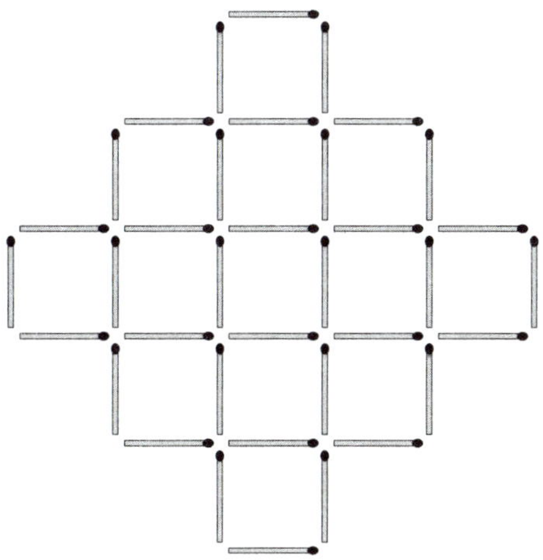

199. Ein sehr schneller Zug braucht von A nach B eineinviertel Stunden. Auf der Rückfahrt benötigt er nur 75 Minuten (bei gleichen Bedingungen). Warum?

200. Bei diesem ungewöhnlichen Safe darf jede Taste nur einmal benutzt werden, um ihn zu öffnen. Es kommt also darauf an, die Tasten in der richtigen Reihenfolge zu drücken.
$ ist die letzte Taste. Anzahl und Richtung der Züge sind auf jeder Taste vermerkt. 1i bedeutet ein Feld nach innen, 1a ein Feld nach außen, 1u ein Feld im Uhrzeigersinn, 1g ein Feld gegen den Uhrzeigersinn.
Welche Taste betätigen Sie als erste?

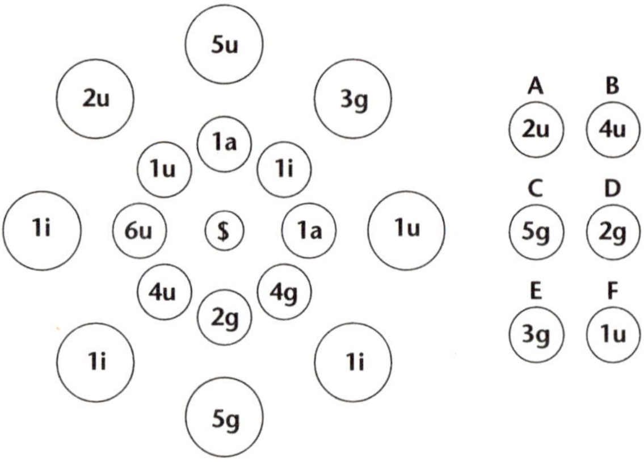

201. Teilen Sie dieses Quadrat durch zwei Geraden so auf, dass sich in jedem Teil drei Punkte, drei Sterne und drei Quadrate befinden!

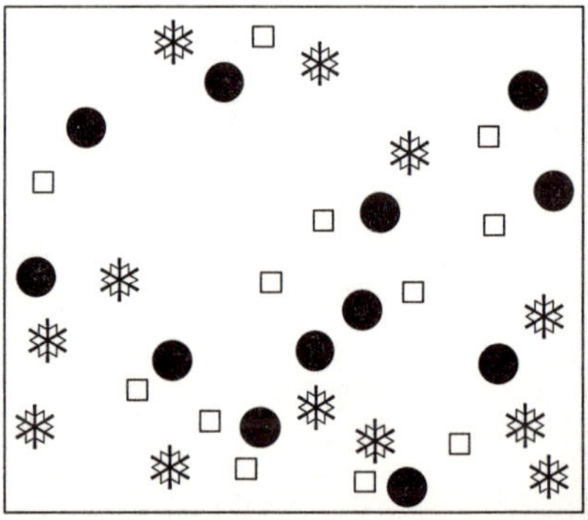

202. Ein Mann hätte gern einen sehr schnell wachsenden Baum in seinem Garten. Er kauft also den Samen einer bestimmten Sorte, die ihre Höhe jeden Tag verdoppelt. Am zehnten Tag ist der Baum zwei Meter hoch. Am wie vielten Tag war er 50 Zentimeter hoch?

203. Eine Schnecke klettert aus einem Brunnen heraus. Der Brunnen ist zwei Meter tief. Jeden Tag klettert die Schnecke 30 Zentimeter hoch und jede Nacht rutscht sie wieder 20 Zentimeter zurück. Wie viel Tage braucht sie, um aus dem Brunnen herauszukommen?

204. Zwei der folgenden fünf Zeichnungen zeigen verschiedene Ansichten ein und desselben Würfels. Welche zwei Zeichnungen sind es?

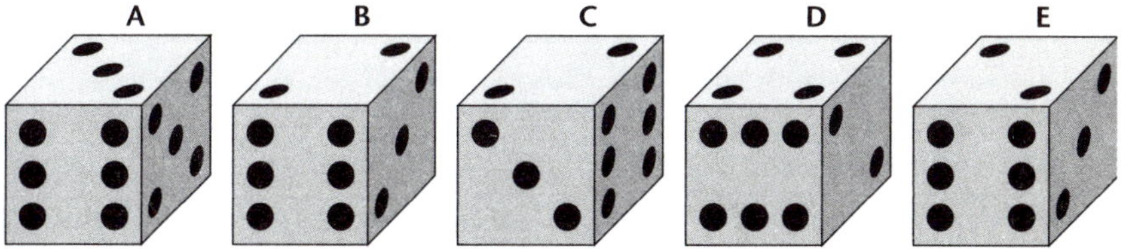

205. Wenn ein Jet den Wert 1 hat und ein Clipper den Wert 2, was ist der Wert einer Concorde?

206. Vervollständigen Sie die Zahlenreihe, indem Sie die nächstfolgende Zahl hinzufügen.

0 0 1 2 2 4 3 6 4 ?

207. Multiplizieren Sie in der folgenden Zahl die Anzahl der Neuner, hinter denen eine Zwei steht (also nicht die Neuner, hinter denen eine andere Zahl steht), mit 6.

92563123979864134928929596

208. Ein Mann vertäut sein Boot bei Flut im Hafen. Am Boot ist eine Leiter befestigt, von der man drei Sprossen sehen kann. Die einzelnen Sprossen liegen 40 Zentimeter auseinander. Bei Ebbe sinkt der Wasserspiegel um fünf Meter. Wie viele Sprossen der Leiter kann man jetzt sehen?

209. Wenn zwölf 10-Pfennig-Marken auf ein Dutzend gehen, wie viele 20-Pfennig-Marken sind dann im Dutzend?

210. Bei dem nachfolgenden Gedicht fehlen alle Satzzeichen und die Abstände zwischen den einzelnen Wörtern. Außerdem haben sich Zeichen eingeschlichen, die keinesfalls dort hingehören. Lesen Sie das Gedicht trotz dieser Schwierigkeiten laut.

★IE VERGE★LICHE❍
E★NMEN★CHDER★ICHVON❍OTTUND★ELTMITEI❍EMANDERE★
UNTE❍HÄLTMUß★ABEILEIDERRA★CHERLA★MENVER★ESSEN-
HATERALLE★AMENWERW★RSDENNGLEICH❍IEWI★SENDOCHDER-
DIN★SNAJ❍WIEHIE★ERNOCHDERDA★ALSGEGENOSTERN★INGSIN-
DING❍GEWESENMITDEMD❍NGSDERANDREUM★MBILDZUSCHEI-
NENSPRICH❍MILDICHWEI★SCHON❍ENSIEMEINEN★EDOCHNACHL★
NGERMHINUNHERSEH★BEIDEEINESGEH❍NICHTMEHR❍ERD★
NGSINDINGSDAMITDEM★INGSZUMRÄTSELWIRDER★ALDDER-
SPHINXUND❍WING★DIEZWEISONSTGARNICHTD★MMENB★
SCHÄMTUNDTRAURIGZ★VERST❍MMEN
(Eugen Roth)

Lesen Sie nun das Gedicht nochmals, und streichen Sie dabei die Zeichen durch, die nicht zum Text gehören. Wie viele ★ und ❍ sind im Text vorhanden?

211. X ist kleiner als Y; Y ist nicht gleich Z. Deshalb ist die Behauptung: X ist nicht gleich Z

a) richtig b) falsch c) nicht entscheidbar

212. Ein Mann wettet 24 DM und erhält seinen Einsatz zurück plus einen Gewinn von 48 DM. Er gibt 25 Prozent seines Gewinns aus, um im Restaurant zu feiern, und 50 Prozent, um seiner Frau ein Geschenk zu kaufen, weil er so spät nach Hause kommt. Ursprünglich war er mit 240 DM zur Rennbahn gekommen. Wie viel Geld hat er noch, wenn er zu Hause ankommt?

213. Wenn eineinhalb Teenager eineinhalb Pizzen in eineinhalb Tagen essen können, wie viel Pizzen kann ein Dutzend Teenager in drei Tagen essen?

214. Wie weit kann ein Hund in den Wald hineinlaufen?

215. Sie haben zwei Sanduhren. Eine von sieben, die andere von elf Minuten, und wollen ein Ei 15 Minuten lang kochen. Was tun Sie?

216. Die Wortbeispiele in Klammern sind nach einer bestimmten Regel gebildet worden. Sie haben einen Bezug zu den Wörtern der ersten und der letzten Spalte. Setzen Sie nach derselben Methode das fehlende Wort ein.

Rose	(Robe)	Besen
Sorte	(Sofa)	Fass
Regen	( )	Stein

217. Setzen Sie in der folgenden Zahlenreihe die fehlenden Zahlen ein.

35, 28, 21, ...

218. Wenn Sallys Tochter die Mutter Ihres Sohnes ist und Sie männlich sind, was sind Sie dann für Sally?

219.

Neun Weingläser stehen in einer Reihe. Sie stehen alle richtig, also zum Einschenken bereit. Nun wählen Sie beliebig sechs von ihnen aus und stellen sie auf den Kopf, etwa so:

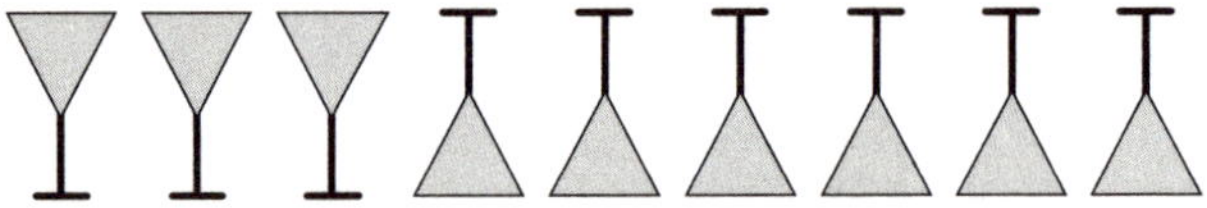

Danach dürfen Sie wieder sechs Gläser umdrehen. Nun könnte die Reihe etwa wie folgt aussehen:

Drehen Sie ein drittes Mal sechs Gläser um, könnte die Reihe etwa so aussehen:

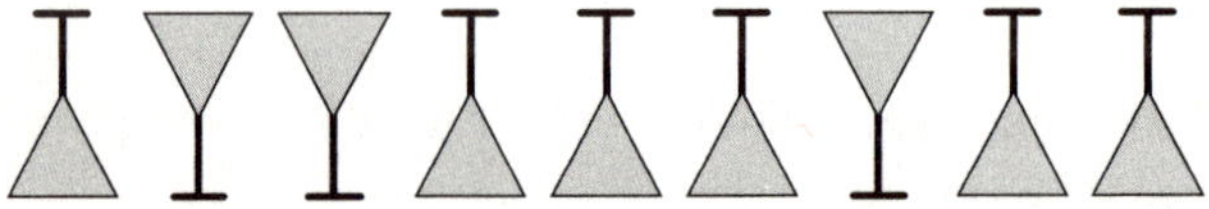

Wie viele Male müssen Sie die sechs Gläser in der Reihe jeweils umdrehen, damit sämtliche Gläser schließlich auf dem Kopf stehen? Ist ein solcher Zustand überhaupt möglich?

220. Welche beiden Zahlen kommen als nächste in der folgenden Reihe?

1 6 2 7 3 8 ? ?

221. Im Konzertsaal liegen vier Sitzplätze nebeneinander. Philip sitzt neben Sabine, jedoch nicht neben Gerald. Wenn Gerald nicht neben John sitzen will, wer sitzt dann neben John?

222. Ein Mann bestellt ein Taxi für 15 Uhr zum Bahnhof, um damit zu einer Besprechung zu fahren. Er kommt mit dem früheren Zug und ist somit schon um 14 Uhr da. Er beschließt, zu Fuß zu gehen, und wird unterwegs vom Taxi mitgenommen. Er kommt 20 Minuten zu früh zu seiner Verabredung. Wie lange war er zu Fuß unterwegs?

223. Eine Frau kauft zwei Dutzend Äpfel und ein Dutzend Orangen. Sie backt einen Apfelkuchen mit der Hälfte der Äpfel und Orangensaft aus sechs Orangen. Als sie das nächste Mal einkaufen geht, kauft sie halb so viel Äpfel und Orangen, wie sie noch übrig hat. Wie viele Früchte hat sie insgesamt?

224. Sie arbeiten in einem Geschäft, wo im Warenlager große Unordnung herrscht. Man sagt Ihnen, drei Kisten mit Socken seien falsch beschriftet. Auf den Schildern steht „Rote Socken", „Grüne Socken" und „Rote und grüne Socken". Wie können Sie die Kisten richtig beschriften, ohne hineinzuschauen, sondern indem Sie nur eine einzige Socke aus einer Kiste herausnehmen?

225. Normalerweise besiegt Paul Petra beim Kricketspiel, aber er unterliegt gegen Joachim. Tom gewinnt meistens gegen Petra und manchmal gegen Paul, Joachim jedoch kann er nicht schlagen. Wer ist wohl der schlechteste Spieler?

226. Es fehlen zwei Zahlen in den beiden waagerechten Reihen. Welche?

2	7	17	29	?
43	47	53	59	?

227. Ein Mann besucht seinen Freund, der 30 Kilometer entfernt wohnt. Er fährt 60 Kilometer in der Stunde und ist in einer halben Stunde da. Auf dem Rückweg hat er Ärger mit seinem Auto, und es dauert eine Stunde, bis er zu Hause ist. Wie hoch war die Durchschnittsgeschwindigkeit hin und zurück?

228. Sie sind in einem Land, wo es zwei Arten von Menschen gibt: Lügner und solche, die immer die Wahrheit sagen. Äußerlich unterscheiden sie sich nicht voneinander. Sie befinden sich auf einer gefährlichen Fahrt, an der Abzweigung der Straße führt ein Weg zu einem Krokodilsumpf, der andere in Sicherheit. Ein Straßenschild gibt es nicht, also fragen Sie zwei Männer, die dort stehen. Sie wissen, dass jeder nur eine Frage beantworten wird. Welche Fragen werden Sie den beiden stellen, um herauszufinden, welcher Weg sicher ist?

229. Ein Pferdehändler ging mit einer Anzahl Pferde zum Pferdemarkt. Dem ersten Käufer verkaufte er die Hälfte seiner Pferde plus ein halbes Pferd. Dem zweiten verkaufte er die Hälfte von denen, die übrig waren, plus ein halbes Pferd. Dem letzten verkaufte er die Hälfte von dem, was übrig war, plus ein halbes Pferd. Jeder der Käufer erhielt ganze Pferde, keine halben, und es blieben keine Pferde übrig. Wieviele Pferde hatte er zu Beginn?

230. Setzen Sie die passenden Plus- und Minuszeichen zwischen die Zahlen, so dass die Endsumme 1 ergibt.

0 1 2 3 4 5 6 7 8 9 = 1

231. Ein Mann ging in ein Juweliergeschäft und kaufte eine Kette für 75 DM. Er gab dem Verkäufer einen 100-Mark-Schein. Kurz danach kam er zurück und kaufte ein neues Schnappschloss, gab einen 20-Mark-Schein und erhielt 5 DM zurück. Später erfuhr der Juwelier bei der Bank, dass sowohl der 100-Mark-Schein als auch der 20-Mark-Schein falsch waren. Wenn man Gewinnspanne, allgemeine Kosten und Einstandspreis der Ware außer Acht lässt: Wie viel Geld hat der Laden verloren?

232. Lisa kommt zur Schule. Sie will ein bisschen angeben und erzählt allen Kindern, dass heute ihr Vater und ihr Großvater Geburtstag haben und dass beide genau gleich alt sind. Die Lehrerin sagt ihr, das sei unmöglich. Kann Lisa Recht haben?

233. Bei Ihnen in der Schublade liegen einige einzelne schwarze und braune Socken, vermischt im Verhältnis vier zu fünf. Wie viele Socken müssen Sie herausnehmen, um mit Gewissheit ein Paar derselben Farbe zu bekommen?

234. In Ihrer Stadt gibt es eine sehr niedrige Eisenbahnunterführung. Sie sehen einen Lastwagen davor stehen. Der Fahrer ist ratlos, sein LKW ist drei Zentimeter höher als die angegebene Durchfahrtshöhe. Es ist der einzige Weg zu seinem Ziel. Was kann er tun, um durchzukommen?

235. Teilen Sie 100 durch einhalb und zählen Sie zehn dazu. Was ist das Ergebnis?

236. Sie haben eine Münze in die Luft geworfen und zum zehntenmal hintereinander war „Kopf“ oben. Wie groß ist die Wahrscheinlichkeit, dass „Kopf“ beim nächsten Mal wieder oben liegt?

237. Ein Mann jagt einem Bären nach, der sein Camp angegriffen hat. Er erzählt später, dass er natürlich nach Süden gelaufen ist. Welche Farbe hatte der Bär?

238. Sie spielen ein neues Spiel mit Zahlenwürfeln. Die Zahlen auf den Würfeln sind unten angegeben. Gewonnen hat, wer zuerst genau 100 Punkte mit so wenig Zahlen wie möglich und ohne Wiederholungen erreicht. Welche Zahlen brauchen Sie?

5 17 19 37 41 46 50 66

239. Robert und Renate kauften gemeinsam Geschenke ein. Sie besaßen zusammen 264 DM. Renate hatte am Anfang 24 DM mehr, jedoch gab sie doppelt so viel aus wie Robert und besaß am Ende noch zwei Drittel des Betrages von Robert. Wie viel Geld hat Robert ausgegeben?

240. Miriam wohnt im 18. Stock eines Hochhauses. Jeden Morgen, wenn sie zur Arbeit geht, steigt sie in den Fahrstuhl, drückt auf den Knopf „Erdgeschoss" und fährt hinunter. Wenn sie abends nach Hause kommt und allein im Fahrstuhl ist, steigt sie im sechsten Stock aus und geht den Rest zu Fuß. Warum geht sie zu Fuß?

241. Ein armer, ehrlicher Ritter möchte eine Prinzessin heiraten. Der König gibt dem Ritter eine Chance. Er könne einen von zwei Zetteln aus einer goldenen Schachtel ziehen. Auf einem stehe „Heirat" auf dem anderen „Tod". Die Prinzessin flüstert ihrem Freier zu, auf beiden Zetteln stehe „Tod" geschrieben. Der Ritter und die Prinzessin heiraten doch. Wie bringt er das fertig?

242. Ein Geschäft in der Stadt offeriert ein kleines Radio für 20 DM. Die Konkurrenz bietet das gleiche Radio für eintausendneunhundertneunundneunzig Pfennig an. Wie viel sparen Sie?

243. Drachmen sind für Griechenland wie Peseten für ...
a) Mexiko b) Italien c) Kanada d) Brasilien e) Spanien

244. Die erste Aufgabe besteht darin, zwei Hölzer zu entfernen und sechs weitere dergestalt umzulegen, dass drei identische Quadrate entstehen. Die zweite Aufgabe hat das gleiche Ziel, jedoch sollen nach dem Wegnehmen der zwei Hölzer nur vier verändert werden.

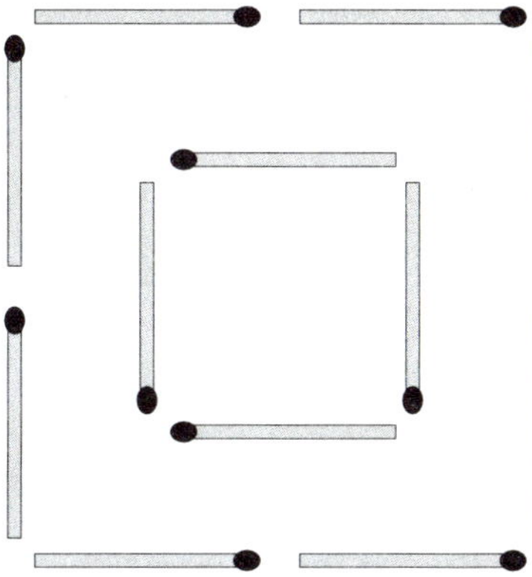

245. Nächste Woche will ich mit meinem Freund essen gehen, die neue Kunstgalerie besuchen, auf dem Sozialamt etwas erledigen und beim Zahnarzt meine Zähne nachsehen lassen. Am Mittwoch kann mein Freund nicht kommen, das Sozialamt ist am Wochenende geschlossen, die Galerie hat dienstags, donnerstags und am Wochenende zu, und die Sprechstunden beim Zahnarzt sind nur am Dienstag, Freitag und Samstag. Wann kann ich all das erledigen, was ich mir vorgenommen habe?

246. Bilden Sie aus diesen sechs Hölzern vier gleichseitige Dreiecke, ohne eines der Hölzer zu zerbrechen.

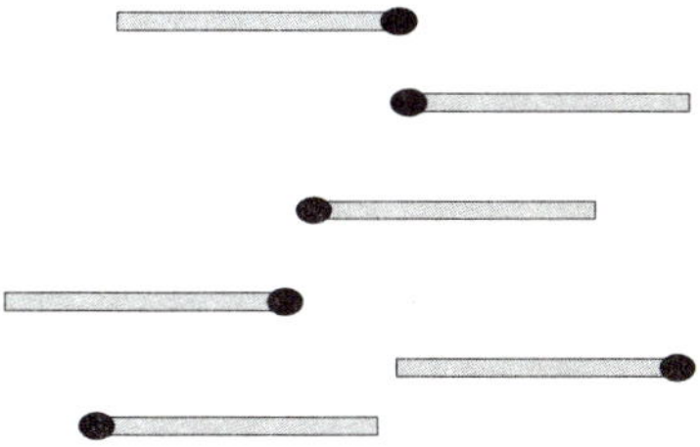

247. Auch wenn Sie nie Französisch gelernt haben, sollten Sie das Folgende verstehen:

Si dans des fils d'avec
Si laquel sid'ami cher

248. In Ihrem Bücherregal steht eine dreibändige Lexikon-Ausgabe. Unglücklicherweise haben Sie einen Bücherwurm, der Ihre Bücher auffrisst. Jedes der Bücher ist fünf Zentimeter dick, die Einbände je einen halben Zentimeter. Wenn der hungrige Bücherwurm an der Titelseite des Einbands vom ersten Buch zu fressen beginnt und sich bis zur letzten Seite des dritten Bandes durchfrisst, wie viele Zentimeter Buchmaterial hat er gefressen?

249. Aus diesen acht gleichen Quadraten werden sieben, wenn Sie zwei Hölzern eine andere Position geben.

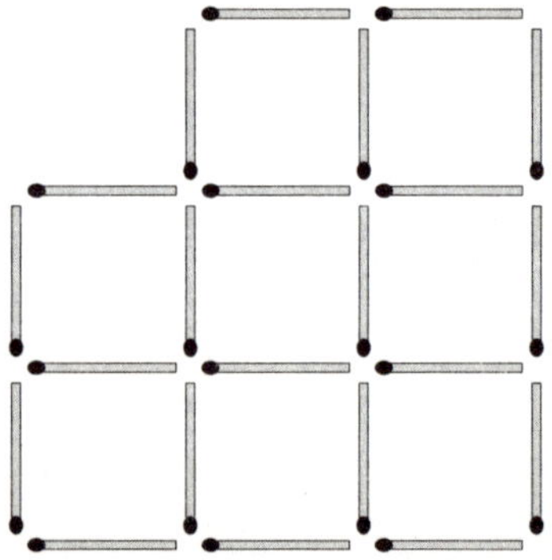

250. Jens möchte die Vorstandswahl in seinem Verein gewinnen. Es sind jedoch noch zwei weitere Kandidaten vorhanden. Alle drei bekommen die gleiche Anzahl von Stimmen. Sie beschließen, die Wahl durch Los zu entscheiden. Jens schreibt den Namen des einen Gegners oben auf einen Zettel, seinen eigenen Namen in die Mitte, den seines anderen Gegners darunter. Dann reißt er den Zettel auseinander, legt die Streifen in einen Hut und bietet sich an, einen Namen herauszuziehen. Wie kann er sichergehen, dass er gewinnt?

251. Hier sehen Sie neun Quadrate. Reduzieren Sie diese Anzahl auf:
1. fünf Quadrate durch Wegnehmen von vier Hölzern,
2. fünf Quadrate durch Wegnehmen von sechs Hölzern,
3. drei Quadrate durch Wegnehmen von sechs Hölzern,
4. vier Quadrate durch Wegnehmen von acht Hölzern,
5. drei Quadrate durch Wegnehmen von acht Hölzern.

252. Wie viele Möglichkeiten (A bis F) gibt es, auf dem Dartboard mit drei Pfeilen eine Punktzahl von 123 zu erzielen?
Jeder Pfeil landet stets in einem eigenen Sektor und keiner fällt zu Boden. Jeder Sektor kann bei einer beliebigen Reihe von Würfeln mehr als einmal benutzt werden. Jede gefundene Zahlenreihe zählt nur einmal.

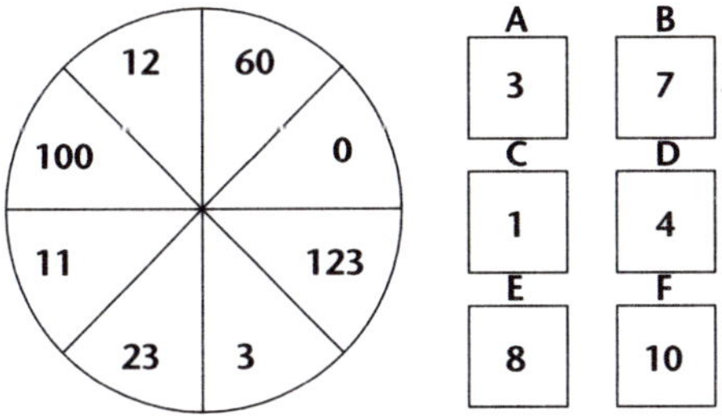

253. Ein Flugzeug stürzt mitten im Atlantik ab. Wo werden nach internationalem Recht die Überlebenden begraben?

254. Finden Sie die Wortendung, der die folgenden Buchstaben vorausgehen können.

1.	2.	3.
Spei	To	Bie
Mäd	Lo	Mie
Jo	O	Oh
Su → (...)	Ro → (...)	Zo → (...)
Bu	Kol	Boh
Ko	Wöl	Ton
Lo	Lie	Rho

255. Setzen Sie den jeweils fehlenden Buchstaben ein.

1.	C	F	L	O	U	?
2.	A	B	D	H	?	
3.	C	X	G	T	J	?
4.	R	I	C	F	?	
5.	B	A	F	E	J	?

256. Unterstreichen Sie bei folgenden Buchstabenblöcken jeweils das Wort, das nicht zu den drei übrigen passt.

1.
NSEVU
DERE
NSNOE
RSAM

2.
HONNARS
EILFEG
DERFP
FETELAN

3.
RHFESNERE
OADRI
EMTRHTOERME
DERDRVOIEECOR

4.
ZÖNHLWENA
EKEL
BMAFLPUEA
TLIDSE

5.
CTJAH
AIH
RBSHAC
JHPIARAN

6.
CORK
RLLEBI
SOHE
UELBS

7.
CUHB
GTIEZNU
GZNMAIA
CHZIENE

8.
LAGS
MILO
HKWYIS
SRAWES

9.
PALEM
ZKERE
GNERE
NSEON

10.
EREM
ESE
SULFS
LDWA

11.
CEBAH
THIFCE
HEIEC
NANTE

12.
SREMES
BGLEA
ÖLFLEF
SLESSE

13.
TRAVE
TRTUME
DBRERU
HRLERE

14.
MRO
NWEI
GRNI
RNILEB

15.
PNJAA
ZIKPAIF
NAHIC
TMEIVNA

257. Gehen Sie fortlaufend von links unten nach rechts oben von einem Achteck zum nächsten. Sammeln Sie neun Zahlen und addieren Sie diese. Wie lautet die höchste mögliche Summe?

4	5	7	4	5
7	7	4	4	7
5	4	5	5	4
4	5	4	7	5
4	4	7	4	4

A	58	D	36
B	38	E	48
C	33	F	43

258. Die unten stehende Figur besteht aus neun Zündhölzern. Die Aufgabe besteht darin, durch Umlegen von vier Hölzern ein Gebilde aus fünf Dreiecken zu erstellen. Die Dreiecke müssen nicht deckungsgleich sein und eines kann Teil eines anderen sein.

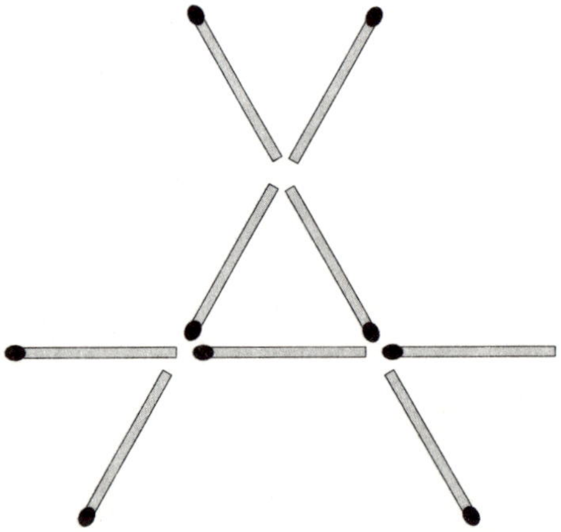

259. Wie heißt die nächste Zahl bei folgenden Übungen?

1.	24	16	12	10	?	3.	3	9	27	243	?
2.	17	19	23	31	?	4.	11	22	37	74	?

260. Was war am 06. Dezember 1854?

261. Erstellen Sie

1. drei Quadrate durch
   a) Umlegen von drei Hölzern,
   b) Umlegen von vier Hölzern;
2. sieben Quadrate durch Umlegen von zwei Hölzern;
3. zwei Quadrate durch Entfernen von zwei Hölzern.

Hinweis: Die Hölzer dürfen sich kreuzen.

262. Welche Zahl (A bis F) setzen Sie ein, um die dargestelle Zahlenreihe logisch zu vervollständigen?

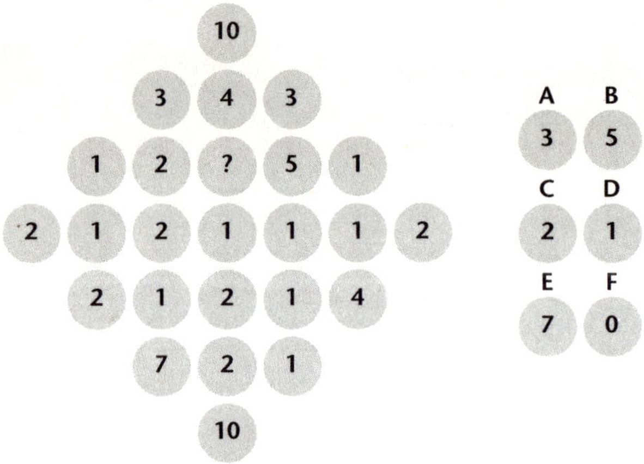

263. Sie sind sehr müde und gehen um acht Uhr abends zu Bett. Am nächsten Morgen haben Sie eine wichtige Verabredung um zehn Uhr und wollen nicht verschlafen. Sie ziehen den Wecker auf und stellen ihn auf neun Uhr. Wie viele Stunden werden Sie schlafen?

264. Setzen Sie das Wort ein, das dieselbe Bedeutung hat wie die beiden Wörter außerhalb der Klammer.

SCHREIBGERÄT	( )	AZUBI
SITZMÖBEL	( )	GELDINSTITUT
MAUERDURCHGANG	( )	DUMMKOPF
ELEKTROBAUTEIL	( )	TUNNEL
KANONE	( )	TIEGEL
WASSERWIRBEL	( )	MEHLSPEISE
SÄUGETIER	( )	FÖRDERWAGEN
GEHILFE	( )	ETAGE
MANNSCHAFT	( )	ZAHL
FLUSS	( )	ENERGIE

265. Welche der sechs nebenstehenden Zahlen gehört in das Feld mit dem Fragezeichen?

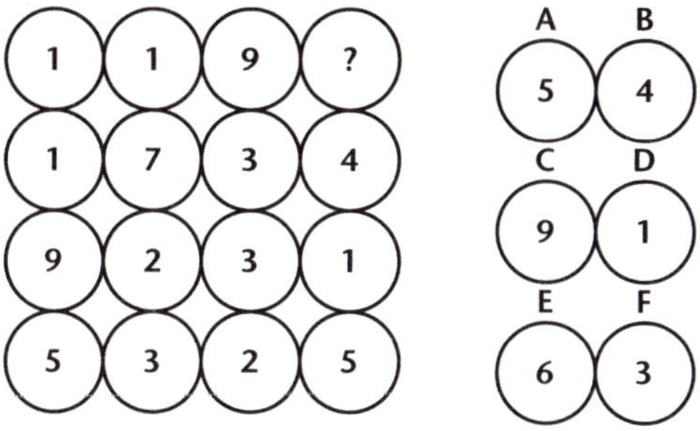

266. Waage 1 und 2 befinden sich im Gleichgewicht. Bei welcher der sechs abgebildeten Waagschalen gilt dies auch für Waage 3?

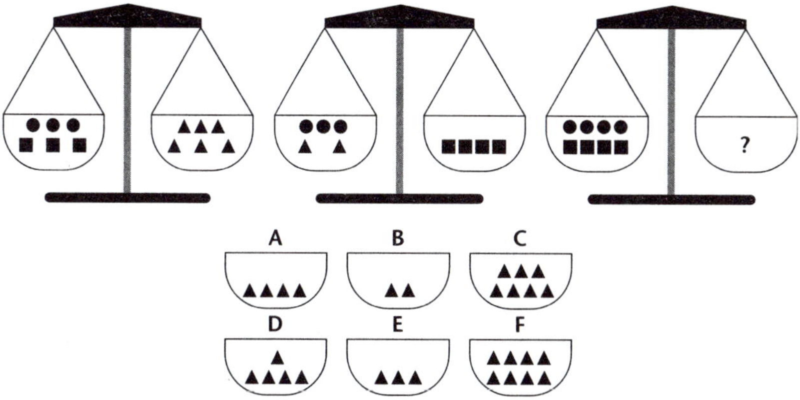

267. Beim Familientreffen kommen zwei Väter, zwei Mütter, ein Großvater, eine Großmutter, zwei Söhne und ein Enkel zusammen. Es sind jedoch nur fünf Personen da. Wieso?

268. Setzen Sie in den folgenden Aufgaben die fehlenden Zahlen nach dem logischen Muster in der ersten Zeile ein.

1.	12	(16)	28
	8	( )	17
2.	5	(5)	25
	8	( )	64
3.	23	(6)	17
	37	( )	25
4.	4	(47)	9
	12	( )	3
5.	120	(31)	182
	214	( )	248

269. Sie schneiden ein 1,20 Meter langes Brett in zehn Zentimeter lange Stücke. Wie viele Schnitte machen Sie?

270. Setzen Sie die Buchstabenfolge ein, mit der das erste Wort endet und das zweite beginnt.

1.	KER	( )	MENT
2.	SO	( )	RN
3.	SEN	( )	IL
4.	SCHR	( )	ER
5.	BLU	( )	HL

271. Diese Figur besteht aus sieben gleichseitigen Dreiecken (mit einem viermal so großen Dreieck in der Mitte). Verändern Sie die Position von sechs Hölzern in der Form, dass sechs identische Rauten entstehen.

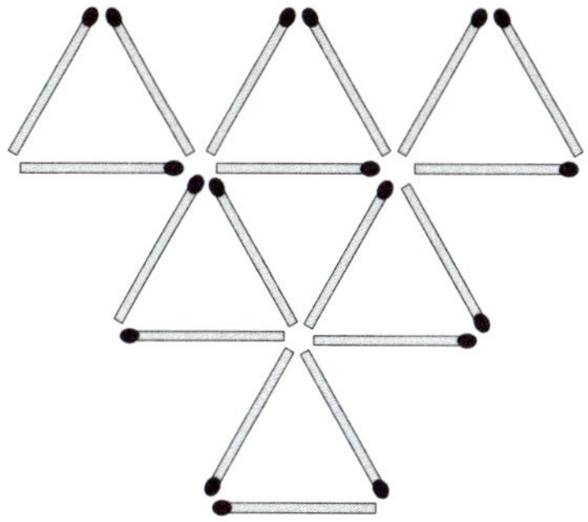

272. Bei diesem ungewöhnlichen Safe darf und muss jede Taste einmal benutzt werden, um ihn zu öffnen. X ist die letzte Taste. Es kommt also darauf an, die Tasten in der richtigen Reihenfolge zu drücken. Anzahl und Richtung der Züge sind auf jeder Taste vermerkt. 2O bedeutet zwei Felder nach oben, 3R drei Felder nach rechts. Welche Taste betätigen Sie als erste?
(Die Lösungsvorschläge entsprechen den Koordinaten der entsprechenden Tasten.)

	A	B	C	D	E
1	4R	2R	1L	3L	2U
2	2R	3R	1O	2L	4L
3	2R	1L	X	2L	1L
4	2R	1L	1U	1R	3L
5	3R	3R	1L	3O	4L

A	5A	D	2C
B	3D	E	3E
C	2A	F	4D

273. Sie haben zwei Bleistifte, einen guten und einen billigen. Der gute kostet eine Mark mehr als der billige. Für beide haben Sie 1,10 DM ausgegeben. Wie viel kostete der billige?

274. Setzen Sie das jeweils fehlende Wort nach dem logischen Muster der ersten Zeile ein.

1.	PODEST	(	POST	)	STIER
	JAHR	(		)	DEKOR
2.	LAGER	(	GALLE	)	HÜLLE
	RHOMBUS	(		)	WAGEN
3.	DEGEN	(	GEDANKEN	)	FRANKEN
	MOCCA	(		)	PUTER
4.	OBEN	(	NEST	)	SAFT
	SPUR	(		)	HIRTE
5.	KEIM	(	EIS	)	ESSEN
	EMIL	(		)	MOTOR
6.	BOOT	(	LEIB	)	SPIEL
	FISCH	(		)	ROHHEIT

275. Setzen Sie das Wort ein, das den drei Wörtern auf der rechten Seite vorausgehen kann.

1.

(...) – Saft / Presse / Scheiben

2.

(...) – Werkstatt / Reifen / Mobil

3.

(...) – Tier / Tür / Flur

4.

(...) – Gehäuse / Zeiger / Werk

276. Beginnen Sie an einer beliebigen Ecke und folgen Sie den Linien. Bilden Sie die Summe aus der Eckzahl und den ersten vier Zahlen, denen Sie begegnen. Wenn Sie die richtige der unten stehenden sechs Zahlen einsetzen, ergibt einer der entsprechend beschrittenen Wege die Summe 32.
Welche Zahl setzen Sie ein?

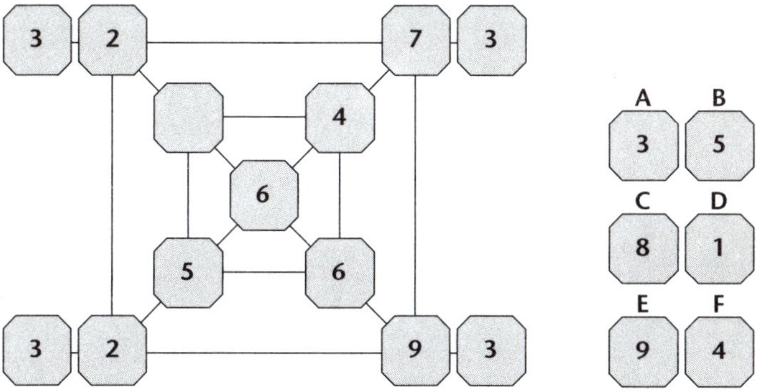

277. Die vier schwarzen Teile lassen sich zu einer bestimmten Zahl zusammenfügen. Wie lautet sie?

278. Ihr Arzt gibt Ihnen sechs Tabletten und sagt, Sie sollen jede halbe Stunde eine nehmen. Wie lange dauert es, bis Sie die Tabletten aufgebraucht haben?

279. Bei dieser Aufgabe sollen Sie über Kreuz die Bruchstücke wieder zu ganzen Wörtern zusammenfügen.

Gänsebl	erzen	Stiefm	tikett
Pant	gkeit	Sand	ocker
Sege	rmarkt	Hal	llack
Insekte	ümchen	Nage	utter
Gelas	lschiff	Fensterr	eite
Supe	offel	Flaschene	skette
Kopfschm	senheit	Buchs	aletten
Müdi	nschutz	Barh	ahmen

280. Es gibt Wörter, die werden kleiner, wenn Sie Buchstaben hinzufügen! Nennen Sie mindestens eines.

281. Ändern Sie die Position dreier Zündhölzer dergestalt, dass drei gleich große Quadrate entstehen.

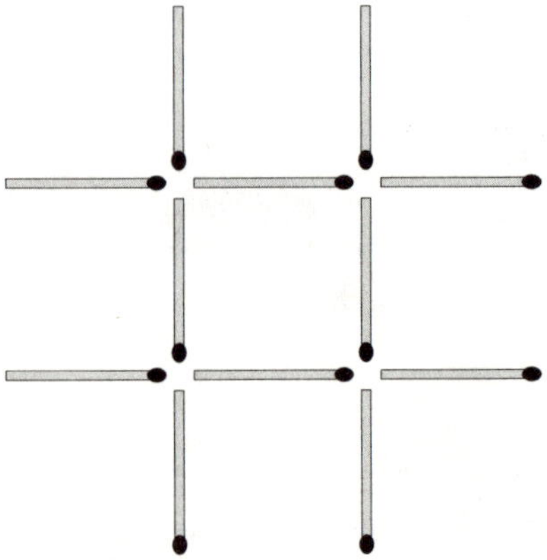

282. Welche der sechs nebenstehenden Zahlen gehört in das Feld mit dem Fragezeichen?

3	2	4	5
8	4	2	?
1	0	2	3
6	3	5	8

A	B
9	5
C	**D**
0	3
E	**F**
6	1

283. Setzen Sie die richtigen Rechenzeichen zwischen den einzelnen Zahlen anstelle der Kreise ein, um die Gleichung zu lösen. Wie lauten die Zeichen?

12 ○ 2 ○ 3 = 21

A	B	C
⊖ ⊕	⊗ ⊖	⊕ ⊕
D	**E**	**F**
⊖ ⊖	⊕ ⊖	⊗ ⊗

284. Bei der nachfolgenden Aufgabe sollen Sie die Buchstaben durch Ziffern ersetzen. Beispielsweise könnte für das R immer eine Acht stehen. Verschiedene Buchstaben stehen für unterschiedliche Ziffern.

```
  S E N D
  M O R E
---------
M O N E Y
```

Wenn Sie die Ziffern eingesetzt haben, ergibt die erste Reihe addiert mit der zweiten Reihe die Zahl unter dem Querstrich.

285. Wie viele Monate gibt es, die 28 Tage haben?

286. Hier müssen Sie besonders Acht geben! Das zu suchende Wort ist in dem nachfolgenden Text einmal oder mehrmals versteckt. Haben Sie es gefunden, markieren Sie es!

MEIN	BEINMEMEINGEINEBEMENEINUNMEINEMEISEJIJKNVMMEN
SUCHE	KRUCHESUCHESJNKUHESUCHEKLKUSESURENSCUSRUSDH
FLAMME	KLAEMENSLKFLAMMEUSHENSFLAMMEDSFKAURFSLIAME
SCHÜTZE	SCHLITZEKLSUTÜTZSKNCSCHÜTZEKUSIASRHKDRSCHTPSZ
WELLE	EKJHKKELLEJKLSEWELLEESKLWELLETWESIESKDRESVKS
SONNE	KUWSONNEIEWONNEISEKLSONNESKUESNESOSNWWSOSN
KOCH	KDUSOEIHKSOKOCHSKEUOKLJKOCHKLKSALEOROKDKOCH
HOTEL	KLSIMOTELKUSESLSDHOTELESUHOTLESHRAJHFORTSLEKH
FRAU	FRALUSKJKFRAUSKUSFRAUSKFRAUKIKSRRKURFARUXSK
KORB	KDSJFDODKORBKSUDRKOSBSURKORKIKSORKORBKSURKLI
STIFT	SLKSSTIFTKEUSRLKSFSTIFTEKSLUSTFUTFUTSJZRFSTUFTSJ
AUTO	SUSLTAUTOEKJSDASUTOWSLTOWAUTTASKLTJAUSTOSKRU

287. Setzen Sie in den folgenden Aufgaben nach dem logischen Muster der oberen Reihe die fehlenden Zahlen ein.

1.	307	(24)	483
	202	(8)	267
2.	293	(1410)	64
	92	( )	135
3.	54	(49)	61
	79	( )	85
4.	14	(18)	252
	21	( )	315
5.	33	(70)	136
	18	( )	91

288. Finden Sie die Wortendung, der die folgenden Buchstaben vorausgehen können.

1.	2.	3.
Jä	Po	Sek
He	Die	Sor
Pfle	Müh	Tor
Ne → (...)	Fei → (...)	Kar → (...)
Ti	Koh	Bo
Ni	Mei	No
Flie	Soh	Krö

289. Wie viele Tierpaare nahm Moses mit in seine Arche?

290. Versuchen Sie, die folgenden Zahlen schnellstmöglich zu addieren. Notieren Sie zum Schluss die Summe.

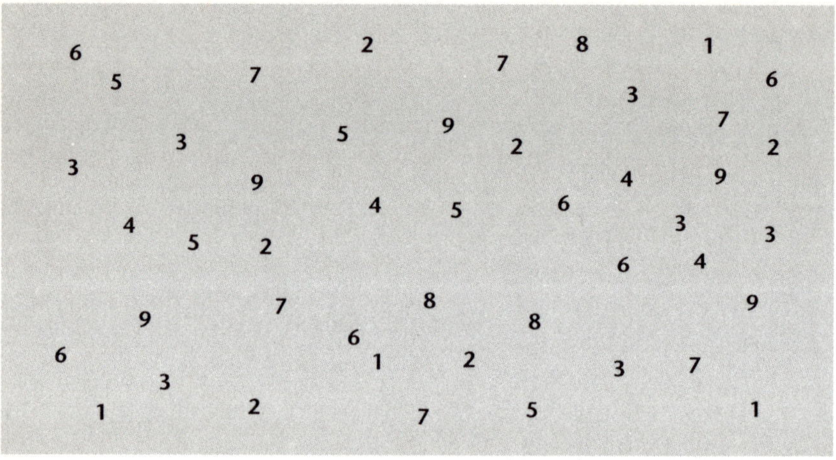

Summe: ....

291. Welches Dreieck (A bis F) setzt die begonnene Reihe fort?

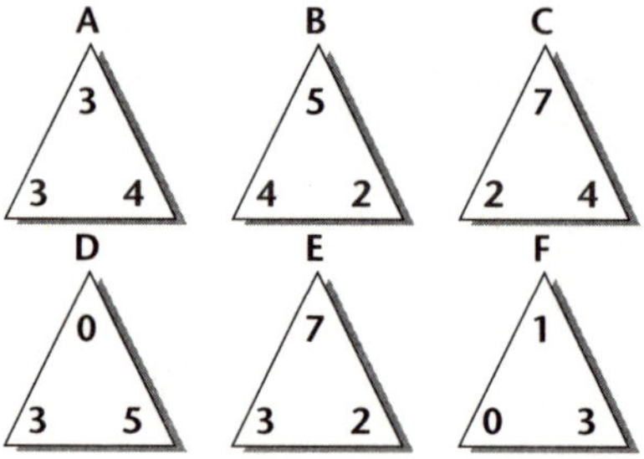

292. Erstellen Sie aus diesen fünf Quadraten drei Quadrate gleicher Größe, indem Sie

1. drei Hölzer entfernen und zwei umlegen;
2. drei Hölzer entfernen und drei umlegen;
3. drei Hölzer entfernen und vier umlegen.

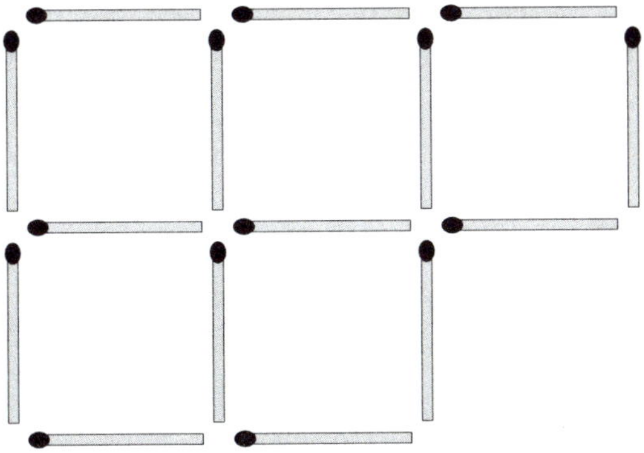

293. Vergleichen Sie jeweils die beiden Zeichenreihen. Wodurch unterscheiden sie sich?

A&84T91	376Q70S	98$X98L
A&84L91	376Q10S	98$X88L
4597B63	F0621J5	214U23N
4587B63	60621J5	215U23N
$098H2N	Z273Z97	453&409
$098H3N	Z273Z91	453&489
87C43D2	865K9WI	B23C9$I
87C73D2	864K9WI	B28C9$I
01G764P	8M1208T	R87V219
07G764P	9M1208T	R87K219

294. Setzen Sie die Buchstabenfolge ein, mit der das erste Wort endet und das zweite beginnt.

1. SCHU ( ) IM
2. BRU ( ) B
3. OB ( ) UHL
4. DEC ( ) LLER
5. ER ( ) L

295. Denken Sie sich eine Möglichkeit aus, neun Streichhölzer so zu kombinieren, dass sie zwei gleichseitige Dreiecke bilden und gleichzeitig drei identische Quadrate.

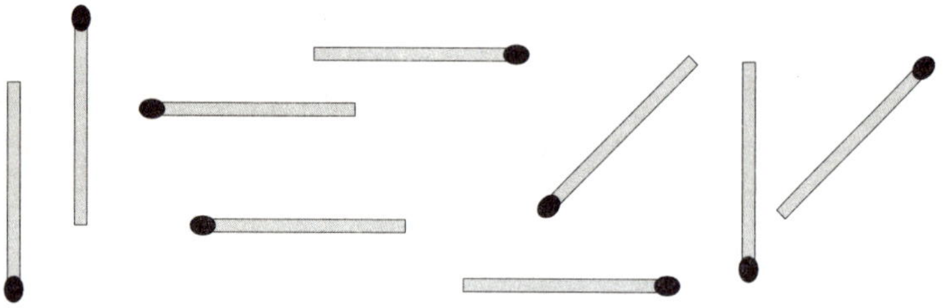

296. Welche Zahl fügen Sie logischerweise anstelle des Fragezeichens in das Achteck ein?

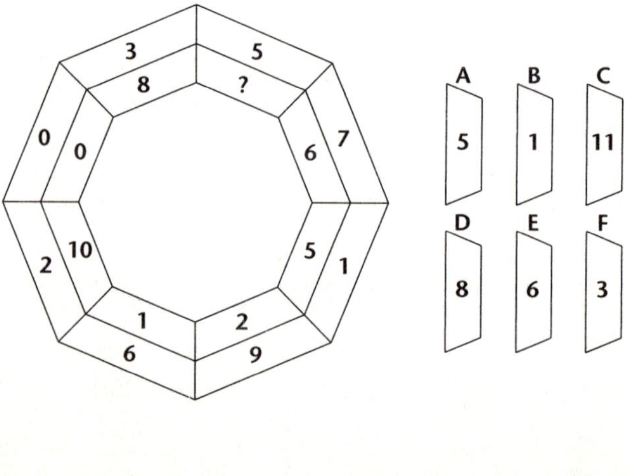

297. Setzen Sie an die Stelle des Fragezeichens die jeweils richtige Zahl.

1.

3	5	8
2	4	6
1	2	?

2.

3	4	2
1	?	6
4	9	8

3.

7	11	15
9	14	19
3	?	15

4.

?	9	3
4	7	2
0	5	1

298. „Der Rabe" ist für Poe wie „Vom Winde verweht" für
a) Mitchell b) Keats c) Robbins d) Susann e) Blake

299. Finden Sie die Wortendung, der die folgenden Buchstaben vorausgehen können.

1.
M
D
K
R (...)
W
St
S

2.
Wie
Lie
Lo
Sa (...)
Dog
Fra
La

3.
Lau
Bau
Mau
Sau (...)
Trau
Tow
Dau

300. Wie viele Dreiecke können Sie in der folgenden Figur entdecken?

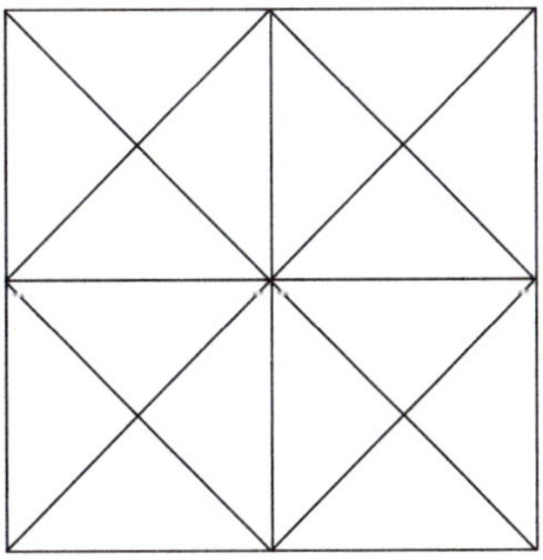

301. Sie haben zwei Münzen, zusammen 60 Pfennig. Eine davon ist kein Groschen. Welche Münzen haben Sie?

302. Setzen Sie im folgenden Satz die Satzzeichen so, dass er einen Sinn gibt:

Jim hatte hatte gehabt wo Bill hatte gehabt gehabt hatte hatte gehabt hatte es heißen müssen.

303. Bei dieser Figur sollen fünf Hölzer eine andere Position bekommen, so dass drei sich berührende Quadrate entstehen.

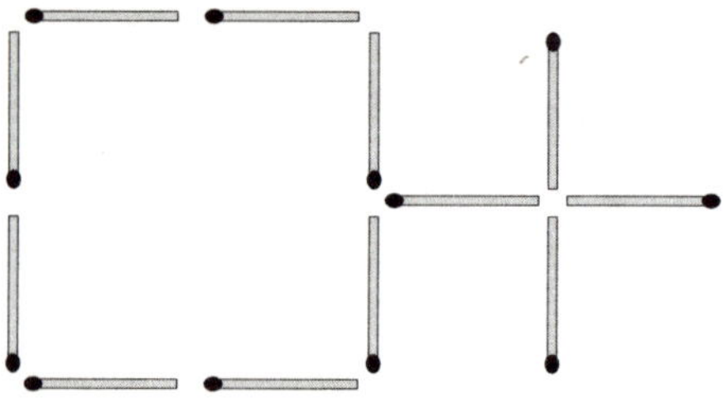

304. Eine Retorte ist für einen Chemiker wie eine Kasserolle für
a) Maler b) Ingenieure c) Schneiderinnen d) Köche
e) Rechtsanwälte

305. Fury verhält sich zu Pferd wie Lassie zu ...
a) Kuh b) Vogel c) Hund d) Wal e) Kamel

306. Entfernen Sie aus dem Zündholzquadrat die Diagonale und legen Sie diese zur Seite. Sind Sie nun in der Lage, durch Umlegen der übrigen vier Zündhölzer den Originalzustand wieder herzustellen?

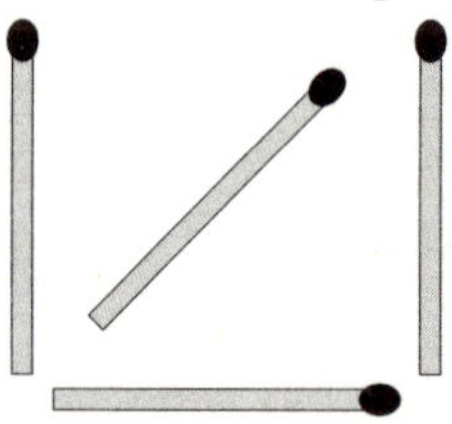

307. Wie viele Minuten vor sechs Uhr ist es, wenn es vor fünfzig Minuten viermal so viele Minuten nach drei war?

308. Ein Mann hat gerade sein Haus fertig gestrichen und braucht nun noch einen Gegenstand. Im Eisenwarengeschäft zeigt ihm der Verkäufer, was er sucht, und sagt: „Eine kostet eine Mark." „Gut", sagt der Mann, „ich brauche 600, hier sind drei Mark." Was hat er gekauft?

309. Konstruieren Sie aus vier Zündhölzern ein Gestell für eine Münze. Bedingung ist, dass weder die Münze noch die Zündholzköpfe den Tisch berühren dürfen.

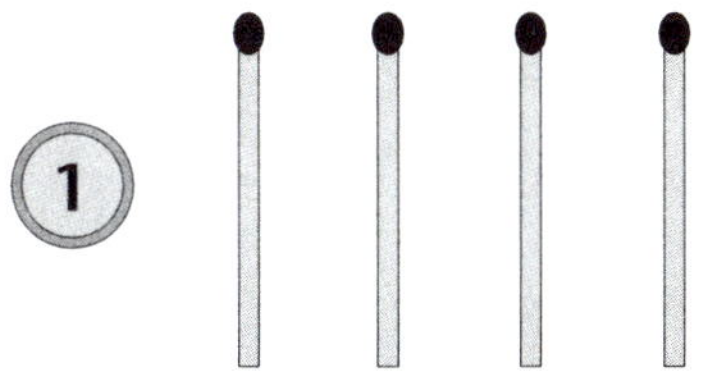

310. Der Buchstabe A steht zu E wie B zu ...
a) C b) D c) G d) H e) Q

311. Wie viele Seiten mit ungerader Seitenzahl sind in einem Buch mit 479 Seiten?

312. Legen Sie drei der fünf Zündhölzer nebeneinander. Nun fügen Sie noch die übrigen zwei hinzu und das Ergebnis ist acht. Ein Wunder? Nein, nur Mathematik! (Es muß kein Zündholz beschädigt werden!)

313. Sie hören die Aussage: „Sieh zu, dass Du das Problem löst, sonst werde ich das für dich tun!“ Suchen Sie die zwei Personen heraus, die hier am ehesten gemeint sind.

a) Doktor und Patient
b) Prüfer und Testkandidat
c) Vater und Sohn
d) Rechtsanwalt und Klient

314. Finden Sie ein einziges Wort, das sowohl das linke als auch das rechte Wort sinngemäß ersetzen kann.

hart (   ) Feier

315. Wenn T x R = 2, A x i = 15, R x I = 3, R x A = 5, I x N = 12 und G x N = 24, dann ist T x R x A x I x N x I x N x G = ?

316. Zwölf identische Parallelogramme entstehen, wenn Sie sechs der 24 Hölzer an eine andere Position legen.

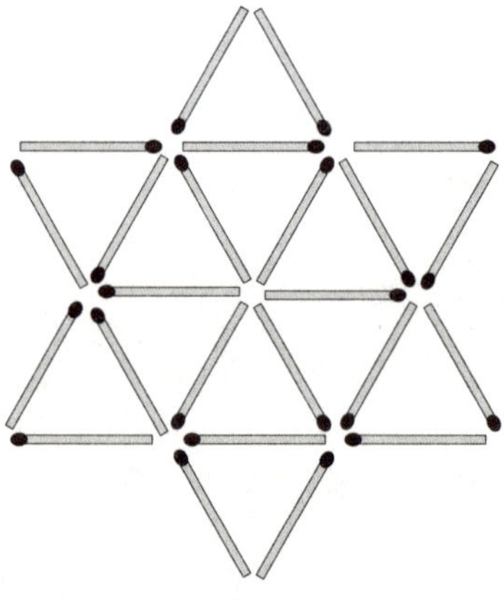

317. Ein junger Forscher ruft seinen Expeditionschef, um ihm mitzuteilen, dass er eine goldene Münze gefunden habe mit der Aufschrift „6 v. Chr.“. Der Expeditionschef entläßt ihn. Warum?

318. Alex, Albert, Carola, Celia und Sabine machten einen Intelligenztest. Celias Testwert lag höher als Carolas, Alberts war höher als Celias, und Carola war besser als Alex. Sabine war schlechter als Albert. Was kann man daraus folgern?

a) Celia hat mehr Punkte als Alex, jedoch weniger als Carola.
b) Alex und Albert waren beide besser als Celia.
c) Celia hatte einen größeren Vorsprung vor Alex als vor Carola.
d) Sabine war besser als Carola.
e) Keinen dieser Sätze.

319. Welcher Begriff gehört normalerweise nicht in diese Reihe?
a) Zeichnung b) Gleichung c) Paragraph d) Gedicht

320. 3 verhält sich zu 9 und 18 wie 2 zu 8 und ...
a) 13 b) 20 c) 16 d) 31

321. Alle begeisterten Knobler, die in Rätselhausen wohnen, haben unter Aufsicht einen Intelligenztest absolviert, um Mitglieder im Super-Knobel-Club zu werden. Der Friseur von Rätselhausen hat sich für den Super-Knobel-Club hingegen durch einen Schulleistungstest qualifiziert. Weshalb?

a) Durch ein Versehen. Der Friseur sollte aufgefordert werden, nachträglich den beaufsichtigten Test zu absolvieren.
b) Der Friseur wohnt nicht in Rätselhausen.
c) Der Friseur konnte am überwachten Test nicht teilnehmen, als er stattfand.
d) Der Friseur wohnte früher in Rätselhausen und zog dann weg.

322. Welche der vier unteren Zeichnungen passt zu der oberen Reihe?

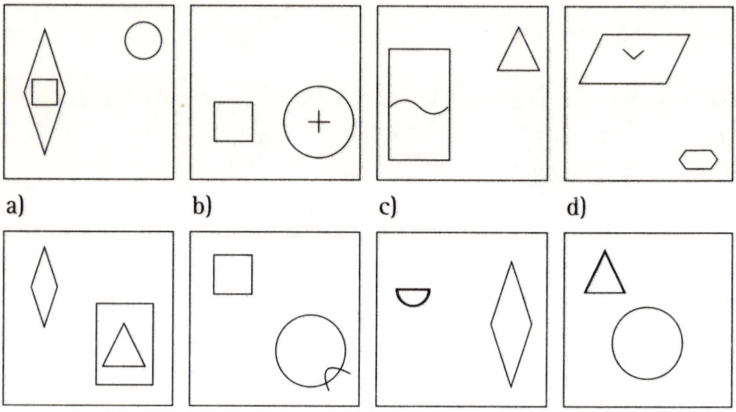

323. Sandwich verhält sich zu Bouillon wie Hertz zu ...
a) Avis b) Lunge c) Atü d) Curie e) Pasteur

324. Reich verhält sich zu Geld wie vielblättrig zu ...
a) Vase b) Laub c) Berg d) Blume e) Hund

325. Erstellen Sie aus dieser Streichholzschlange zwei unterschiedlich große Quadrate durch:

1. das Umlegen von vier Hölzern,
2. das Umlegen von fünf Hölzern.

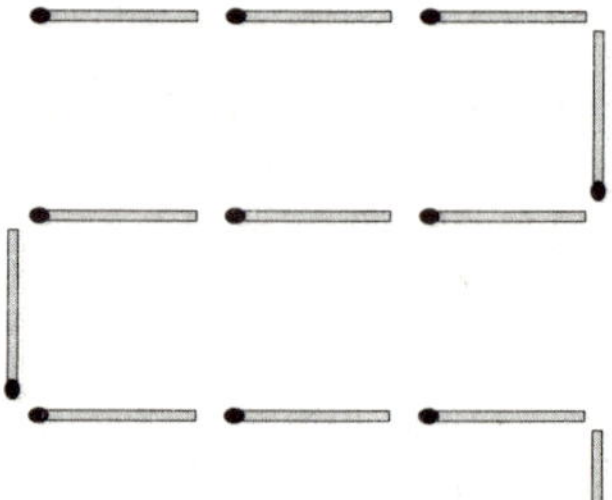

326. Welche der folgenden Zahlen gehört an die Stelle des Fragezeichens: 3, 5, 9, 2, 7 oder 6?

3	4	1	8
1	0	6	7
7	2	0	?
3	1	2	6

327. Setzen Sie die richtigen Rechenzeichen zwischen die jeweiligen Zahlen ein, um die Gleichung zu lösen.

$$21 \quad 5 \quad 2 = 32$$

328. Die Zahl 2 verhält sich zu 8 wie 5 zu ...
a) 15 b) 100 c) 125 d) 10 e) 60

329. Dieses stufige Gebilde aus drei Quadraten besteht aus zehn Hölzern. Durch die Wegnahme von einem Zündholz und dem Umlegen von drei anderen, sollen zwei Parallelogramme und ein Quadrat entstehen.

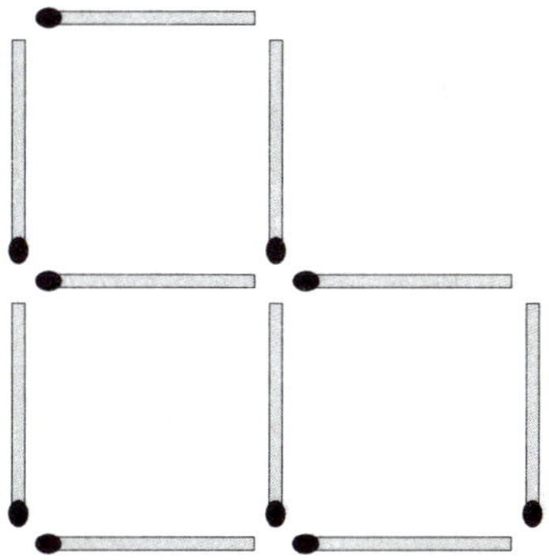

330. Palette ist für den Maler wie Brennofen für den ...
a) Töpfer
b) Maler
c) Goldschmied
d) Schriftsteller
e) Koch

331. Ceylon verhält sich zu Sri Lanka wie Konstantinopel zu ...
a) Neu Konstantin b) Leningrad c) New York d) London
e) Istanbul

332. Dieses Haus sehen Sie aus westlicher Richtung. Legen Sie zwei Hölzer so um, dass Sie es nun aus östlicher Richtung sehen.

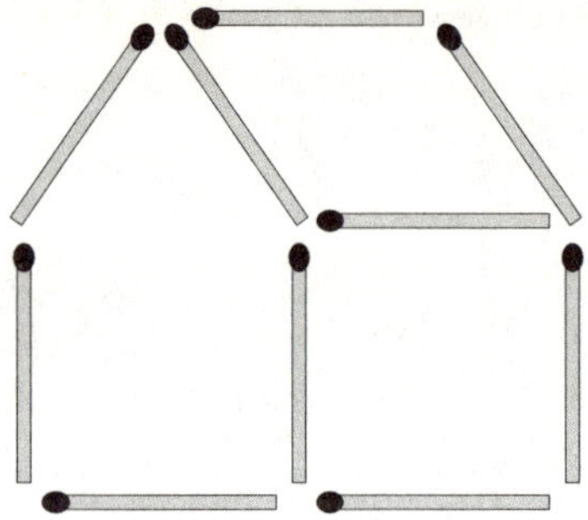

333. Stern verhält sich zu Sternbild wie Sternbild zu ...
a) Sonne
b) Erde
c) Milchstraße
d) Planetoiden
e) Mond

334. Zwiebeln verhalten sich zu Porree wie Krokus zu ...
a) Äpfel b) Safran c) Tulpen d) Flieder e) Bananen

335. Drei identische Rauten entstehen, wenn Sie drei der neun Hölzer an eine andere Position legen.

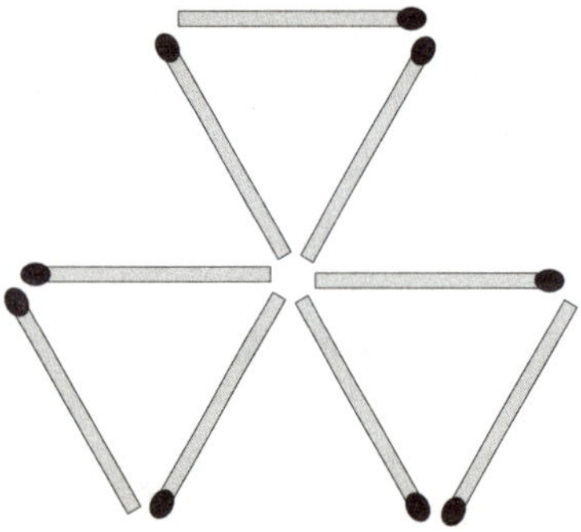

336. Reagan ist für Carter wie Truman für ...
a) Dewey
b) Jackson
c) Kennedy
d) Roosevelt
e) Johnson

337. Halley verhält sich zu Komet wie Broca zu ...
a) Druck b) Autoreifen c) Autos d) Gehirn e) Obst

338. Dieses X besteht aus neun gleichen Quadraten. Legen Sie 14 Hölzer so um, dass vierzehn zusammenhängende, identische Quadrate entstehen.

339. 1789 ist für Frankreich wie 1949 für ...
a) Deutschland b) Schweiz c) Neuseeland d) USA e) England

340. Legen Sie drei Hölzer aus dieser Figur an eine andere Position, mit dem Ziel, dass jede Spalte und jede Reihe vier Hölzer enthalten.

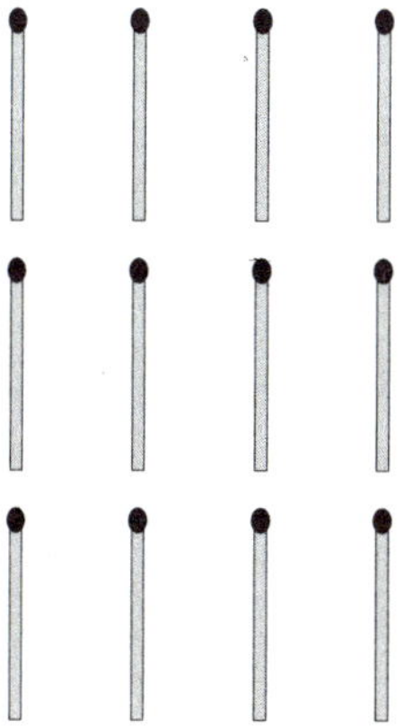

341. Auf folgender Abbildung sind jede Menge leckerer Melonenstücke zu sehen. Jeweils zwei davon gehören optisch zusammen. Suchen Sie die identischen Melonenpaare und verbinden Sie sie mit einem Stift.

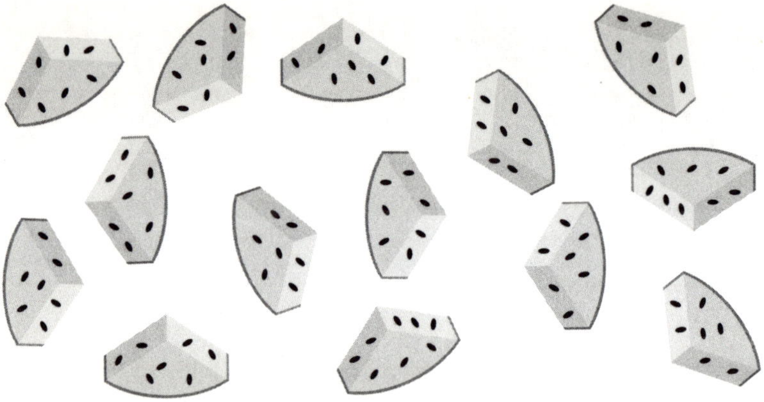

342. Hier ist die vordere Zahl mindestens dreimal in jeder Zeile versteckt. Markieren Sie die gefunden Zahlen!

3421	23454634214576342154874644634215479764641342 15
9632	587979632154512294875487996325497831216963 2543
7441	4513157317441445157451774415784125744157441155
8569	84469856987458569974512358569789542856975185 69
2045	25412204597865212045587123204120452410045204 57
6826	65745868265869876826978451268269874562682698 57
3708	02568137089548738737084598713037085412978450 32
1251	517542691251369874512512564521251364152154753 1

343. Schauen Sie sich das Buchstabenchaos in dem nachfolgenden Kästchen genau an. Entdecken Sie die Buchstabenfolge „RS“ und markieren Sie sie.

Beispiel: RRKSGRSNKSURSCNVRNGSDIESRSJHE
Arbeiten Sie so schnell wie möglich!

FDKFAJKURKARESSDRRSLKDJRAJEKRRAKRKLEISFAKNK
RSDASRKSEURRSRSJDKFJRALFGRSELRJSLKSURSKJRKLRE
LGBKGVAYEKDCKLAURGRSLKJIERALQKESITURNVXARU
EJRRSRSJSAURNBKSURARUSKLRRSKURSNMVKSURSEKI
DKDARJKRSRAEUWERWOTIUERASDKRUEIRTREAWSRESR
KSRAOIRSJEIRSKVNYRIWEURGKSRSKURWEÖAKRSURWO
LSEKUREIJVLSJFRKSUDFARRSKDURWURPUERUQPUERZT
DAKFJASOJGJRSMXVYJASHDFUREOPRTUQEOJKSDLFJOA
ERHIRKLSIREKILDJIRPQUTEORQUKEJLSDNVAKJRSKDLA
DKARULTALKSJVLSRJKSJLKRJEUAROIJVQWUITUPIUROL
KAEJIRJSDRSLKURLGJKLJDRUWPOAGLKSROWUIJSLJSR
SRULSKJLESJSULLDFOAKDRUKLSJKLKJKLKJSAOREKSR

Es kam ......mal „RS“ vor.

344. Gehen Sie fortlaufend von links oben nach rechts unten von einem Achteck zum nächsten (nicht diagonal!). Sammeln Sie neun Zahlen und addieren Sie diese. Wie lautet die höchste mögliche Summe?

3	6	6	3	6
6	3	6	6	3
6	3	3	6	6
3	3	3	6	3
3	6	3	6	3

A	B
39	27
C	**D**
48	33
E	**F**
54	45

345. Welche der sechs nebenstehenden Zahlen gehört in das Feld mit dem Fragezeichen?

4	4	0	8
1	7	3	5
6	?	4	4
8	0	5	3

A	B
2	6
C	**D**
9	1
E	**F**
7	4

346. Versuchen Sie, die folgenden Zahlenreihen fortzusetzen.

A)	19	33	47	61	75	?
B)	27	31	25	29	23	?
C)	34	32	27	25	20	?

347. Diese Figur wird aus neun gleichen beziehungsweise 14 verschiedenen Quadraten gebildet. Ihre Aufgabe ist es, durch Verwendung aller 24 Hölzer (auch kreuzweises Legen der Hölzer ist teilweise erforderlich) a) 3, b) 4, c) 5, d) 6, e) 7, f) 9, g) 20, h) 42 und i) 110 Quadrate zu legen.

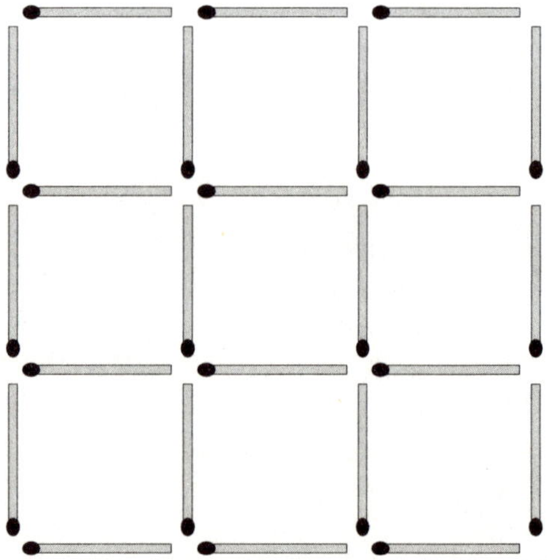

348. Diese sich ringelnde Schlange können Sie in drei ungleiche Quadrate verwandeln, indem Sie vier Hölzer an eine andere Position legen.

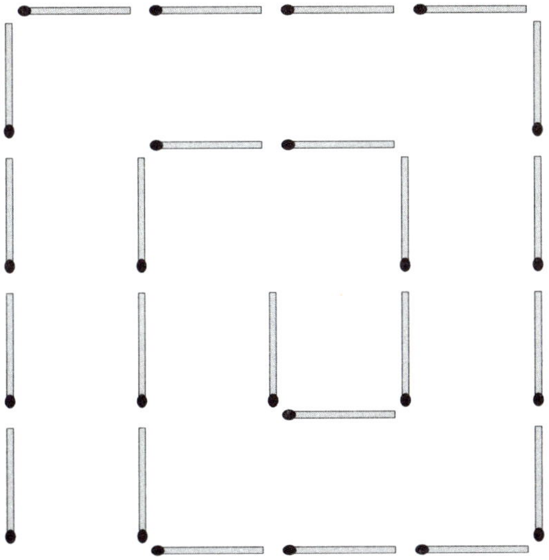

349. Setzen Sie das Wort ein, das den drei Wörtern auf der rechten Seite vorausgehen kann.

1. (...) – Gestell / Gläser / Tuch
2. (...) – Sprache / Bildschirm / Tisch
3. (...) – Hut / Nagel / Abdruck

350. Setzen Sie die Buchstabenfolge ein, mit der das erste Wort endet und das zweite beginnt.

1.	FL	( )	R
2.	MEI	( )	N
3.	RUN	( )	ECKE
4.	DIA	( )	IK
5.	LEUCH	( )	MIN

351. 6 verhält sich zu 36 zu 4 zu …
a) 8 b) 12 c) 16 d) 24 e) 2

352. Flugzeuge verhalten sich zu Autos, wie Baumkronen zu …
a) Äste b) Blätter c) Wurzeln d) Erde

353. Zählen Sie alle auf der Grafik dargestellen Rauten.

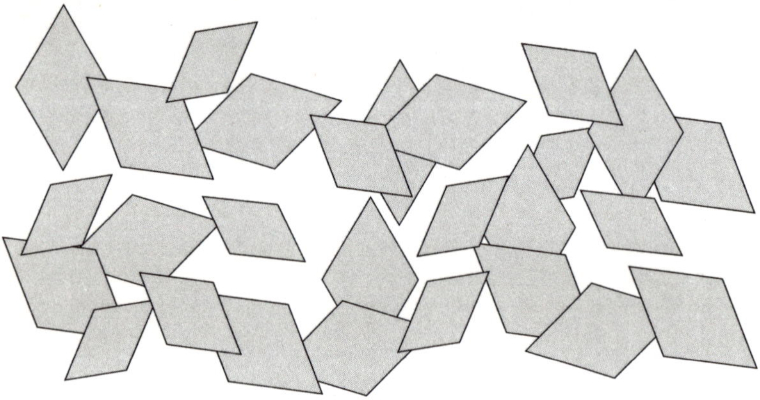

354. Waage 1 und 2 befinden sich im Gleichgewicht. Bei welcher der sechs abgebildeten Waagschalen gilt dies auch für Waage 3?

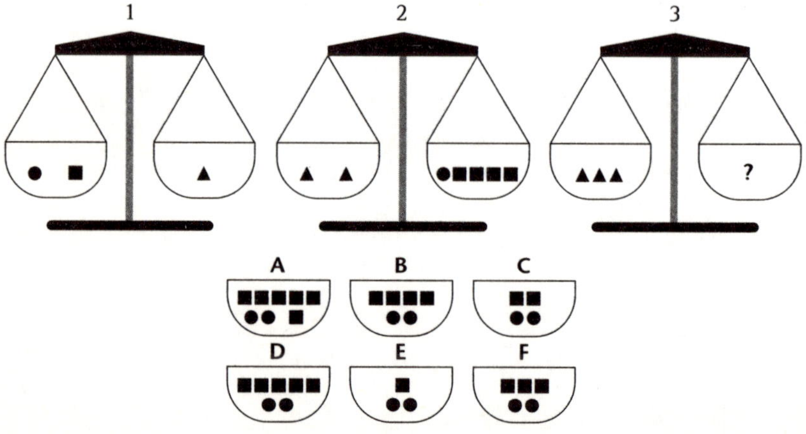

355. Diese offene Figur besteht aus zehn Hölzern. Legen Sie fünf Hölzer so um, dass ein Gebilde aus zwei Quadraten entsteht.

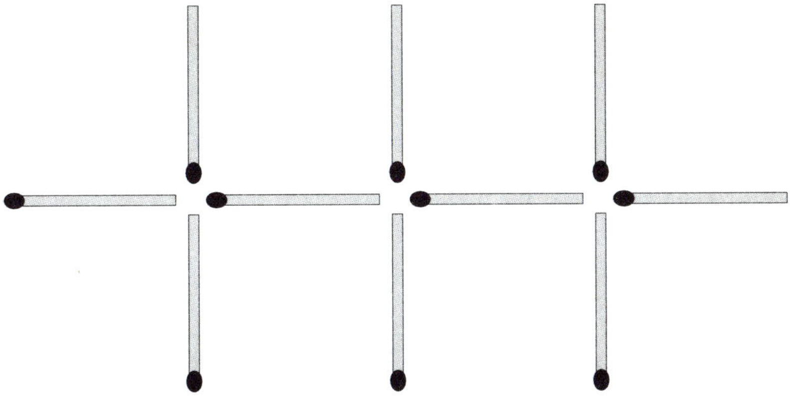

356. Versuchen Sie, die folgenden Zahlenreihen fortzusetzen.

A)	52	64	76	88	100	?
B)	5	8	16	19	38	?
C)	2	4	12	48	240	?

357. Setzen Sie in die leeren Felder des Quadrats die Zahlen von 4 bis 11 so ein, dass die Summe in jeder horizontalen und jeder vertikalen Reihe 21 ergibt.

	3	

358. Entfernen Sie aus dieser Figur sieben Zündhölzer, um vier gleiche Quadrate zu erhalten.

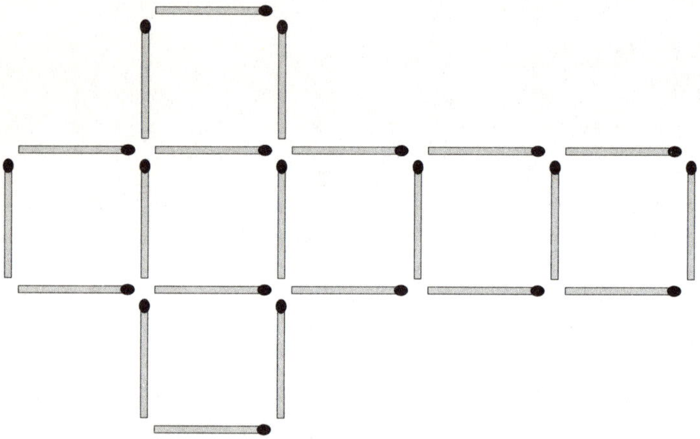

359. Legen Sie zwölf Zündhölzer an eine andere Position und aus dem Gitter werden drei Quadrate.

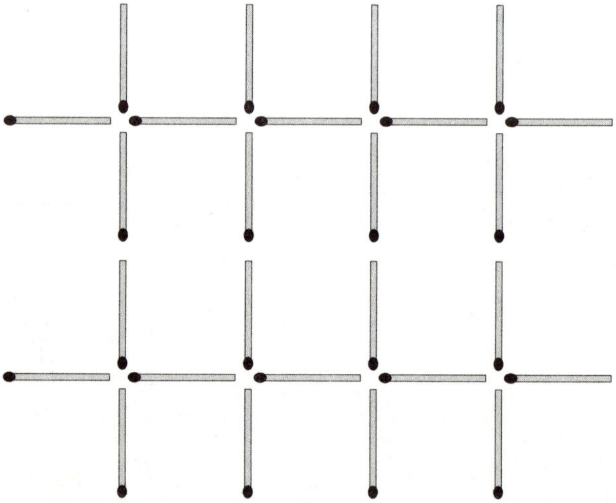

360. Prägen Sie sich die zehn nachfolgenden Wörter eine Minute lang gut ein. (Ein Tipp: Wenn Sie die Begriffe zu einer Geschichte verbinden, werden Sie sich später viel leichter an die Wörter erinnern.) In Dreierschritten zählen Sie dann von 45 zurück bis 0 (45, 42, 39, ... 0). Sind Sie bei 0 angelangt, blättern Sie um oder decken die Wörterliste ab.

Karl Sommer
Geburtstagsgeschenk
15:30 Uhr
Haustür
Schlittschuhe
Wochenende
Kopfweh
Lippenstift
Zirkus
Montag

Schreiben Sie nun die Wörter auf, an die Sie sich noch erinnern können. Haben Sie sie zu einer Geschichte verbunden, fällt Ihnen das Erinnern jetzt bestimmt viel leichter.

361. Jedes Symbol besitzt einen bestimmten Wert. Ermitteln Sie anhand der inneren Logik den Zahlenwert, der an die Stelle des Fragezeichens gehört.

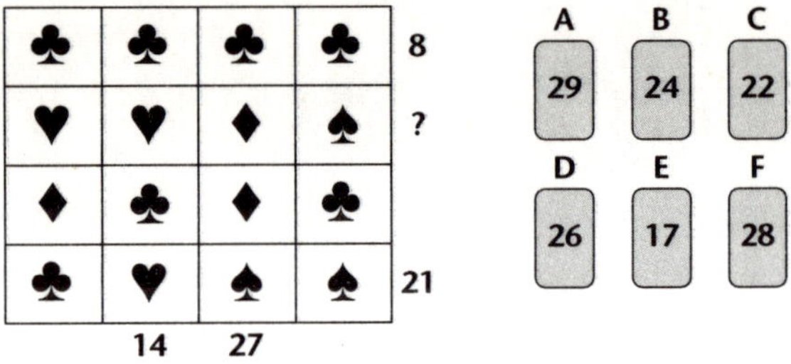

362. Teilen Sie diese Figur durch Hinzufügen von acht Hölzern in vier Teile gleicher Form und Größe.

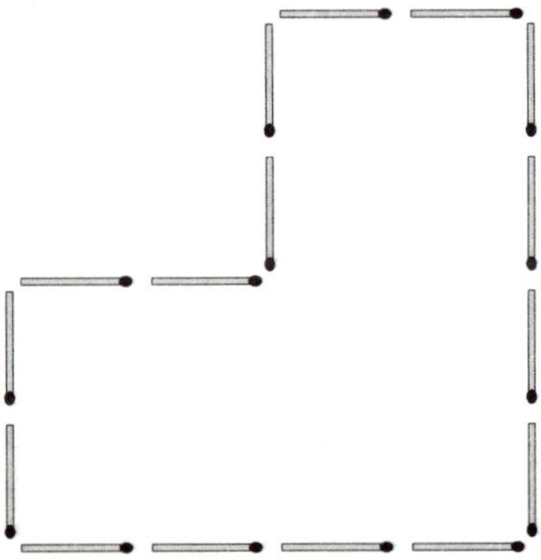

363. Hier sind Ihre Fähigkeiten im Kopfrechnen gefragt! Lösen Sie die folgenden Aufgaben ohne Taschenrechner.

11 x 8 = ...	24 x 9 = ...
14 x 5 = ...	6 x 13 = ...
4 x 19 = ...	16 x 12 = ...
7 x 17 = ...	5 x 18 = ...

364. Welche Uhrzeit setzt die begonnene Reihe fort?

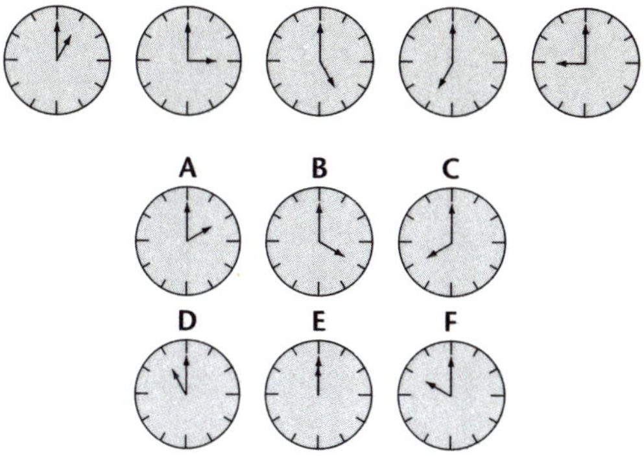

365. Welche der nebenstehenden Zahlen gehört in das Feld mit dem Fragezeichen?

9	2	5	6
3	?	1	8
5	1	2	4
7	0	2	5

A	B
1	9
C	**D**
6	2
E	**F**
4	7

366. Wie viele Hölzer müssen minimal aus dieser Figur entfernt werden, damit sie kein Quadrat mehr enthält?

367. Bauen Sie diese aus Quadraten bestehende Treppe durch Entfernen von zehn Hölzern so um, dass vier identische Quadrate übrig bleiben.

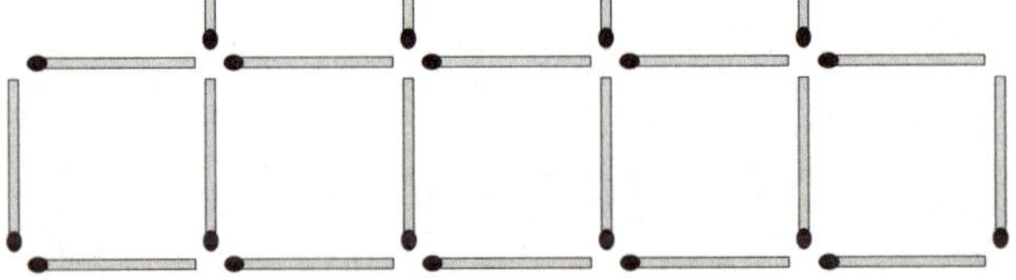

368. Eine oder beide der links angegebenen Zahlen, können vorwärts oder rückwärts im rechten Zahlenwirrwarr versteckt sein. Finden Sie die Zahl(en) und markieren Sie sie.

3419	6582	23649754226564584513658295451257542245415787451 1245
23861	8295	54268423235642122116832645874313555487121157811 2254
319	4458	39448526451445844235948451254191354521377894255 8451
5067	2348	56745211354754187541336472348644835448711256710 2665

369. Bei diesem ungewöhnlichen Safe darf jede Taste einmal benutzt werden, um ihn zu öffnen. X ist die letzte Taste. Es kommt also darauf an, die Tasten in der richtigen Reihenfolge zu drücken. Anzahl und Richtung der Züge sind auf jeder Taste vermerkt.
2O bedeutet zwei Felder nach oben, 3R drei Felder nach rechts.
Welche Taste wird als erste betätigt?
(Die Lösungsvorschläge entsprechen den Koordinaten der entsprechenden Tasten.)

	A	B	C	D	E
1	3U	1L	2R	3U	2U
2	1R	1U	2L	3U	1L
3	X	1R	2O	2O	2U
4	4R	3O	1U	1L	2O
5	2O	1O	3O	3L	3L

A	B
4A	3C
C	**D**
1E	2B
E	**F**
3D	5C

370. In dieser Figur lassen sich sechs kleine und zwei große Quadrate entdecken. Erstellen Sie durch Umlegen von sechs Hölzern eine Figut aus insgesamt sechs Quadraten.

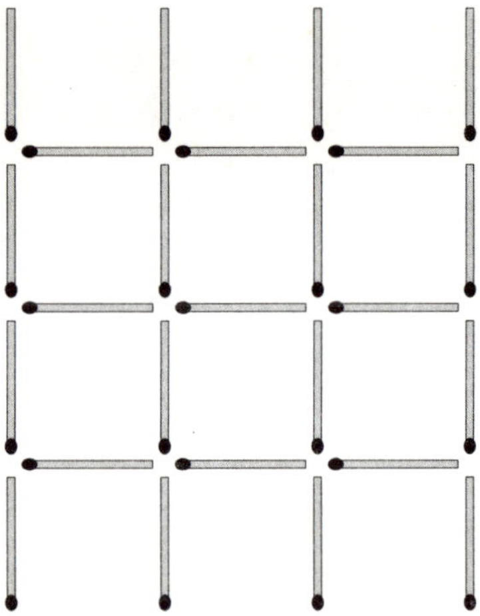

371. Bei diesem Spiel werden der Anfangsbuchstabe und der letzte Buchstabe eines Wortes vorgegeben. Sie haben die Aufgabe, den Zwischenraum mit zwei selbstständigen Wörtern zu füllen, die zusammen einen Sinn ergeben. (Sie fügen also ein aus zwei Bestandteilen zusammengesetztes Wort ein.) Viel Spaß!

G..N

E..R

H..I

I..H

R..E

N..G

372. Diese Figur besteht aus sechs Quadraten. Wenn Sie vier Hölzern eine andere Position geben, dann bleiben nur noch fünf Quadrate übrig.

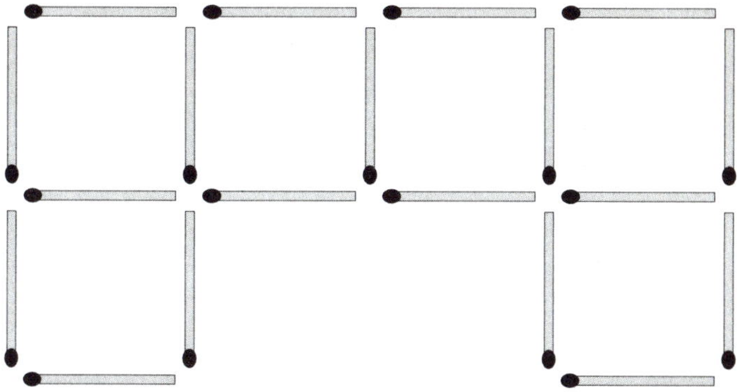

373. Der Inhalt dieses Quadrates folgt einem logischen Muster. Welchen der sechs Spielsteine nehmen Sie, um das Rechteck mit dem Fragezeichen auszufüllen?

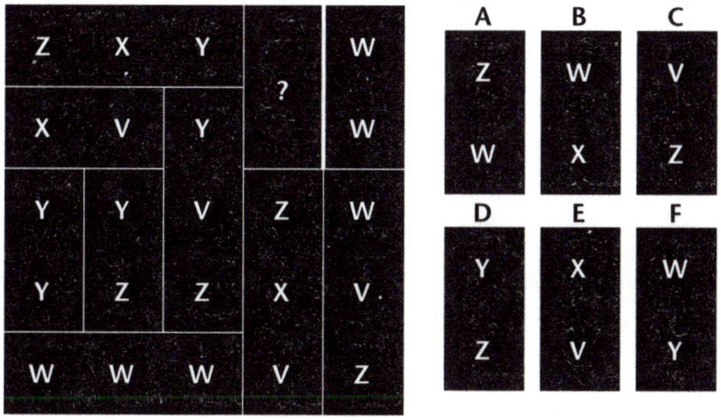

374. Prägen Sie sich die folgenden Wörter kurz ein.

A)	Sonne	Baum	Heizung	D)	Getränk	Blüte	Telefon
	Maus	Strom	Fenster		Wand	Tisch	Schirm
B)	Hand	Onkel	Tuch	E)	Bild	Apfel	Topf
	Nagel	Frau	Stift		Löffel	Herd	Becken
C)	Pferd	Auto	Schuhe	F)	Uhr	Schrank	Zettel
	Wasser	Garten	Weg		Bett	Licht	Stuhl

Decken Sie nun die Wörterliste ab.

Haben Sie sich die Wörter gut gemerkt? Versuchen Sie nun, in die Lücken die fehlenden Begriffe einzusetzen.

A)	Fenster	Sonne	Baum	Welches Wort fehlt?
	Heizung	Maus	?	
B)	Onkel	Stift	Nagel	Welches Wort fehlt?
	Frau	Hand		
C)	Schuhe	Wasser	Weg	Welches Wort fehlt?
	Auto	Garten	?	
D)	Tisch	Telefon	Schirm	Welches Wort fehlt?
	Blüte	Getränk	?	
E)	Löffel	Becken	Apfel	Welches Wort fehlt?
	Herd	Bild	?	
F)	Schrank	Bett	Stuhl	Welches Wort fehlt?
	Uhr	Zettel	?	

375. Welche der sechs nebenstehenden Zahlen gehört in das Feld mit dem Fragezeichen?

3	1	5	8
5	7	9	?
2	3	0	6
8	7	4	2

A	B
0	8
C	**D**
2	6
E	**F**
5	4

376. Formen Sie durch Umlegen von neun Hölzern aus diesem Kreuz eine Figur, die aus vier Quadraten besteht.

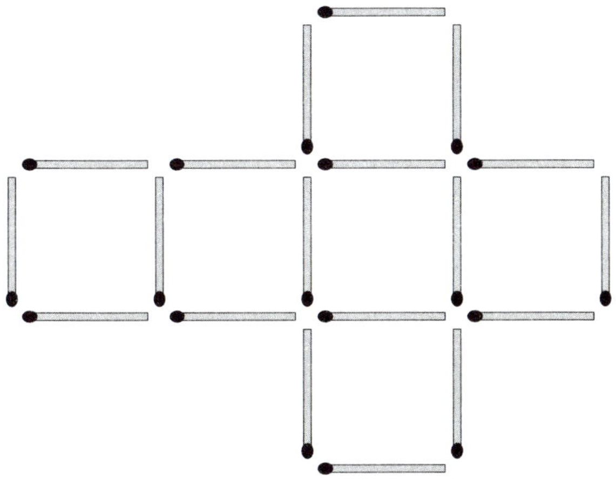

377. Auto verhält sich zu Benzin wie Mensch zu ...
a) Öl b) Energie c) Essen d) Brennstoff

378. Welche Zahl fehlt in der folgenden Reihe?
3 7 15 ? 63 127

379. Beginnen Sie bei der 2 und gehen Sie über die benachbarten Kreise weiter (auch diagonal ist erlaubt). Sammeln Sie jeweils vier Zahlen. Wie viele verschiedene Wege führen zur Summe 24? (Wenn Sie denselben Weg hin- und zurückgehen, zählt das natürlich doppelt.)

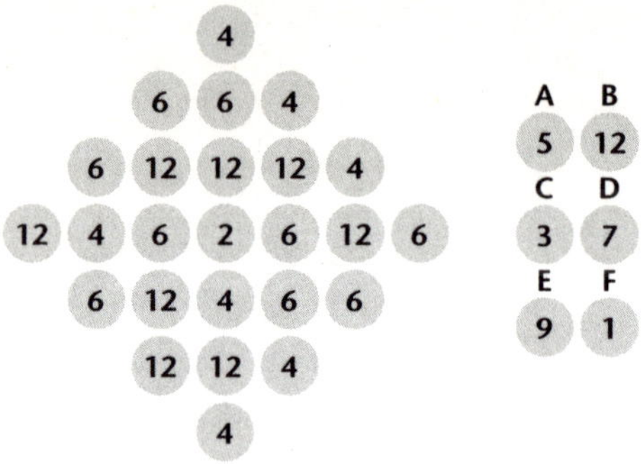

380. Welche der sechs nebenstehenden Zahlen gehört in das Feld mit dem Fragezeichen?

3	1	7	2	4
5	2	0	3	?
8	3	7	5	9

A	B
6	9
C	**D**
1	3
E	**F**
7	5

381. Wenn Sie genau hinschauen, dann sehen Sie sechs kleine und ein großes Quadrat. Positionieren Sie vier Hölzer an eine andere Stelle, so bleiben nur drei Quadrate zurück. Welche Hölzer legen Sie um?

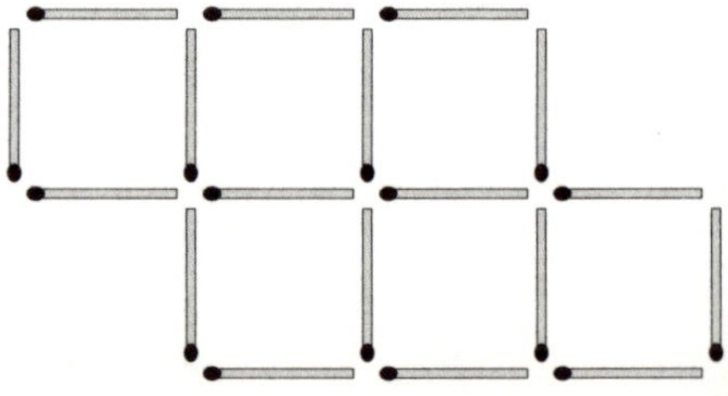

382. Wolken sind für Regen wie Quellen für ...
a) einen Fluß b) den Sommer c) das Wetter d) Boote

383. Versuchen Sie, in diesem Buchstabenwirrwarr zehn versteckte Tiernamen zu entdecken. Sie können waagerecht, senkrecht und diagonal gelesen werden.

A	F	E	W	S	H	C	U	L	A	Z
D	G	P	U	I	T	U	Q	E	J	N
Z	S	C	F	M	A	K	H	G	F	U
I	U	H	G	E	S	V	X	U	O	A
L	A	F	E	O	R	L	M	A	N	F
P	M	K	L	B	E	D	F	N	E	P
I	A	E	M	G	U	E	T	E	I	T
T	C	J	I	E	G	A	P	A	P	E
R	U	S	E	N	P	O	F	E	V	W
N	A	S	H	O	R	N	D	F	R	S
M	H	I	R	H	R	G	R	N	E	T

384. £ verhält sich zu England wie ¥ zu ...
a) Frankreich b) Japan c) Jemen d) Australien

385. Dies ist der Grundriss eines Affenkäfigs. In der Mitte sieht man einen dicken Pfeiler, der das Dach trägt. Der Käfig bietet Raum für acht neu erworbene Affen. Man geht allerdings davon aus, dass sie sich zuerst nicht vertragen werden. Darum muss der Käfig in acht Teile gleicher Form und Größe unterteilt werden. Legen Sie mit Hilfe von 20 neuen Hölzern diese Unterteilung an.

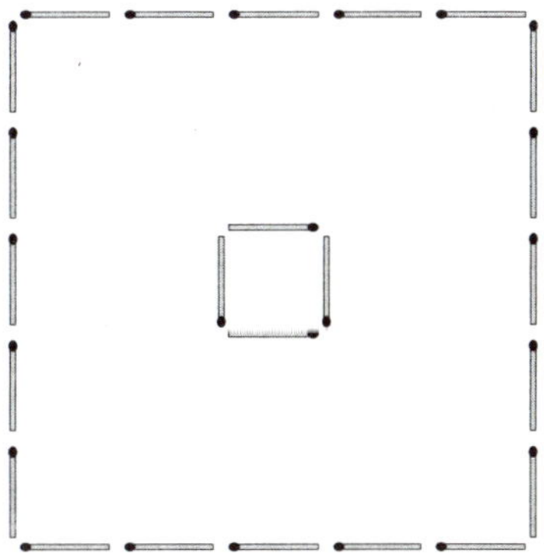

386. Welche der sechs nebenstehenden Zahlen gehört in das Feld mit dem Fragezeichen?

1	3	0	?
3	1	1	5
2	3	3	8
1	6	0	7

A	B
4	3
C	**D**
9	6
E	**F**
5	0

387. Jürgen nimmt an einem Denkspiel-Wettbewerb teil, bei dem es um schnelle logische Entscheidungen geht. Jürgen kann dabei drei verschiedene Preise, nämlich A, B und C gewinnen. Die Bedingungen: Wenn er eine wahre Aussage macht, gewinnt er einen der ersten Preise, A oder B. Sollte er jedoch lügen, steht ihm am Ende nur der Trostpreis C zu.
Den Trostpreis kann er leicht vermeiden, etwa indem er „Zwei plus zwei ist vier“ sagt. Welche Aussage bringt ihm den Preis A ein?

388.  verhält sich zu 

wie 

zu

a) 

b) 

c) 

d) 

389. Eine oder beide der links angegebenen Zahlen, können vorwärts oder rückwärts im rechten Zahlenwirrwarr versteckt sein. Finden Sie die Zahl(en) und markieren Sie sie.

2329 2348 258745923254123654784325478512698254721156787451214567454

10209 4183 290451264025148642013364253841832465679674121345678714741

4567 5528 456452554123541255745612825545765412454741512105474874158

81053 2467 587451236548452145767541167243501887912121879945679845125

390. Reduzieren Sie die Anzahl der Quadrate auf vier gleicher Größe. Sie dürfen jedoch nur maximal zweiundzwanzig Hölzer entfernen.

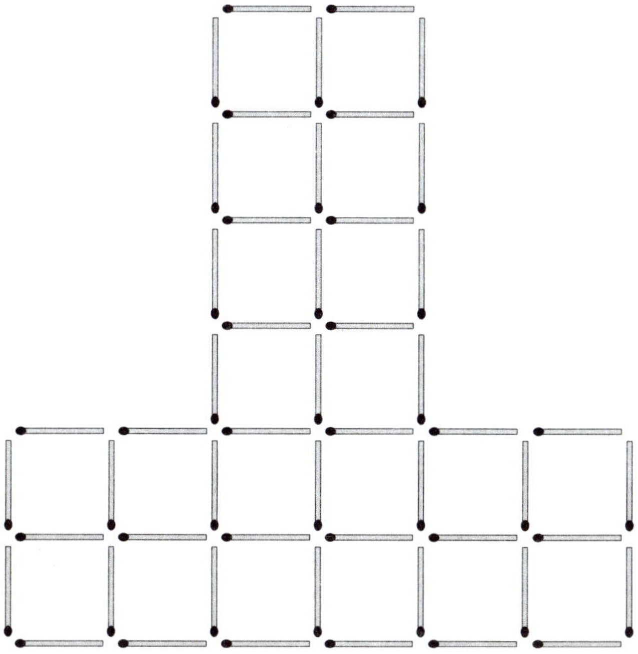

391. Eine Erbengemeinschaft, die aus fünf Parteien besteht, hat aus Zündhölzern den Grundriss ihres gemeinsam geerbten Grundstückes gelegt. Nun soll dieses Grundstück in fünf Teile gleicher Form und Größe aufgeteilt werden. Das Dumme ist nur, dass auf dem Grundstück ein Denkmal steht (kleines Quadrat), das nicht zum Erbe gehört. Helfen Sie der Erbengemeinschaft, indem Sie mit zehn Hölzern das Grundstück nach diesen Vorgaben einteilen.

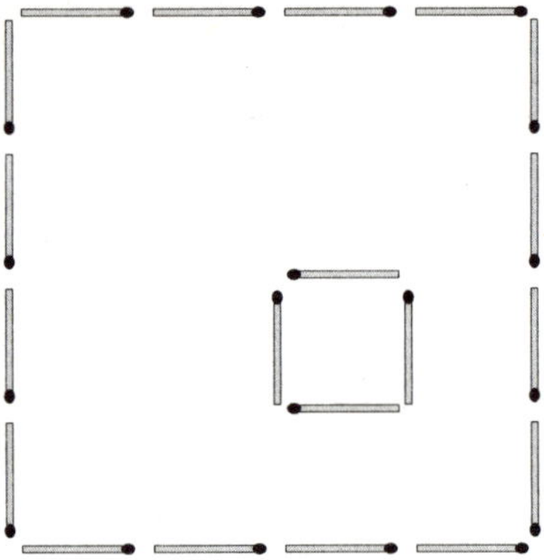

392. 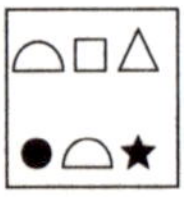 verhält sich zu 

wie 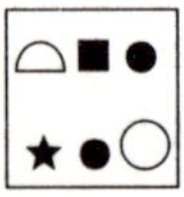

zu

a) 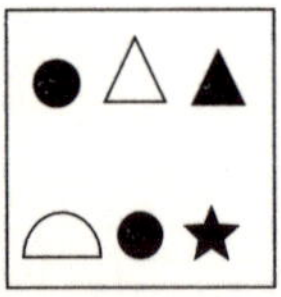

b) 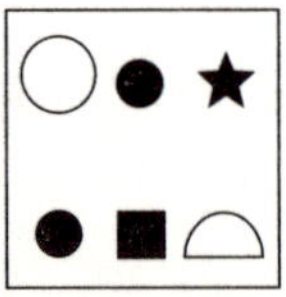

c) 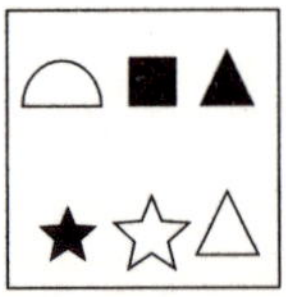

d) 

e) 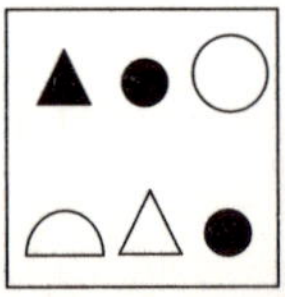

393. Sehen Sie genau hin und Sie werden 55 unterschiedliche Quadrate erkennen.

a) Entfernen Sie 20 Hölzer, sodass eine Figur aus zehn Quadraten übrig bleibt.

b) Entfernen Sie 24 Hölzer, sodass eine symmetrische Figur aus neun Quadraten entsteht.

394. Beginnen Sie bei der 2, und gehen Sie über die benachbarten Kreise weiter (nicht diagonal!). Sammeln Sie jeweils vier Zahlen. Wie viele verschiedene Wege führen zur Summe 22? Sie dürfen einen bereits zurückgelegten Weg auch nochmals in umgekehrter Richtung beschreiten; das zählt dann als zwei Wege.

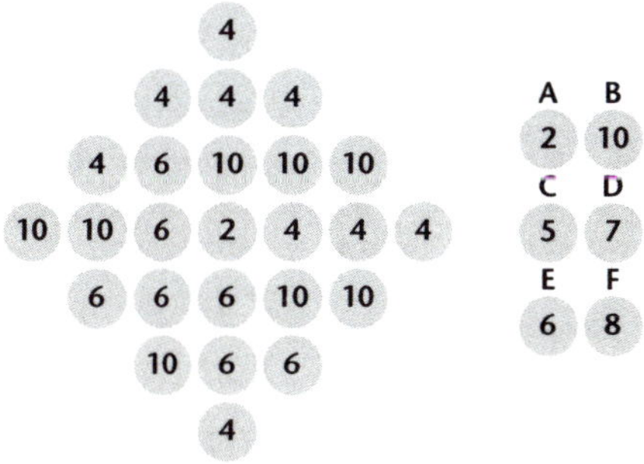

395.  verhält sich zu 

wie 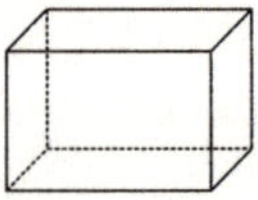

zu

a) 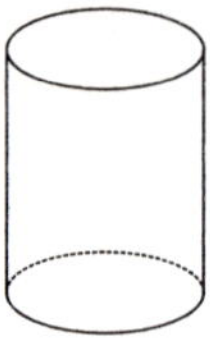

b) 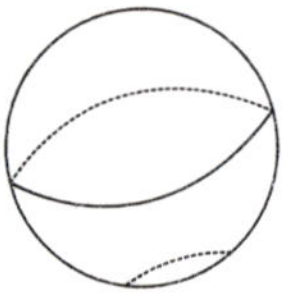

c) 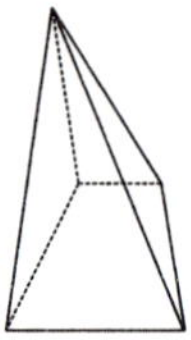

d) 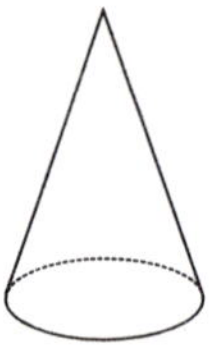

396. Wenn Sie genau hinschauen, können Sie 55 unterschiedliche Quadrate erkennen.

a) Nehmen Sie acht zusätzliche Hölzer. Nun legen Sie zwölf Hölzer an eine andere Position und fügen die acht Hölzer hinzu, um eine symmetrische Figur aus 25 identischen Quadraten zu erhalten.

b) Entfernen Sie 16 Hölzer, sodass eine ebenmäßige Figur, bestehend aus 13 übereinstimmenden Quadraten, gebildet wird.

397. In diesem Quadrat können Sie 55 unterschiedliche Quadrate erkennen.

a) Entfernen Sie 24 Hölzer, um eine gleichmäßige Figur, bestehend aus fünf Quadraten, zu erhalten.

b) Entfernen Sie 24 Hölzer aus dieser Figur. Es sollen drei Quadrate zurückbleiben.

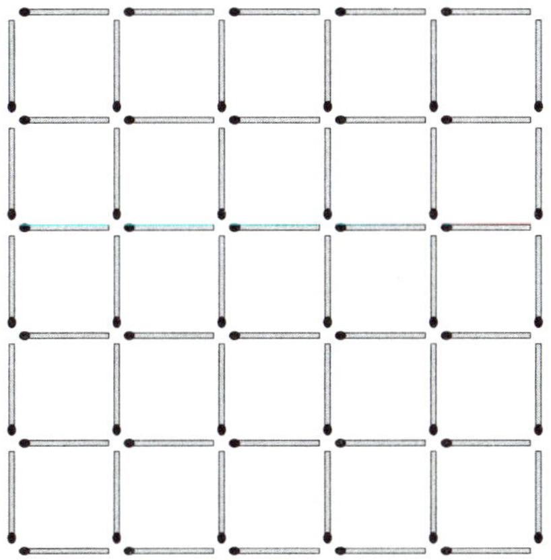

398. Bilden Sie im Kopf aus dem Wort LERNEN möglichst viele andere Wörter. Hinweis: Nicht alle Buchstaben müssen benutzt werden.

399. Prägen Sie sich folgende Wörter ein:

Haus, Garten, Fahrrad, Wohnzimmertisch, Kuh, Fensterbank, Zoodirektor, Malblock

Decken Sie dann die Aufzählung ab und zählen Sie von der Zahl 70 aus rückwärts. Ziehen Sie dabei jeweils 7 ab. Sobald Sie bei 0 sind, versuchen Sie, sich an die Wörter zu erinnern.

400. Rechnen Sie im Kopf: 48 x 117

Weitere Tipps und Anregungen

All diese kurzweiligen, teils leichten, teils kniffeligen Denksportaufgaben sollten eigentlich Motivation genug sein, täglich etwas für die grauen Zellen zu tun. Ein kleiner Trost: Obwohl Gehirnjogging eine der effektivsten Methoden ist, den Denkapparat in Schwung zu bringen, gibt es noch zahlreiche andere Möglichkeiten, tagtäglich etwas für die geistige Fitness zu tun. Davon handelt unter anderem dieses kleine Kapitel.

Einige Merk-Würdigkeiten

- Es ist **nie zu spät**, mit dem Training zu beginnen. Egal wie alt Sie gerade sind.

- Das Potential des Gedächtnisses ist praktisch **unbegrenzt. Motivation** und eine **positive Haltung** sind Faktoren, die Ihre Denkfähigkeit stark beeinflussen.

- Versuchen Sie, aus jedem Tag eine kleine **„Perle“** zu machen, an die Sie sich gern erinnern.

- Neue Ideen werden in einem Widerstreit zwischen **Chaos und Ordnung** im Gehirn kreiert. Sie brauchen diese beiden Zustände, um sich weiterzuentwickeln.

- **Effektive, einprägsame Stichworte** (denken Sie an das Wissensnetz) vergrößern die Kapazität Ihres Gedächtnisses in bemerkenswerter Weise.

Entdecken Sie den spielerischen Aspekt des Trainings

Gehen Sie spielerisch an die Aufgabe heran, Ihre grauen Zellen auf Trab zu bringen. Was Sie damit erreichen? Zum einen trainieren Sie dadurch Ihr Gehirn mehr **ganzheitlich**, weniger einseitig. Zum anderen entdecken Sie mit der Zeit selbst viele Möglichkeiten, Ihr persönliches Gehirnjogging kreativ zu gestalten. Natürlich sollten Sie auf dieses Buch immer wieder als Anregung bezüglich der Vielfältigkeit zurückgreifen. Vor allem auch, damit Sie nicht ausschließlich Ihre Lieblingsübungen mit ein und derselben Zielsetzung durchführen. Sie wissen ja, die Vielfältigkeit ist ein wichtiger Faktor für ein optimales Gehirnjogging.

Und nun noch einige Spielideen, die das tägliche Training ergänzen können. In ähnlicher Weise lassen sich viele anregende Beschäftigungen entwickeln.

„Eigenartige Beschäftigungen"

Blättern Sie noch mal zurück zur Aufgabe 139. Dieses Spiel eignet sich hervorragend für zwischendurch und lässt sich außerdem prima abwandeln.

Stau-Zeiten nutzen

Verkehrsstau am Morgen? Nutzen Sie ihn zu mathematischen Spielen. Für die ersten Kilometer bietet zum Beispiel die Division von 37:7 ausreichend Stellen hinter dem Komma.

Stadt-Land-Fluss

Dieses allseits beliebte Spiel ist für das Gehirn besser als Schach, sagen Forscher. Weil beim Spiel um den König nur der für Logik zuständige Teil des Gehirns gefordert wird. Bei Stadt-Land-Fluss jedoch wird zusätzlich die Fantasie angeregt.

Begriffe verknüpfen

Nehmen Sie (neue) Begriffe auf (zum Beispiel mit Hilfe eines Wörterbuchs), verarbeiten Sie diese blitzschnell und ordnen Sie sie wiederum anderen Begriffen zu. Diese Fähigkeit ist eines der Erfolgsgeheimnisse von Menschen, denen scheinbar alles mühelos zufliegt. Sie stehen auf Partys im Mittelpunkt, weil ihnen zu jedem Spruch noch ein besserer einfällt.

Begriffe bilden

Denken Sie sich Wörter aus, und bilden Sie daraus neue – im Zug oder in der U-Bahn oder sogar als anregendes Spiel für trübe Abende. In dem Begriff „Briefkasten" sind nicht nur die Wörter „Brief" und „Kasten" enthalten, sondern Sie können bis zu 200 (!) andere Wörter von „After" und „Arsen" über „Triebe" und „feist" bis zu „niesen" und „Tran" finden. Sie werden erstaunt sein, wie viele neue Begriffe sich bilden beziehungsweise finden lassen. Geben Sie also nicht vorschnell auf!

Telefon-Spiel

Lesen Sie während des Wählens die im Telefon- oder Adressbuch, aufgeschlagene Nummer nicht Ziffer für Ziffer ab. Schlagen Sie sie statt dessen kurz nach und wählen Sie die Nummer dann aus dem Kopf.

Endziel: Leseratte

Lesen ist ein besonders gutes Training fürs Gehirn. Und zwar regelmäßig jeden Tag mindestens zehn Minuten lang. Dies regt das Denk- und Gefühlszentrum an. Die Morgenzeitung flüchtig zu überfliegen reicht allerdings nicht.

Übung für TV-Gucker

Schauen Sie sich pro Woche zehn Minuten lang eine Thematik, die Ihnen neu ist oder langweilig erscheint, im Fernsehen aufmerksam an. Was meinen Sie, wie sich die „Wissensinsel" vergrößert oder Sie tausende von neuen Verbindungsfäden spinnen, wenn Sie dies zwei bis drei Jahre fortführen. Statt des Fernsehens können Sie auch Bücher oder Radiosendungen heranziehen. Achten Sie jedoch darauf, dass Sie stets Thematiken auswählen, die Sie bisher abgelehnt beziehungsweise als langweilig empfunden haben. Dies erweitert Ihren Horizont auf eine sehr spielerische Art und Weise. Frustrationserlebnissen und Blockaden, weil die Materie zu kompliziert oder zu trocken erscheint, bleiben durch die Kürze der Zeit aus.

Einige Hinweise zur Ernährung

Da Ihr Gehirn ständig arbeitet, sogar im Schlaf, müssen Sie es stets gut mit Nahrung versorgen. Es kann im Gegensatz zum Körper keine Nährstoffe speichern. Achten Sie deshalb auf eine „hirngerechte" Ernährung.

Eine besondere Rolle bei der optimalen „Gehirnnahrung" spielen in diesem Zusammenhang auch die **B-Vitamine** und **Magnesium.** Vitamin B_6 und Magnesium sind unter anderem reichlich enthalten in Feldsalat, Garnelen, Fenchel, Gerstengraupen und getrockneten Datteln. Wenn Sie 100 Gramm Pinienkerne knabbern, nehmen Sie 347 Milligramm Magnesium zu sich. Der Tagesbedarf liegt bei 300 Milligramm. In 100 Gramm Sesam sind 250 Milligramm Magnesium enthalten. Eine besonders gute Gehirnnahrung stellt auch Apfelsaftschorle dar.

Der durchschnittliche Nordamerikaner (in Europa steht diese Untersuchung noch aus), nimmt während seines Lebens rund 74 Tonnen Nahrung auf. Sein Körper setzt diese Nahrung derart effizient in Energie um, dass er – würde er mit Benzin betrieben – mit 0,26 Litern pro 100 Kilometer auskäme.

Nach Angaben einer Untersuchung über englische Grundschüler kann es passieren, dass mäkelige Esser, die sich als Kinder einer gesunden Kost verweigern, zwischen zwei und drei Zentimeter kleiner bleiben als ihre weniger wählerischen Mitschüler. Wie die Forscher herausfanden, kam es zu einem umso drastischeren Verlust an **Körpergröße**, je weniger abwechslungsreich das Essen des Kindes war. Bei Kindern, die drei oder mehr Nahrungsmittel ablehnten, betrug das Wachstumsdefizit dreieinhalb Zentimeter.

Die Art der Nahrung, die der Einzelne zu sich nimmt, wirkt sich auf die Leistung des Gehirns aus. Kinder, die stark zuckerhaltig essen, schneiden beispielsweise schlechter bei IQ-Tests ab und erzielen weniger gute schulische Leistungen als ihre besser ernährten Kameraden. **Kohlehydrate** erhöhen die **Seroton**-Konzentration im Gehirn, wodurch es zu Schläfrigkeit und einer geringeren Sensibilität kommt. **Eiweiß** hingegen senkt den Serotinin-Spiegel und erhöht so die geistige Fitness.

Der englische Psychologe *Hans Eysenck* fand heraus, dass sich der IQ von fehlernährten Kindern in Großbritannien um durchschnittlich neun Punkte erhöhen ließ, wenn Multivitamin- und Mineralienpräparate verabreicht wurden. Nach *Eysencks* Ansicht können Vitamine vielen Kindern helfen – auch in den Industrieländern. „Etwa ein Drittel unserer Kinder", vermutete er, „ist fehlernährt. Sie essen zu wenig Gemüse und Früchte und zu viel Fast food."

Was das Gehirn auf Trab bringt

- Wenn die **Hirndurchblutung** abfällt, wird zunehmend weniger und schließlich kein Sauerstoff mehr transportiert, der Stoffwechsel wird eingestellt. Auch die Funktionen der Organe hören auf. Um dem vorzubauen, stellen sich die Inder mehrmals täglich auf den Kopf. Dabei wird das Gehirn kurzfristig extrem stark durchblutet. Es denkt sich danach besser.

- „Erwärmte Hirne machen weniger Denkfehler". Wer gut und oft Walzer tanzt, wird nach und nach immer liebenswürdiger. **Walzertanzen** stimuliert nämlich die rechte, für Emotionen zuständige, Hälfte des Gehirns, die im heutigen, mehr verstandesmäßig orientierten Zeitalter ständig zu kurz kommt.

- **Kaugummikauen** aktiviert das Gehirn. So lange Sie kauen, schlafen Sie nicht ein. Oder haben Sie schon einmal jemanden gesehen, der beim Essen – während des Kauens – einschlief?

- Wer eine eher sitzende Tätigkeit ausübt, sollte Folgendes beachten: Bei **leichter Bewegung** lässt es sich viel fließender denken. Stehen Sie daher öfter einmal auf und sorgen Sie für leichte Bewegung. So auch beim Telefonieren. Erstens klingt Ihre Stimme dann viel voller und nachhaltiger. Zweitens fließen die Gedanken. Die Folge: Sie drücken sich klarer aus. Übrigens ist diese nutzbringende Vorgehensweise uralt. Schon zu *Aristoteles'* Zeiten wandelten die *Peripatetiker*, die Philosophen der alten Zeit, beim Gedankensammeln leichten Schrittes in ihren Wandelhallen umher. Bewegen auch Sie sich beim Denken! Die **erhöhte Sauerstoff-Aufnahme** steigert die Stoffwechsel-Geschwindigkeit und damit die Denkleistung.

- Eine weitere Möglichkeit, Ihre Denkfähigkeit um über zehn Prozent durch stärkere Gehirndurchblutung während eines „Schreibtischtags" zu steigern, besteht darin, halbstündlich aufzustehen. Lassen Sie dabei abwechselnd Arme und Beine zwei Minuten kreisen. Danach setzen Sie sich wieder.

Zukunftsvisionen

Für Deutschland als Dienstleistungsland ist die geistige Beweglichkeit viel wichtiger als für irgendein Rohstoffland. Stellen Sie sich vor, innerhalb der Volkswirtschaft könnte der durchschnittliche Intelligenzgrad um zehn Prozent erhöht werden. Dies ist wirklich kein Hexenwerk. Was würde das für uns alle bedeuten? Sicherlich wäre dies ein größerer Schatz, als wenn zwischen Flensburg und Konstanz Öl gefunden würde. Es wäre von einem hohen volkswirtschaftlichen und praktischen Nutzen für Deutschland.

Und vergegenwärtigen Sie sich einmal, welchen Nutzen die Erhöhung des Intelligenzgrades in Ihrem persönlichen Umfeld mit sich bringt. Sie merken sehr schnell, dass eine höhere Intelligenz einen täglich erfahrbaren praktischen Nutzen hat. Wie schön wäre es, wenn Menschen bei ihrer täglichen Arbeit, in der Diskussion mit ihrem Arbeitgeber, mit ihren Kunden, vor großem Publikum schnelleren und intensiveren Zugriff auf ihre Ressourcen hätten? Denn gerade in sogenannten Stresssituationen kommt es zu „Blockaden", die das ansonsten verfügbare Maß an geistiger Fitness reduzieren. Doch denken Sie stets daran: Nicht das Gedächtnis ist der Engpass, sondern der **Kurzzeitspeicher.** Deshalb sollten Sie ihn stärker trainieren als das Gedächtnis. Das Speichern guter Ideen, neuen Wissens und vielfältiger Anregungen sichert Ihnen eine gute persönliche Wissensordnung. Damit wird Ihr Kopf frei für ein erfolgsträchtiges Denken und Handeln.

Der amerikanische Neurologe *Richard M. Restak* behauptet, dass wir 90 Jahre lang jede Sekunde eine Null schreiben müssten, nur um die Zahl der in unserem Gedächtnis gespeicherten Daten, Fakten und Ereignisse wiederzugeben. Die Informationen, die unser Gehirn aufgenommen hat, könnten ein zehn Milliarden Seiten dickes Lexikon füllen. Mit seiner ungeheuren Kapazität bildet das Gedächtnis ein Bindeglied zwischen Vergangenheit, Gegenwart und Zukunft und hilft uns dabei, unsere persönliche Identität zu wahren, während wir unsere Ideen, Fertigkeiten und Pläne dem Wandel der Welt anpassen und laufend auf den neuesten Stand bringen.

Lösungen:
Haben Sie's gewusst?

1.

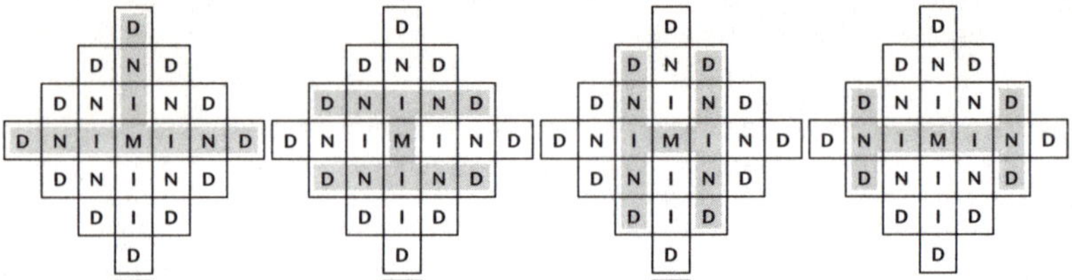

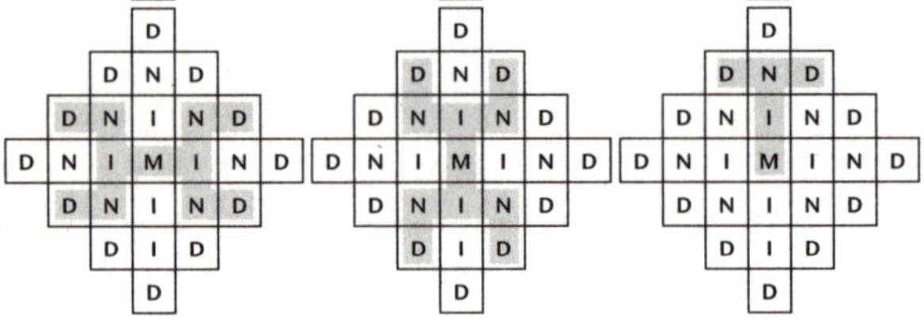

Anzahl:
3+4+4+4+4+4+2
Summe: 25

2. Die gesuchten Buchstaben lauten von oben nach unten GEHIRN.

3. Lösung: A

4. Die drei Wörter heißen: Ton, Lösung, frisch

5. Die drei fehlenden Wörter sind:
a) Bein (die Reihe führt vom Teil zum Ganzen)
c) Zeiger (zum Anzug gehört die Jacke und die Hose, zur Uhr gehören Zeiger und Zifferblatt)
d) kurz (von innen nach außen ist jeweils das Gegenteil angegeben)

6. Nach 7,5 Jahren liegen die Planeten zum ersten Mal auf einer Linie. Der äußere hat dann einen Viertelumlauf hinter sich, der mittlere 2 3/4 Umläufe und der innere 7 1/2 Umläufe. Die Stellung nach 7,5 Jahren sieht so aus:

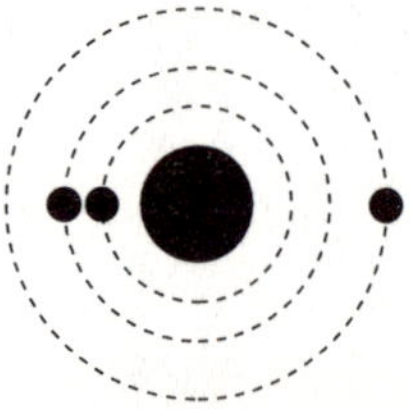

7. Die gesuchten Zahlen sind:
   a) 1; 9. Die obere Reihe besteht aus den ungeraden Zahlen von 11 abwärts, die untere Reihe aus den ganzen Zahlen von 4 aufwärts.
   b) 2160; 1440. In beiden Reihen ist die folgende Zahl immer die vorhergehende Zahl, multipliziert mit einer ganzen Zahl. Diese ganze Zahl erhöht sich in jedem Schritt um 1. Also ergibt sich:
   obere Reihe:
   3 3x2 6x3 18x4 72x5 360x6 = 2160
   untere Reihe:
   2 2x2 4x3 12x4 48x5 240x6 = 1440
   c) 16; 18. Beides sind fortlaufende Reihen, bei denen jeweils die dritte Zahl fehlt.
8. Die Wortendung heißt EIL oder AU.
9. 3/3 + 3 oder 3:3 + 3
10. Die Untertasse wiegt 40 Gramm (die Tasse also 80 Gramm).
11. Die Nachricht in dem Brief lautet: „Lieber Leser, es ist geschafft." Ausgelassen wurden die Buchstaben R,S,T,F,G.
12. Es handelt sich um die beiden Wörter „schwarz" und „Schuh".
13. Die 600 Kerzenreste ergeben insgesamt wieder 119 neue Kerzen. (Aus 600 macht man 100 Kerzen, bleiben also 100 Reste, daraus macht man 16 neue Kerzen, 4 Reste bleiben übrig, dazu die 16 neuen Reste, also insgesamt 20 Reste, aus diesen macht man 3 neue Kerzen. Also zusammengerechnet: 100 + 16 + 3 = 119.)
14. Drei Quadrate und ein Rechteck, denn jeder Stern entspricht einem Quadrat, jeder Kreis einem Rechteck.
15. Durch Umstellen der Buchstaben ergeben sich die Wörter: Karotten, Datteln, Apfelsinen, Kirschen, Kartoffeln. Das einzige Wort, das kein „a" enthält, ist das Wort „Kirschen". Die Lösung heißt also: ENSKIRCH.
16. 48 (Die Reihe ist so aufgebaut, dass sich jede Zahl aus der vorhergehenden dadurch ergibt, dass man eine bestimmte Zahl dazuzählt. Diese bestimmte Zahl ist immer das Doppelte der im Schritt vorher dazugezählten, beginnend mit 2. Also:
   18 x 2 = 20, 20 + 4 = 24, 24 + 8 = 32, 32 + 16 = 48
17. Die Figur enthält 26 Kreise.
18. Der Psychiater heißt Dr. Köster.
19. Die fehlende Zahl ist die 24. Die Zahlen wachsen im Gegenuhrzeigersinn um jeweils eine Zahl an, die um 1 größer ist als die vor-

hergehende. Deshalb wäre auch die Lösung 3 richtig, denn dabei fallen die Zahlen im Uhrzeigersinn um jeweils eine Zahl, die um 1 kleiner ist als die vorhergehende.

20. Elfmeterschießen beim Fußball und der Tormann hält.

21. Styx

22. Portugal, obwohl zu Lusitania auch ein Teil von Spanien gehört.

23. Henry Fords erfolgreiches Automodell, auch als T-Modell bekannt.

24.

D	B	C	E	A
E	A	D	B	C
B	C	E	A	D
A	D	B	C	E
C	E	A	D	B

25. Dynamit, Sprengstoff

26. Guernsey, Jersey, Alderney, Sark und Herm

27. Bogenschießen

28. Die fehlende Figur muss Nummer 3 sein. (Die Hauptfigur wird um 180 Grad gedreht, die zwei weißen Streifen werden schwarz und die drei schwarzen Streifen weiß, die drei kleinen Figuren wandern im Gegenuhrzeigersinn um eine Position weiter.)

29. b) 16, nämlich 4 mit sich selbst multiplizieren; oder
c) 24, zweite Ziffer identisch, erste die Hälfte davon

30. b) Boden – oben und unten

31. c) Kugel – drei- und zweidimensional

32. James war Erster, gefolgt von John, Walt und Joe.

33. Er sagte: „Ich werde erschossen." Wenn er erschossen würde, wäre es die Wahrheit, und wenn sie ihn hängen würden, wäre es eine Lüge. So ließen sie ihn frei.

34. Der Buchstabe A steht für die Zahl 15, jede Fläche entspricht der Zahl 3. Wenn zwei sich überdecken, steht dort die Zahl 6, bei drei Überdeckungen die Zahl 9 usw. An der Stelle A überdecken sich 5 Flächen.

35. d) Zeughäuser, wo Waffen aufbewahrt werden.

36. b) Arbeit – Belohnung für eine Anstrengung.

37. d) Regen – das Wort umgekehrt gelesen.

38. Die zweite weiße Figur, aber mit der Spitze nach oben. Das Muster beginnt mit drei schwarzen Sternen, die sich mit den weißen Figuren abwechseln; dann beginnt es von neuem mit denselben Figuren, die nun auf dem Kopf stehen.

39. 9 DM; rechnen Sie es Schritt für Schritt.

40. Der Schnitt verläuft von 7 nach 17. (Das so abgeschnittene Dreieck kann links unten angefügt werden, sodass sich ein Rechteck ergibt.)

41. b) Golf

42. c) Landkarten

43. a) Getreide

44. Setzen Sie den Kreis in die linke untere Ecke, dann muß Ihr Gegner verlieren.

45. 480 (480 : 5 = 96, 96 : 4 = 24, 24 : 3 = 8, 8 : 2 = 4, 4 : 1 = 4).

46. Sie ist eine Lügnerin. Kein Lügner würde von sich behaupten, dass er ein Lügner sei, daher sagt sie nicht die Wahrheit.

47. 6 DM. Der Ladenbesitzer nimmt eine Mark pro Buchstabe des Artikels, den sie kaufen.

48. c) Beide wachsen auf Bäumen. Erdnüsse und Kartoffeln unter der Erde.

49. b) Im zweiten Paar spricht man Portugiesisch, im ersten Paar wird spanisch gesprochen.

50. c) 32° ist der Gefrierpunkt auf der Fahrenheit-Skala, wie 0° auf der Celsius-Skala.

51. A (Die Struktur ist so aufgebaut: Die obere waagerechte Zeile entspricht von der Anordnung der Ziffern her der linken senkrechten Spalte. Gleich sind ebenfalls die rechte senkrechte Spalte und die untere waagerechte Zeile. Darüber hinaus gibt es in dem Quadrat noch weitere Entsprechungen – finden Sie sie?)

52. Der zweite Wagen wird nie den ersten, der schneller ist, einholen.

53. a) Keine Beine haben Fische und Waage,
b) Zweibeinige sind Wassermann, Jungfrau und Schütze,
c) Mindestens vier Beine haben Steinbock, Widder, Stier, Zwillinge, Krebs, Skorpion, Löwe.

54. Michaela studiert Biologie in München.

55. Hier gibt es keine Lösung!

56. F) 15 : 3 x 4 = 20

57. Der Ball

58. (Keine Lösung)

59. Wand, Rand, Sand, Hand, Tante, Tank, Bande, Kantate, lang, Bekannte, schlank

60. Nein. Es ist immer eine Straße dabei, die nicht genau drei andere kreuzt.

61. a) 29 (Die Differenz zwischen zwei Zahlen steigt immer um 1);
b) 384 (Die Zahlen werden jeweils verdoppelt.);
c) 469 (Die Zahlen werden jeweils verdoppelt und vom Ergebnis wird abwechselnd 1 abgezogen oder 1 hinzugezählt.);

d) 10080 (Die Zahlen werden mit einer um jeweils 1 erhöhten Zahl malgenommen; die erste Zahl mit 2, die zweite Zahl mit 3 und so weiter.)

62. vor Christi = vor unserer Zeitrechnung

63. WIEN, TOKIO, OSLO, LEIPZIG, KÖLN, BERLIN, MÜNCHEN, ESSEN, TURIN, PARIS, LONDON

64. Jawohl, es gibt kreuzungsfreie Wege.

65. B (Die Summe jedes Doppelsektors beträgt 12.)

66. E (Die jeweilige Zahl gibt die Stellung des Buchstabens im Alphabet wieder.)

67. Auf dem Empfang waren 8 Paare, also 16 Personen.

68. Die sechs Wörter PATERNOSTER, SCHLUSSREDAKTION, BERNSTEIN, RATTENSCHWANZ, MEISTERSINGER und SEITENSPRUNG enthalten den kompletten Buchstabensatz STERN.

69. Anna liest ein Buch.

70. Ja, eine solche Zahl existiert:
2 x 4938271605 = 9876543210.

71. A = 1, B = 3, C = 7, D = 8

72. E (Der Stundenzeiger geht um 1, 2, 3, 2, 1 Stunden jeweils zurück.)

73.

Rechen	+ Schieber	= Rechenschieber
Infant	+ Erie	= Infanterie
Steuer	+ Mann	= Steuermann
Nacht	+ Eile	= Nachteile
Eins	+ Tand	= Einstand
Ei	+ Sack	= Eisack

74. Handtuch

75. (Keine Angabe der Lösung)

76.

O	N	N	Z	E	M	L	K	J	I	H	P	O	N	Y	T
M	L	N	A	T	S	Y	E	Z	A	B	C	D	G	R	E
F	G	L	H	R	T	T	R	A	B	I	X	W	U	Y	I
O	P	Q	R	E	S	S	B	T	B	U	H	G	D	L	B
G	N	U	T	I	E	L	J	L	T	Y	Y	N	K	U	L
I	O	H	K	R	I	Z	N	A	O	R	M	L	A	H	G
G	F	A	G	T	E	N	N	U	E	O	G	O	G	E	D
E	H	N	S	S	X	K	I	B	H	S	L	B	R	A	W
I	V	N	A	U	X	T	L	E	B	E	N	T	L	B	Z
R	A	V	W	L	U	C	H	O	T	A	U	A	L	N	J
A	C	N	S	L	X	P	M	O	M	M	A	E	R	K	N
H	A	H	N	I	E	N	F	R	Y	G	I	H	X	M	Z

77. Léonie lebt mit vier Katzen zusammen.

78. a) o (Es wird jeweils ein Buchstabe ausgelassen.);

b) v (Die Differenz zwischen zwei Buchstaben steigt immer um einen Buchstaben.);

c) b (Die Buchstabenfolge geht jeweils um eine um 1 erhöhte Anzahl zurück);

d) k (Die Differenz zwischen dem ersten, dritten, fünften, siebten und neunten Buchstaben erhöht sich jeweils um1.)

79. B

80. C (In jedem Dreieck führt die Addition der beiden unteren Zahlen zu der oberen Zahl.)

81. Zwanzig Uhr + zehn Stunden = sechs Uhr

82. (Keine Angabe der Lösung)

83. In dieser Figur sind 34 Dreiecke enthalten, drei Dreiecke sind als Beispiele eingezeichnet.

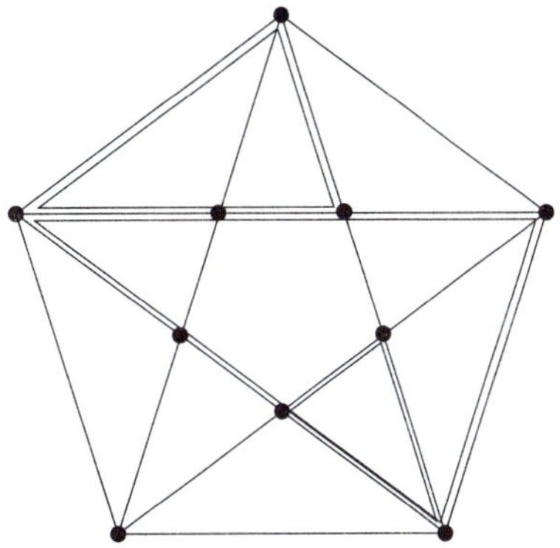

84. Sie fallen immer ins selbe Jahr!

85. Verlosung, Schleppe, Ausguss, Karteikasten, Kehlkopf, Salzsäule, Zahnschmelz, Demokrit, Referenz, Tummelplatz. Die Fortbewegungsmöglichkeit heißt: Sessellift.

86. Nur die Zahlen 1, 2 und 3 entsprechen dieser Forderung.

87. a) 000000 (Es wird jeweils eine Null hinzugefügt.);

b) +0000 (Es wird zuerst die Zahl mit linkem und mit rechtem Vorzeichen geschrieben, dies wird mit den folgenden, um eine Null erhöhten Zahlen weitergeführt.);

c) –+ (Das Pluszeichen muss im Dreierschritt auf jeder Position einmal stehen.)

88.

2	X	4	–	1	= 7
X		–		X	
9	X	4	:	6	= 6
:		+		–	
3	X	5	:	5	= 3
= 6		= 5		= 1	

89. Nur um 7 Uhr 30 sind die genannten Bedingungen erfüllt.

90. Die Vorfahren

91. Mit h, und zwar am Ende.

92. E (Die rechten Waagschalen der Waagen 1 und 2 zusammengefasst.)

93. C (Die äußersten Felder ergeben als Summe jeweils 9.)

94. 1. Straßenschild, 2. Wellenkamm, 3. Linse in der Optik, 4. Vogel Strauß, 5. Farbton.

95. Die Aufteilung muß folgendermaßen erfolgen:

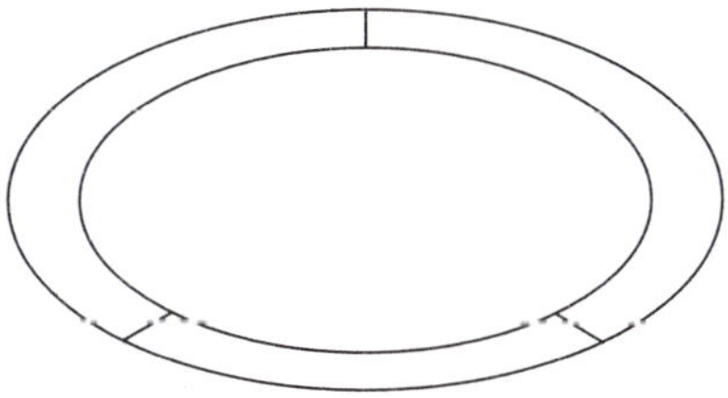

96. Noten

97.

$$\begin{array}{r} 888 \\ 88 \\ 8 \\ 8 \\ +\ 8 \\ \hline 1000 \end{array}$$

98.

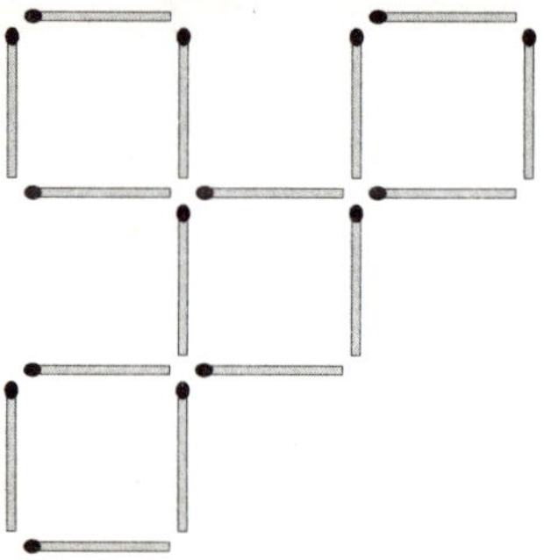

99.

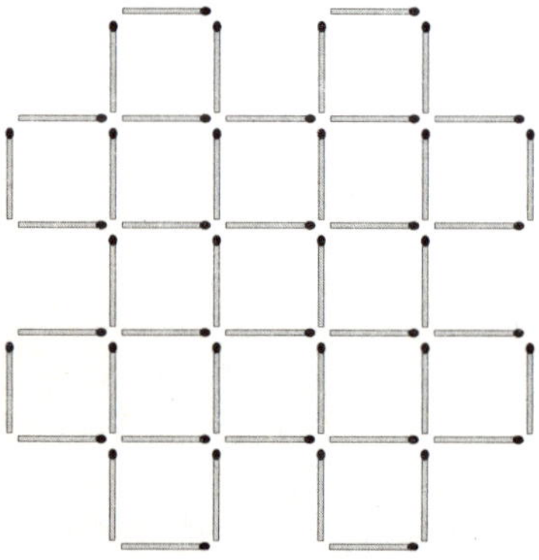

100. a) Getreide, b) Naturerscheinungen, c) Luftverkehrsmittel, d) Farben, e) Gefühle, Emotionen, Affekte.

101. Am Nordpol

102. Das Wort „falsch"

103. Es sind mindestens drei Kinder.

104. a) drei, b) Hamburg, c) Kanada, d) Aschaffenburg, e) Kampffisch.

105. Zahn

106. Haben Sie's geschafft? Es sind 8 Dreiecke, 5 Rechtecke und 5 Quadrate.

107. Cornelia ist sieben Jahre alt.

108. E (Waagerecht von oben bis zur Mitte gelesen, ergeben sich Zweierschritte von 2 bis 32; die gleiche Reihenfolge erhält man, wenn man unten anfängt.)

109. A (Reihe 1 minus Reihe 2 ergibt Reihe 3.)

110. Mögliche Lösungen sind: Ast, Saat, seit, Seite, Aster.

111. Keine, vom Nordpol aus gesehen liegt alles südlich!

112.

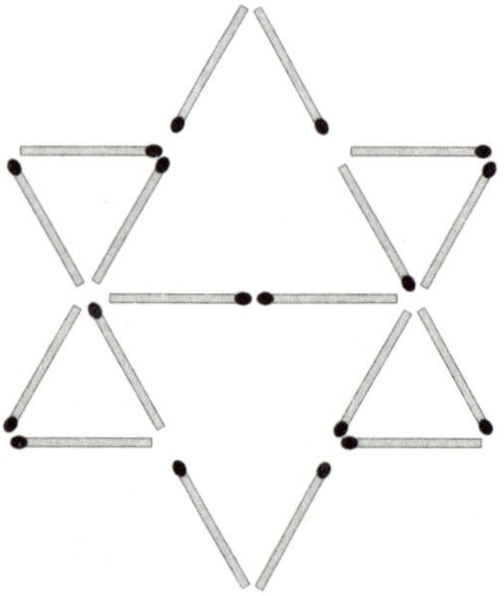

113. C

114. Lösungsbeispiele: Enkel, Wandel, Onkel, Halunke, Wieland, Eiland, Handel, Sauna, Hilde, Klaus, Elend, Nelke.

115. Ja, ich habe den Pyjama an.

116. Zehn

117. Keine Lösung!

118. Keine Lösung!

119. Gäbe es nur einen betrogenen Ehemann, würde er seine Frau am ersten Morgen verjagen, da ihm keine untreue Frau bekannt ist und er doch weiss, dass es mindestens eine gibt (es sich also um seine handeln muss). Gäbe es zwei betrogene Ehemänner, wüsste jeder, dass der andere betrogen ist und würde erwarten, dass dieser seine Ehefrau am ersten Morgen verjagt. Da dieses Ereignis nicht eingetreten ist, schließt jeder daraus, dass der andere das Gleiche erwartet hat, dass es folglich zwei untreue Frauen geben muss – und eine davon die eigene ist. Beide Ehemänner müssten also ihre Frauen am zweiten Morgen verjagen. Und so weiter, bis die vierzig Ehemänner ihre vierzig Frauen am vierzigsten Morgen verjagen.

120. D

121. A

122. Antwort 1 ist richtig:

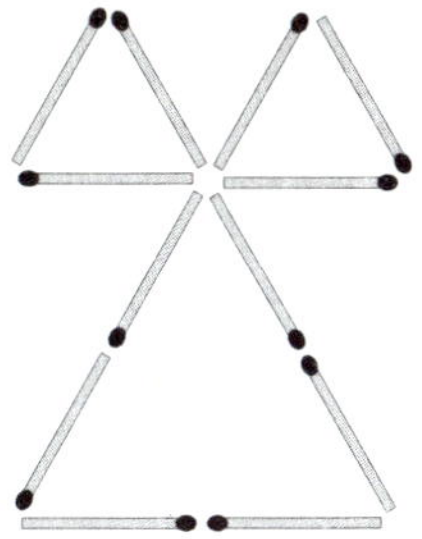

122. 2.

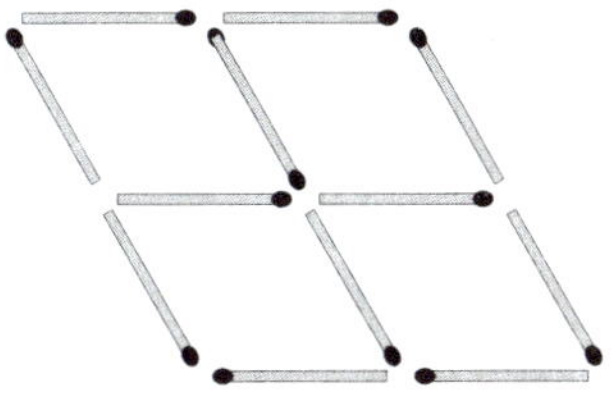

123. Es sind 35 Quadrate. Drei Möglichkeiten sind als Beispiele eingezeichnet:

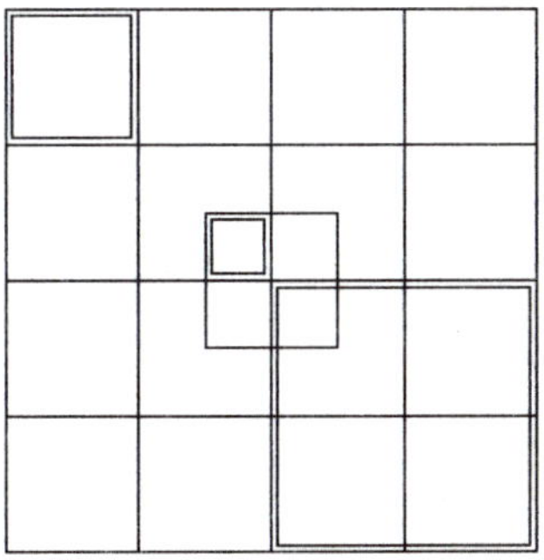

124. Die Libellen schlugen die Wespen 2 : 0.

125. Lösungsvorschläge: 1. Rad, 2. Gewerbe, 3. Pulver, 4. Schrift, 5. Schmerz, 6. Meister, 7. Fass, 8. Reform, 9. Führer, 10. Geber.

126. Das Foto zeigt den Betrachter.

127. (Keine Angabe der Lösungsmöglichkeiten)

128. a) Denken macht Freude,
b) Entspannung ist auch wichtig oder: Auch Entspannung ist wichtig;
c) Ich trinke eine Tasse Tee;
d) Eine Taube fliegt über meinen Garten;
e) Zwei Kinder laufen schnell die Straße entlang;
f) Graue Wolken ziehen zu Weihnachten über den verschneiten Berg.

129. 8 x Oval + 15 x Kreis – 9 x Sechseck = ?
8 x 4 + 15 x 7 – 9 x 5 = 92

130. Ceasar und Kleopatra waren Goldfische, das Aquarium ist runtergefallen.

131. D (Die Zahlen in den Dreiecken ergeben fortlaufend die Summen 3, 5, 7, 9 und so weiter.)

132.

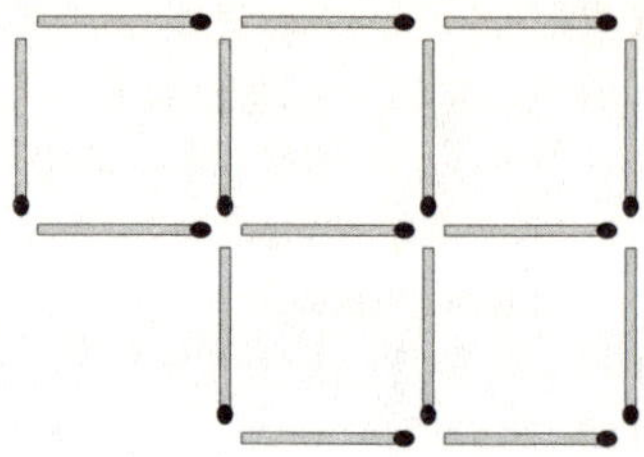

133. (Keine Angabe der Lösungsmöglichkeiten)

134. Maximal fünf Wiegevorgänge sind erforderlich. Zuerst werden auf jeder Schale 67 Münzen gewogen, später je 20, 9, 3 und 1 Münze.

135. 1.

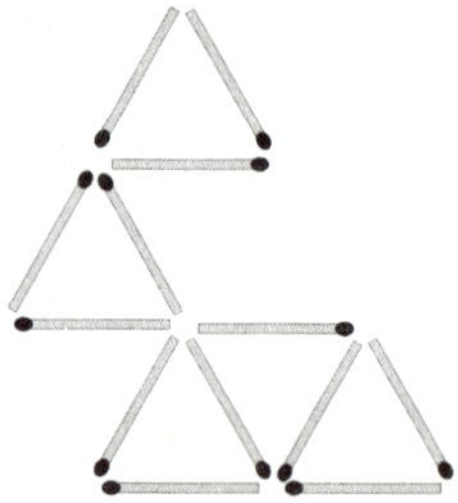

2.

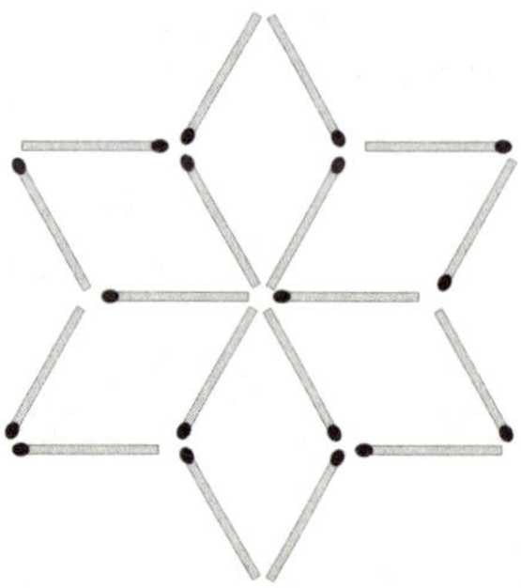

136. D (Für jeden Doppelsektor wird die Summe gebildet. Beginnt man bei 1 + 1, nehmen die Summen, im Uhrzeigersinn gelesen, jeweils um 1 zu.)

137. B

138. Das M

139. (Keine Angabe der Lösungsmöglichkeiten)

140. c) Schalentiere

141. So kommt Xaver zu seiner Geliebten:

142. E (Waagerecht und senkrecht ergibt sich die gleiche Zahlenfolge.)

143.

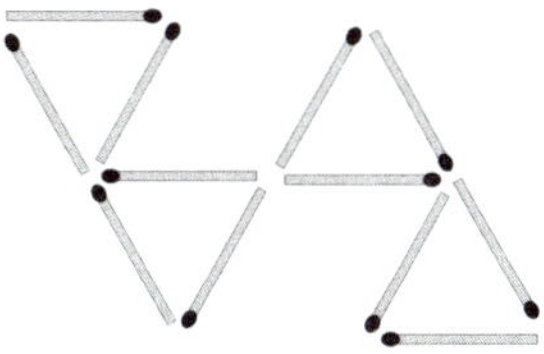

144. Mit dem T

145. c) Erde

146. Leerer Bauch studiert nicht gern.

147. 1. Garten, 2. Eselsohr, 3. Heimat, 4. Imker, 5. Rettung, 6. Nahrung; Lösungswort: GEHIRN.

148. Natürlich Rauch!

149. 1. Regal, real, Alge, egal, Gel, Rage, Lage; 2. gesund, und, es, Ei, Segen, Nest, Hund, Idee, Teig, ein, seit, Geist, Hut; 3. Ei, ein, hier, Gier, gern, nie; 4. Regen, Gen, Ren, gern.

150. Der Buchstabe Y ist nicht vorhanden.

151. (Keine Angabe der Lösung)

152. Die Schlossallee beim „Monopoly“

153. Gehirntraining

154. Folgende Vierecke sind in der Figur enthalten:

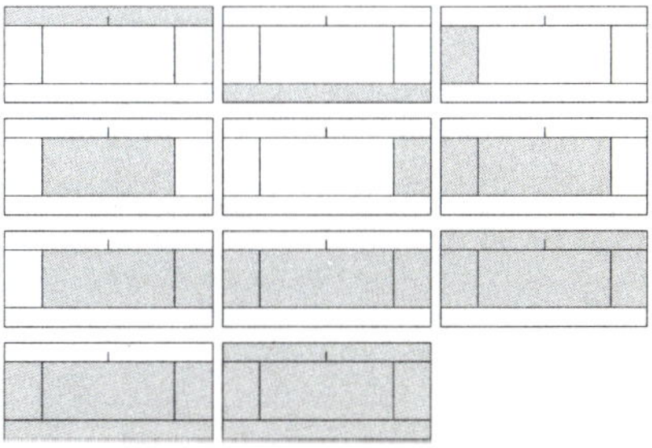

155. Das Lösungswort lautet: Nelke

156. (Eine) Faust

157. Raumschiff: Weltall, Nacht: Tag, Schreiner: Tisch,

Fahrrad: Lenker,
Tankstelle: Benzin, Uhr: Zeit,
Trinken: Durst, Blume: Nektar,
Bild: Farbe, Schirm: Nässe

158. A) 3 + 4 + 5 x 2 - 1 = 23
B) 124 - 91 + 12 : 5 = 9
C) 4 x 3 + 21 - 8 = 25
D) 10 : 2 +4 x 3 = 27

159.

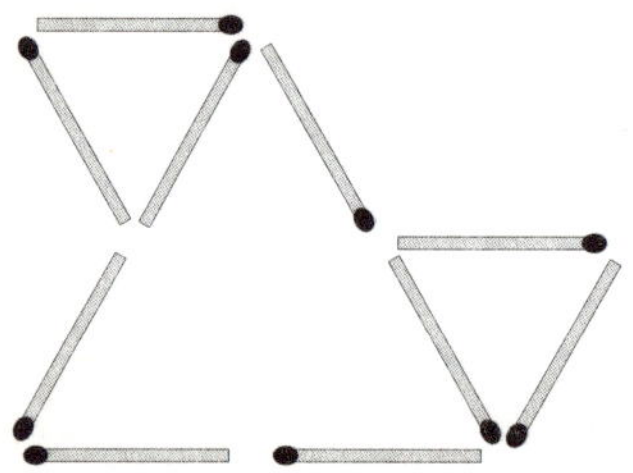

160. B

161. (Keine Angabe der Lösung)

162. 19

163. Drei Stück

164. Die Ferkelchen müssen über die Kreise mit den drei Punkten laufen, die von links oben nach rechts unten verlaufen.

165. 1. Margerite, 2. Tulpe, 3. Veilchen, 4. Edelweiss, 5. Narzisse, 6. Orchidee

166. Der Bauer ist eine Schachfigur.

167. c) Tal (Die zweite Analogie umfasst natürliche Höhlungen und Löcher, die erste solche, die von Menschenhand geschaffen wurden.)

168. Es sind genau 29 Bleistifte.

169. Kanne, Kiste, Kreis, Krumm, Kasse.

170. (Keine Lösung)

171. E (Der Zeiger wird jeweils um 1,5; 3; 4,5; 6; 7,5 Stunden und so weiter vorgestellt.)

172. Rechts

173. Peter

174.

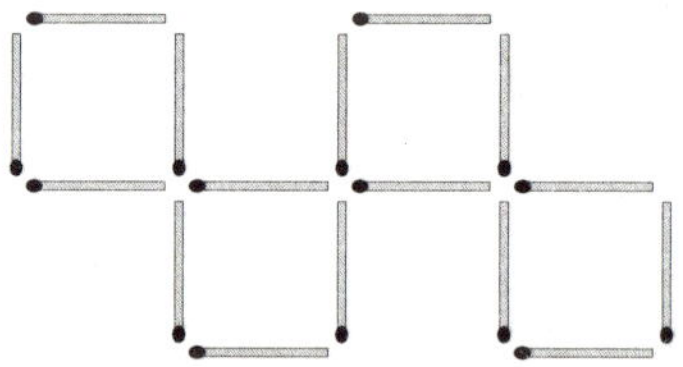

175. B

176. B

177. London

178. Einen Bruder

179. Die Fliege fliegt 30 Kilometer. Keine der Angaben ist wichtig, außer, dass die Fliege mit einer Geschwindigkeit von 60 Stundenkilometern fliegt und dass sie eine halbe Stunde unterwegs ist. Deshalb fliegt die Fliege 30 Kilometer weit.

180. Die Blume heißt: Herbstzeitlose

181. (Keine Angabe der Lösung)

182. (Keine Angabe möglich)

183. Die Schwiegertochter

184. 1. Zwei Personen, 2. Ja, Pantoffel, 3. drei Palmen.

185. c (Merkur; Zeus und Hermes sind griechische Götternamen, Jupiter und Merkur deren römisches Gegenstück.)

186. B

187. D

188. Michael ist der Älteste.

189.

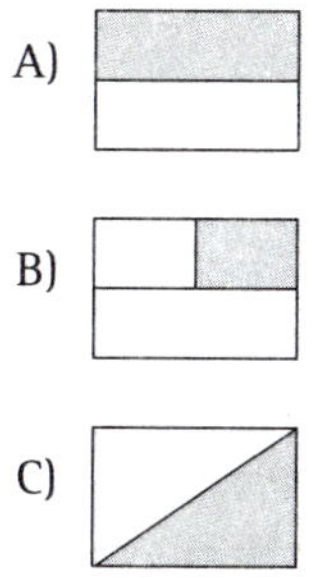

190. (Keine Lösungsangabe)

191. b) Flugzeuge

192. Doktor Müller ist eine Frau, nämlich die Mutter des Kindes.

193. Sie heben das Straßenschild auf und drehen es so, dass der Pfeil samt Name „Hundshausen“ in die Richtung zeigt, aus der Sie gekommen sind. Dann zeigen die übrigen Pfeile automatisch in die richtige Richtung.

194. 1. 21 Kilometer; 2. 3,5 Kilometer; 3. Ja; 4. Ncin.

195. 99.637.543.667.345. Wenn Sie die Hälfte irgendeiner Zahl nehmen und sie verdoppeln, erhalten Sie wieder die ursprüngliche Zahl.

196. Z für „Zehn“. Die Buchstabenfolge bedeutet nämlich: Eins, Zwei, Drei, etc.

197. F (Die Zahl entspricht der Stellung im Alphabet).

198. 1.

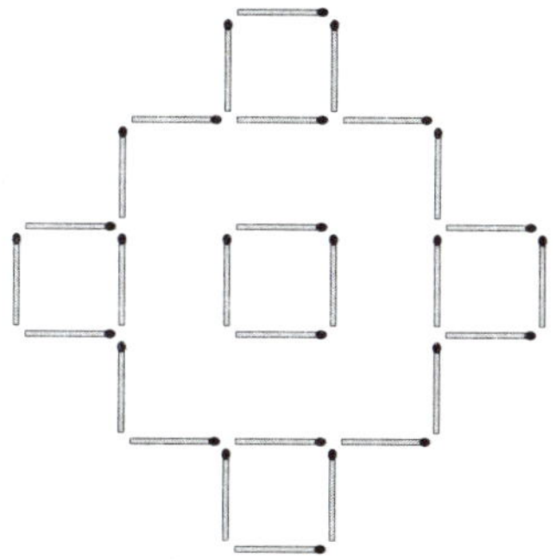

2.

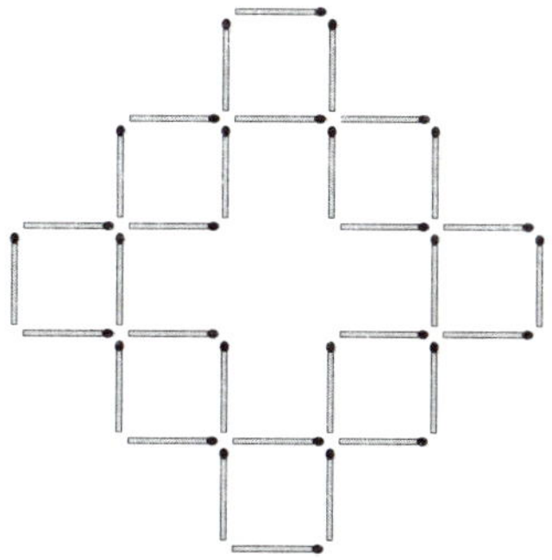

199. Eineinviertel Stunden sind 75 Minuten, da ist kein Unterschied.

200. C

201.

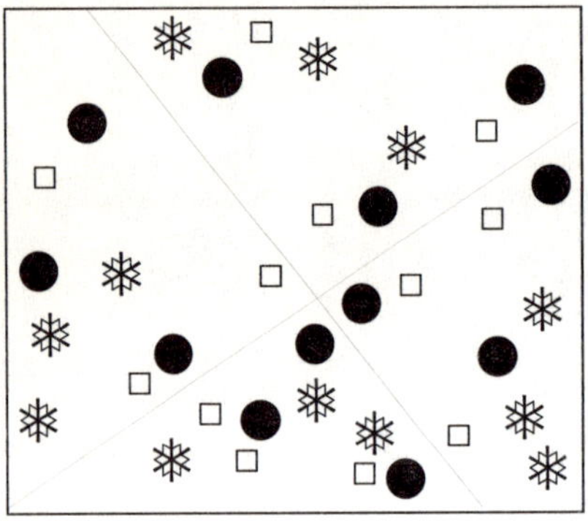

202. Am achten Tag. Wenn der Baum seine Höhe jeden Tag verdoppelt, war er am neunten Tag einen Meter hoch und am achten Tag 50 Zentimeter.

203. 18 Tage. Am 18. Tag erreicht die Schnecke die Zwei-Meter-Marke und kriecht raus. Sie muß nicht mehr zurückrutschen.

204. Es sind die Würfel B und D. D ist der Würfel B, um 90 Grad gekippt. (Die Summe der Punkte auf zwei gegenüberliegenden Seiten muß immer 7 betragen.)

205. 3 – nämlich ein „Punkt" für jeden Vokal

206. 8 (Es sind zwei ineinander verschränkte Zahlenreihen, die beide mit Null beginnen. Die eine lautet 0, 1, 2, 3, 4; die andere 0, 2, 4, 6, 8.)

207. Drei Neuner kommen in Frage; 3 multipliziert mit 6 macht 18.

208. Die gleiche Anzahl Sprossen, so lange das Boot schwimmt.

209. Zwölf, wie in jedem Dutzend

210. Es sind 30 ★ und 14 ❍.

211. c)

212. 252 DM

213. 24 (Ein Teenager kann eine Pizza in eineinhalb Tagen essen oder zwei Pizzen in drei Tagen.)

214. Nur bis zur Mitte. Danach läuft der Hund aus dem Wald heraus.

215. Sie lassen beide Uhren „anlaufen" und legen nach sieben Minuten das Ei ins Wasser. Nach Ablaufen der restlichen vier Minuten aus der Elf-Minuten-Uhr drehen Sie diese erneut um. Am Ende ist das Ei genau fünfzehn Minuten im Wasser.

216. Rest (Man nimmt die ersten beiden Buchstaben des ersten und die ersten beiden des zweiten Wortes.)

217. 14, 7 (rückwärts im kleinen Einmalsieben)

218. Sallys Schwiegersohn

219. Das ist unmöglich. In der Ausgangsreihe ist die Zahl der richtig (das heißt aufrecht) stehenden Gläser ungerade, und jedesmal wird eine gerade Anzahl Gläser umgedreht. Aufrecht wird deshalb immer eine ungerade Zahl stehen, also zum Schluss mindestens noch ein Glas.

220. 4 und 9. Es handelt sich eigentlich um zwei Zahlenreihen. Eine beginnt mit 1 und setzt sich in jeder zweiten Zahl fort, die andere beginnt mit 6 und wächst nach dem gleichen Prinzip.

221. Philip. Sie sitzen in dieser Ordnung: John, Philip, Sabine, Gerald ...

222. Er ging 50 Minuten, das Taxi sparte zehn Minuten hin und zehn Minuten zurück.

223. 27 Äpfel und Orangen.

224. Nehmen Sie eine Socke aus der Kiste mit der Aufschrift „Rote und grüne Socken“. Sie wissen ja, dass alle Kisten falsch beschriftet sind, also kann die Kiste „Rot und grün“ keine zwei Farben enthalten. Wenn die Socke grün ist, heften Sie das Schild „Grün“ an den Kasten und tauschen die beiden anderen Schilder aus (denn die zwei Kisten sind ja auch falsch beschriftet). Wenn die Socke hingegen rot ist, befestigen Sie das Schild „Rot“ und vertauschen die beiden anderen.

225. Petra, weil alle anderen Spieler sie gewöhnlich besiegen; oder sie besiegen jemanden, der gegen Petra gewinnt.

226. 41 und 61. In der oberen Zeile bildet jede dritte Primzahl die Reihenfolge, während die untere Zeile von aufeinander folgenden Primzahlen gebildet wird.

227. 40 Kilometer in der Stunde. Sie dürfen nicht die Zeit addieren und durch 2 teilen. Sie wissen, dass der Mann hin und zurück 60 Kilometer zu fahren hatte und dass er dafür 90 Minuten benötigte.

228. Sie fragen beide: „Was würde der andere Mann sagen, welche Straße sicher ist?“ und nehmen die entgegengesetzte. Wenn Sie den Lügner fragen, wird er die unsichere Straße nennen, weil der Wahrheitsliebende die sichere gesagt hätte. Wenn Sie den fragen, der die Wahrheit sagt, wird er wahrheitsgemäß sagen, dass der Lügner die unsichere Straße gesagt hätte. In jedem Fall werden beide die unsichere Straße nennen, und Sie nehmen die andere.

229. Sieben. Der erste Käufer bekommt dreieinhalb plus ein halbes, also vier Pferde. Der zweite bekommt die Hälfte der übrigen, also eineinhalb plus ein halbes, das heißt zwei Pferde. Ein Pferd bleibt übrig, davon bekommt der letzte Mann die

Hälfte und ein halbes, also ein Pferd. Die Aufgabe ist leichter, wenn Sie vom Ende aus anfangen und rückwärts rechnen.

230. 0 + 1 + 2 – 3 – 4 + 5 + 6 – 7 – 8 + 9 = 1.
Vielleicht gibt es noch andere Lösungen. Wenn Ihre Antwort richtig ist, haben Sie ein dickes Lob verdient.

231. 150 DM – der Wert der zwei falschen Geldscheine plus Wechselgeld

232. Natürlich. Ihr Vater könnte 50 Jahre alt sein und der Vater ihrer Mutter (ihr Großvater) ebenso. (Ihre Mutter ist offenbar viel jünger als ihr Vater.)

233. Drei. Wenn Sie drei Socken herausnehmen, ist darunter garantiert ein Paar gleichfarbige.

234. Er muss etwas Luft aus den Reifen herauslassen. Dann wird der LKW niedriger.

235. 210. Wenn Sie eine Zahl durch einhalb teilen, verdoppeln Sie sie.

236. Die Wahrscheinlichkeit, dass der Kopf oben ist, ist 1 zu 1. Eine Münze hat kein Gedächtnis.

237. Weiß (Eisbär). Er war am Nordpol, denn er konnte nur nach Süden gehen.

238. 17, 37, 46

239. 48 DM

240. Sie ist Liliputanerin und kommt nicht an den Knopf für den 18. Stock.

241. Der arme, aber kluge Ritter zerreißt den Zettel, den er herausnimmt, und reicht den anderen dem König. Da auf dem unversehrten Zettel „Tod“ stehe, erklärt der Ritter, sei es offensichtlich, dass auf dem zerrissenen „Heirat“ gestanden haben müsse.

242. Sie sparen 1 Pfennig, das Radio der Konkurrenz kostet nämlich 19,99 DM.

243. e (Peseten sind die Währung in Spanien, Drachmen in Griechenland.)

244. 1.

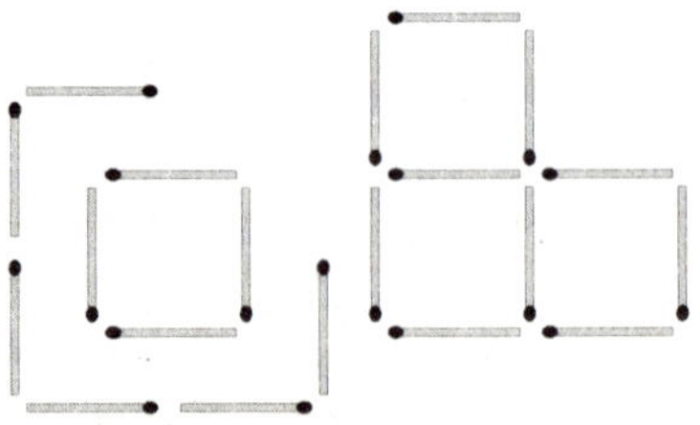

2.

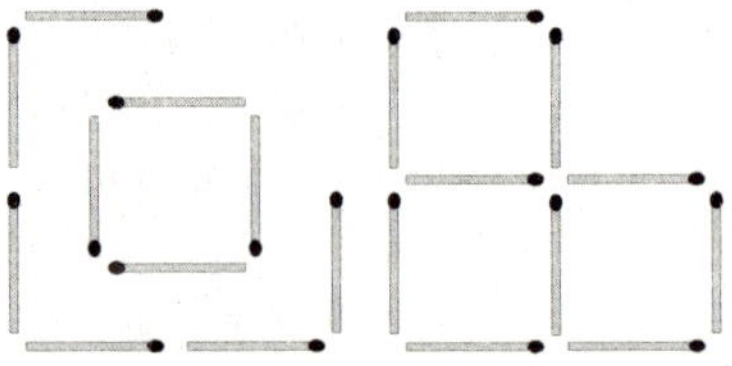

245. Am Freitag. Sie müssen die Tage ausstreichen, die nicht in Frage kommen.

246.

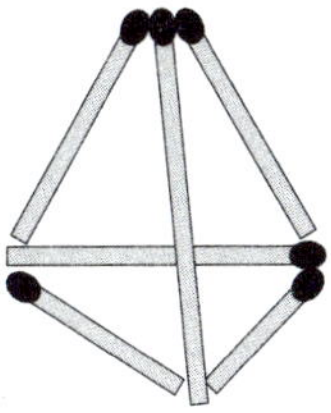

247. Sie, dans de Fiß da weg, Sie Lackel, Sie damischer. (Für Nordlichter: Sie, nehmen Sie die Füße weg, Sie Blödmann, Sie dämlicher.)

248. Sechseinhalb Zentimeter. Stellen Sie die Bände auf das Regal und schauen Sie. Wenn der Wurm außen an der Titelseite des Einbands von Band eins beginnt und sich durch Band zwei hindurchfrisst, hat er die Seiten von Band eins nicht berührt. Band zwei ist mit Einband sechs Zentimeter dick, und der Wurm würde danach noch den Einband von Band drei fressen, also einen halben Zentimeter.

249.

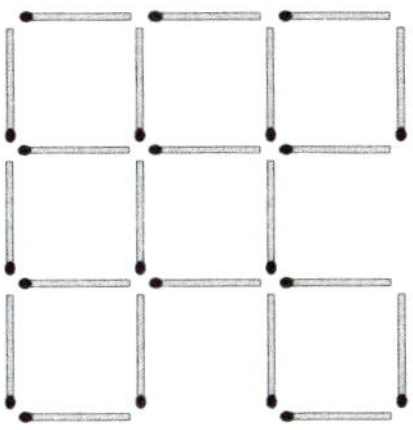

250. Er tastet nach dem Papierstreifen mit den zwei gerissenen Rändern.

251. 1.

2.

3.

4.

5.

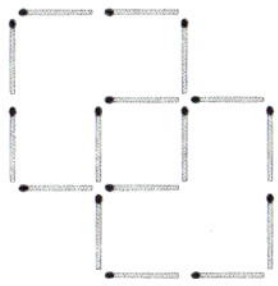

252. D

253. Nirgends. Überlebende werden nicht begraben.

254. 1. chen, 2. ben, 3. ne

255. Die Buchstaben stehen für die Zahlen, die die Position der Buchstaben im Alphabet angeben.

1. X (3, +3, +6, +3, +6, +3 = 24)
2. P (1, +1, +2, +4, +8 = 16)
3. Q (3. Zahl von vorn, 3. Zahl von hinten, 7. Zahl von vorn, 7. Zahl von hinten, 10. Zahl von vorn, 10. Zahl von hinten)
4. R (18 : 2 : 3 x 2 x 3 = 18)
5. I (Nach dem Konsonanten – hier Beginn mit B – folgt der ihm vorausgehende Vokal.)

256. 1. Sonne, 2. Fliege, 3. Thermometer, 4. Apfelbaum, 5. Jacht, 6. Brille, 7. Zeichen, 8. Glas, 9. Regen, 10. Wald, 11. Bache, 12. Sessel, 13. Lehrer, 14. Ring, 15. Pazifik.

257. E

258.

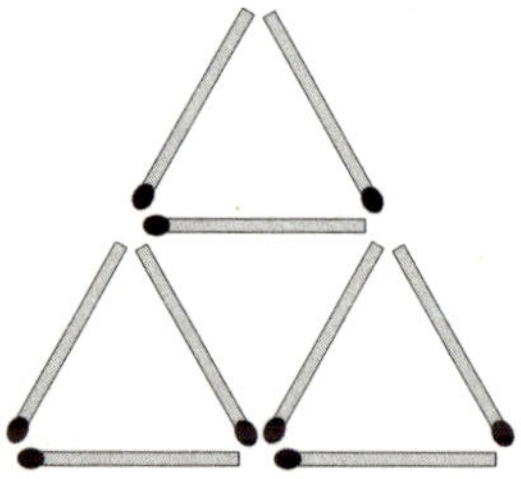

259. 1. 9 (24 – 8 – 4 –2 –1)
2. 47 (17 + 2 + 4 + 8 + 16)
3. 6561 (3 x 9 = 27, 9 x 27 = 243, 27 x 243 = 6561)
4. 89 (11 x 2 = 22; 22 + 15 = 37; 37 x 2 = 74; 74 + 15 = 89)

260. Nikolaus!

261. 1a.

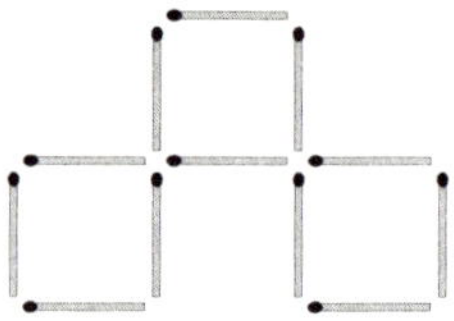

1b.

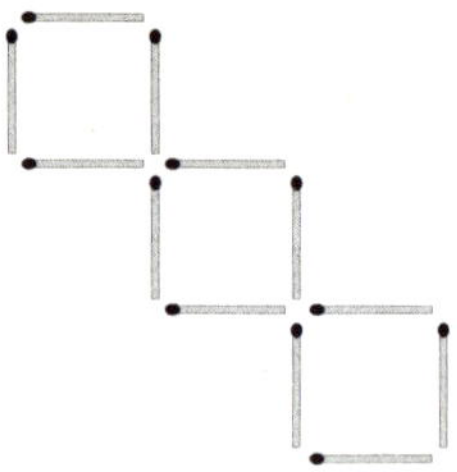

1c.

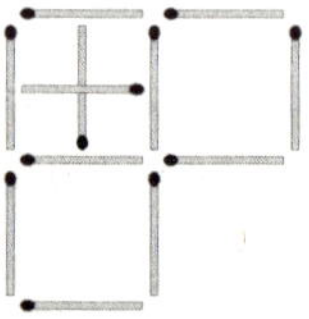

1d.

262. D (Die Summe in jeder waagerechten Reihe beträgt 10.)

263. Der Wecker wird um neun Uhr klingeln, eine Stunde, nachdem Sie ihn gestellt haben. (Vorausgesetzt, es handelt sich um einen Wecker „klassischer“ Art, nicht um einen mit Digitalanzeige von 00:00 bis 23:59.)

264. 1. Stift, 2. Bank, 3. Tor, 4. Röhre, 5. Mörser, 6. Strudel, 7. Hund, 8. Stock, 9. Elf, 10. Strom.

265. B (In der ersten und der zweiten Zahlenreihe ergibt die Summe der ersten und letzten Zahl 5.)

266. F (Zwei Dreiecke entsprechen dem Gewicht von einem Quadrat und einem Kreis. Beweis:

I. $3x + 3y = 6z \mid -3y$

$3x = 6z - 3y \mid : 3$

$x = 2z - y$

II. $4x + 4y = 8z$

$4\,(2z - y) + 4y = 8z$

$8z - 4y + 4y = 8z$

$8z = 8z$)

267. Großvater, Großmutter, Sohn, Schwiegertochter und Enkel. Großvater und Sohn sind beides Väter, Großmutter und Schwiegertochter sind auch Mütter, Sohn und Enkel sind beides Söhne.

268. 1. 9 (8 + 9 = 17)
2. 8 (8 x 8 = 64)
3. 12 (37 – 12 = 25)
4. 47 (12 x 3 + 11 = 47)
5. 17 ((248 – 214) : 2 = 17)

269. Elf Schnitte

270. 1. ZE, 2. FA, 3. SE, 4. ANK, 5. ME.

271.

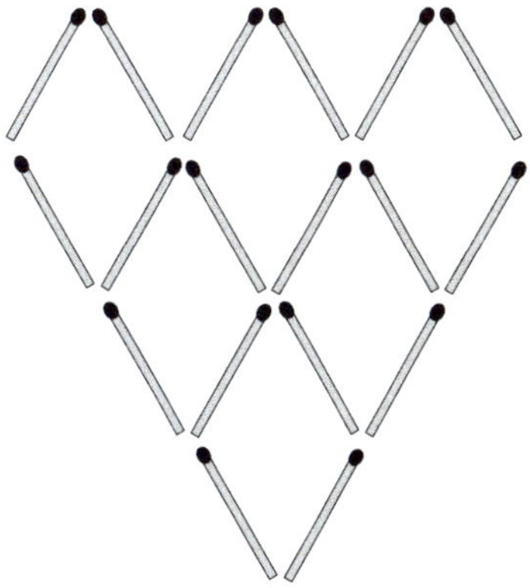

272. F

273. Fünf Pfennig. Der teure Bleistift kostete 1,05 DM. Wenn Sie dachten, die Antwort wäre 1 DM und 10 Pfennig, dann erfüllt das nicht die Bedingung. 1 DM ist nicht 1 DM mehr als 10 Pfennig. Es sind nur 90 Pfennig mehr.

274. 1. Jade, 2. Ohren, 3. Computer, 4. Ruhe, 5. Mit, 6. Tief.

275. 1. Zitronen, 2. Auto, 3. Haus, 4. Uhr.

276. C

277. D

278. Zweieinhalb Stunden

279. Gänseblümchen, Pantoffel, Segelschiff, Insektenschutz, Gelassenheit, Supermarkt, Kopfschmerzen, Müdigkeit, Stiefmutter, Sandaletten, Halskette, Nagellack, Fensterrahmen, Flaschenetikett, Buchseite, Barhocker.

280. Klein (→ Kleiner) oder Meter (→ Millimeter) und Ähnliches

281.

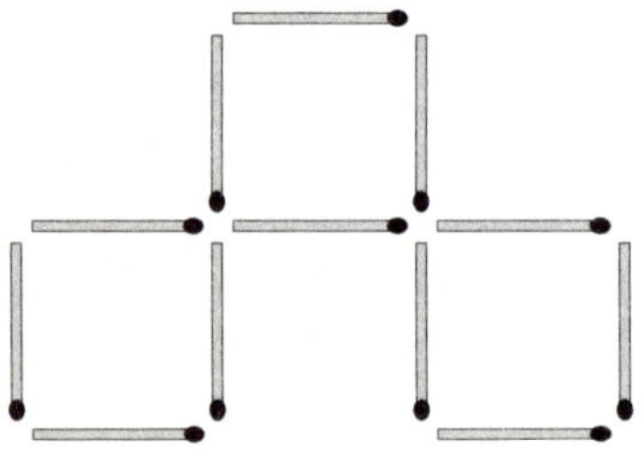

282. E (In jeder waagerechten Reihe ergibt die erste Zahl minus der zweiten Zahl plus der dritten Zahl die vierte Zahl.)

283. B (12 x 2 - 3 = 21)

284. M = 1, S = 9, O = 0, E = 5, N = 6, D = 7, R = 8, Y = 2.

285. Alle Monate haben 28 Tage, die meisten sogar mehr!

286. (Keine Lösungsangabe)

287.
1. 15 (267 - 202 - 50 = 15)
2. 119 (Quersumme 1. Zahl (11) & Quersumme 2. Zahl (9))
3. 36 (85 - 79 = 6; 6^2 = 36)
4. 15 (315 : 21 = 15)
5. 55 (91 - (2 x 18) = 55)

288. 1. ger, 2. le, 3. te.

289. Es war Noah, nicht Moses!

290. Summe: 225

291. A (Die Summe aller Zahlen in einem Dreieck beträgt 6, 7, 8, 9 und 10.)

292. 1.

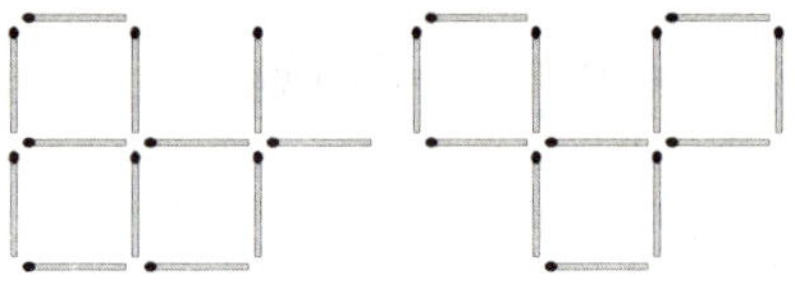

2.

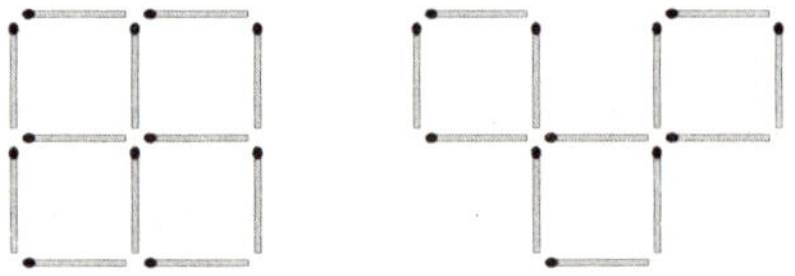

3.

293. (Keine Lösungangabe)

294. 1. LE, 2. DER, 3. ST, 4. KE, 5. KER.

295.

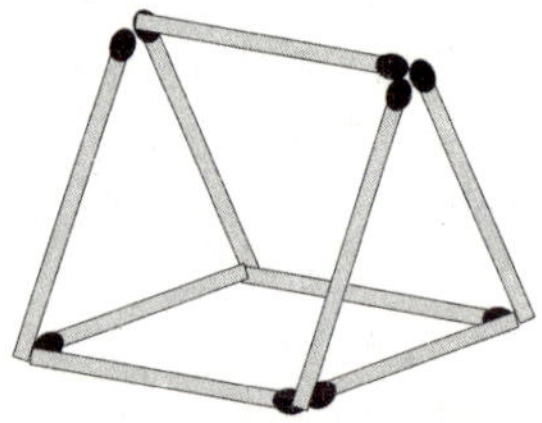

296. B (Die inneren und die äußeren Felder ergeben addiert jeweils 33.)

297. 1. 3 (1. Zahl + 2. Zahl = 3. Zahl)
2. 5 (1. Zeile + 2. Zeile = 3. Zeile)
3. 9 (Differenz 1. Zeile = 4, 2. Zeile = 5, 3. Zeile = 6)
4. 8 (Differenz 1. Spalte = 4, 2. Spalte = 2, 3. Spalte = 1).

298. a (Margaret Mitchell schrieb „Vom Winde verweht".)

299. 1. ein, 2. ge, 3. er.

300. Es sind 44 Dreiecke.

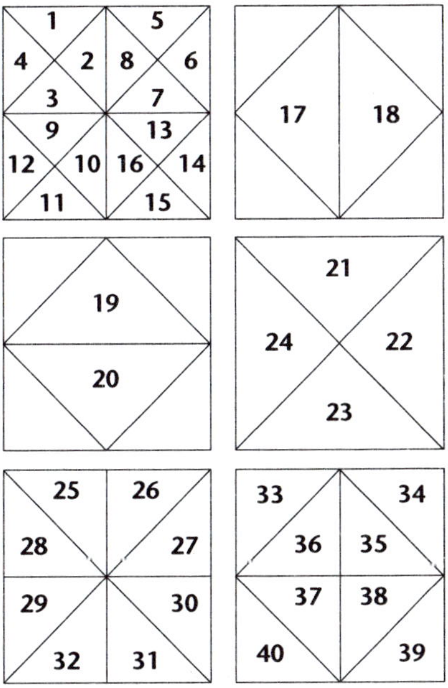

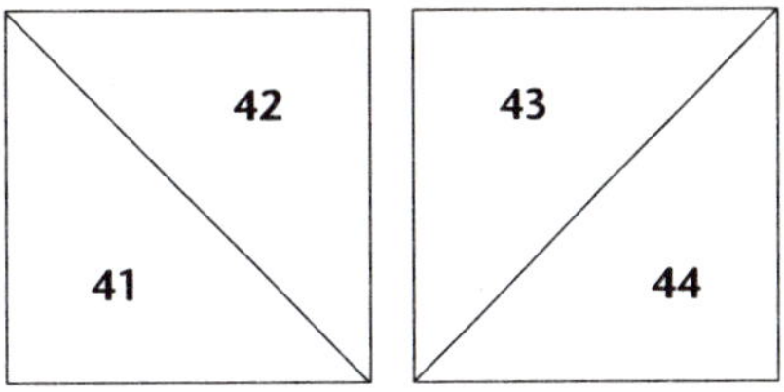

301. Eine davon ist ein Groschen: Ein 50 Pfennig- und ein 10 Pfennig-Stück.

302. Jim hatte „hatte" gehabt, wo Bill „hatte gehabt" gehabt hatte. „Hatte gehabt" hatte es heißen müssen.

303.

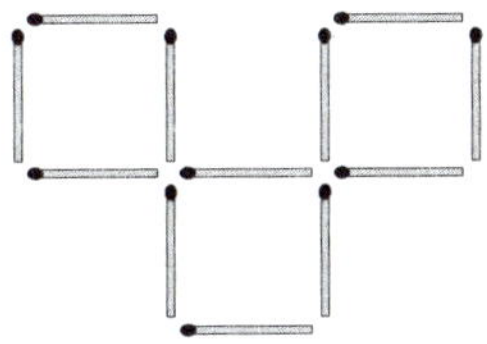

304. d (Eine Kasserolle ist ein kleiner Stielkochtopf, mit dem der Koch arbeitet.)

305. c (Beides sind berühmte Fernsehtiere.)

306.

307. 26 Minuten

308. Seine Hausnummer; jede Ziffer kostet eine Mark.

309.

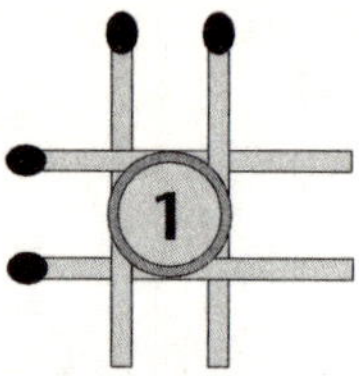

310. a (Das erste Paar enthält die beiden ersten Vokale des Alphabets, das zweite die ersten Konsonanten.)

311. Es sind 240 Seiten.

312. Die römische 8: VIII

313. c (Vater und Sohn; denkbar wären auch: Rechtsanwalt und Klient.)

314. Das Wort heißt: FEST

315. 8640

316.

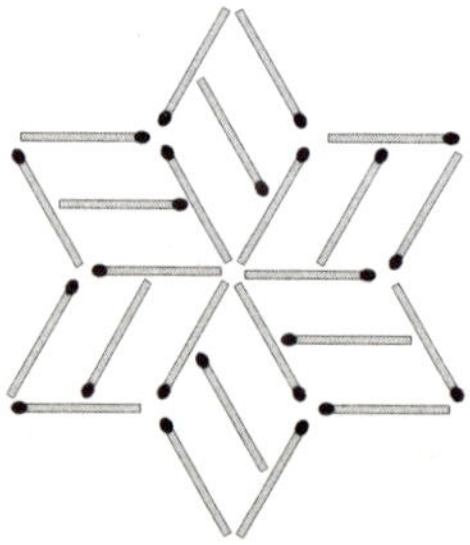

317. Eine echte Münze kann nicht mit „v. Chr." beschriftet sein; „v. Chr." heißt „vor Christus", und es wurden keine Münzen geprägt mit dem Geburtsjahr von jemand (Christus), der noch gar nicht geboren war.

318. c (Celia hatte einen größeren Vorsprung vor Alex als vor Carola.)

319. a (Zeichnung, alle anderen Begriffe haben mit Buchstaben und Ziffern zu tun.)

320. c (16; 2 + 6 = 8, 8 x 2 = 16)

321. b (Der Friseur wohnt nicht in Rätselhausen.)

322. a)

323. d (Das erste Paar sind Speisen, die nach Menschen benannt wurden, beim zweiten Paar handelt es sich um Maßeinheiten, die Menschennamen tragen.)

324. b (Laub bezieht sich auf Blätter.)

325. 1.

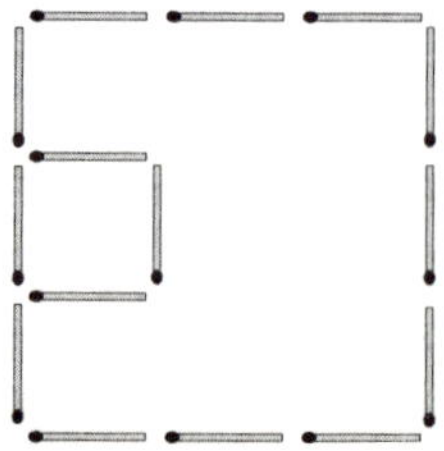

2.

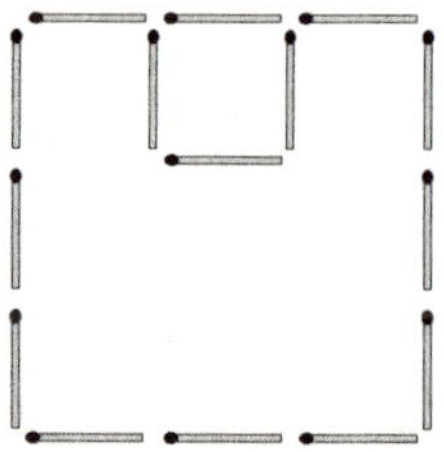

326. 9 (Die ersten drei Zahlen einer Zeile ergeben addiert die vierte Zahl.)

327. 21 - 5 x 2 = 32

328. c (125, die Zahl in der dritten Potenz, also 5^3.)

329.

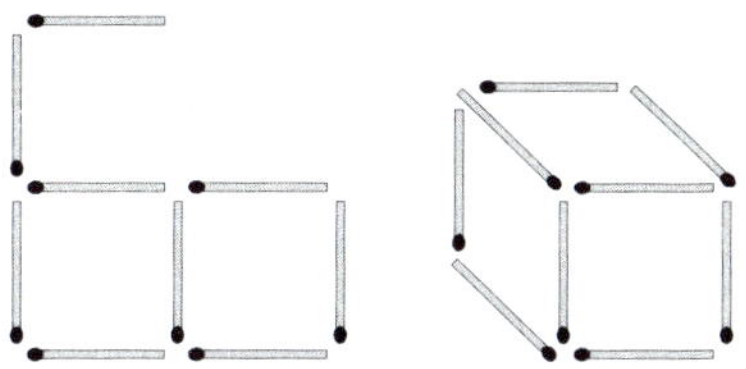

330. a)

331. e (Istanbul ist der neue Name für Konstantinopel.)

332.

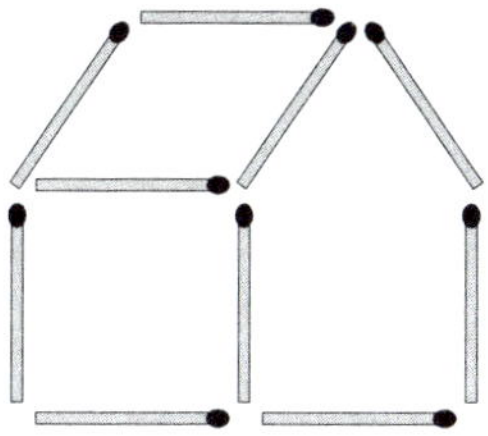

333. c (Milchstraße, jedes ist Teil eines größeren Gebildes.)

334. b (Safran, sie gehören zur gleichen Familie.)

335.

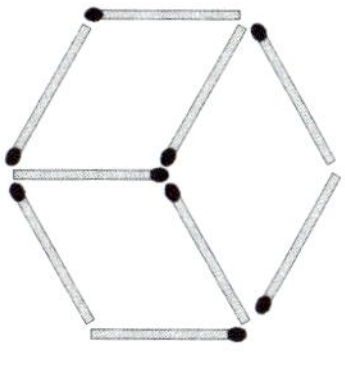

336. d (Roosevelt, der Nachfolger)

337. d (Gehirn, beide Männer waren Wissenschaftler auf dem jeweiligen Gebiet.)

338.

339. e (England, das Jahr, in dem eine Revolution stattfand.)

340.

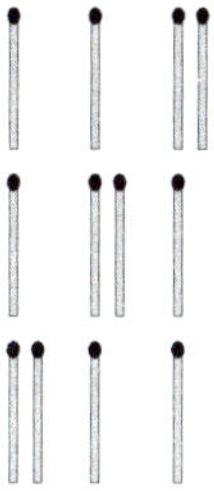

341.

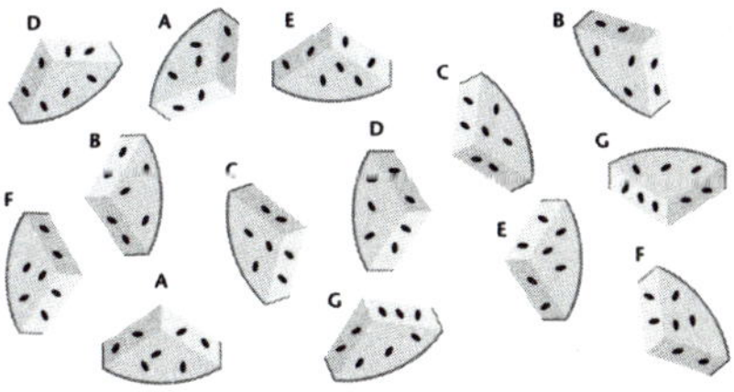

342. (Keine Lösungsangabe)

343. Es kam 22 mal „RS“ vor.

344. C (der Weg: 3-6-6-6-6-6-6-6–3; also 2 Kästchen waagerecht nach rechts, 1 nach unten, 1 nach rechts, 3 nach unten, 1 nach rechts)

345. A (In jeder Reihe ergeben die beiden linken wie die beiden rechten Quadrate jeweils die Summe 8.)

346. A) 89 (immer + 14)
B) 27 (immer + 4, – 6)
C) 18 (immer – 2, -5)

347. a)

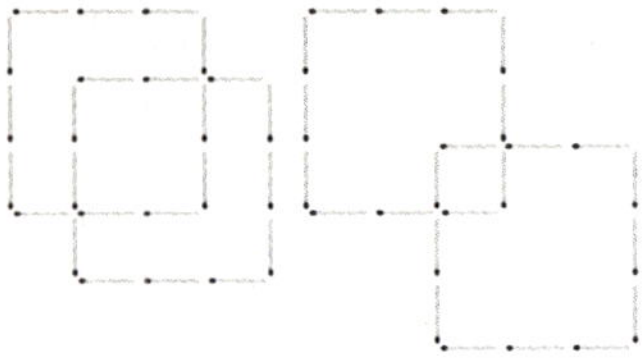

b)

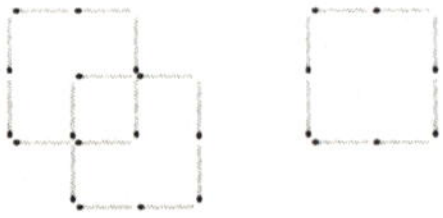

c)

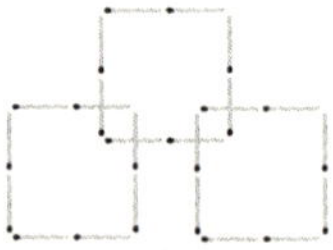

d)

e)

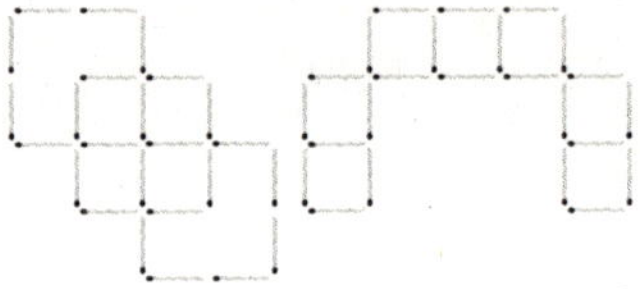

f)

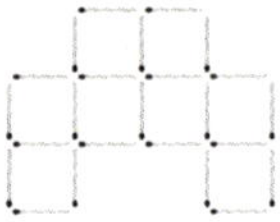

g)

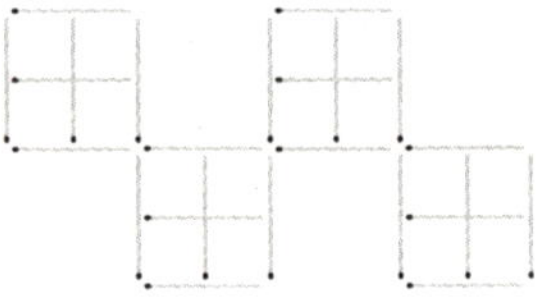

h)

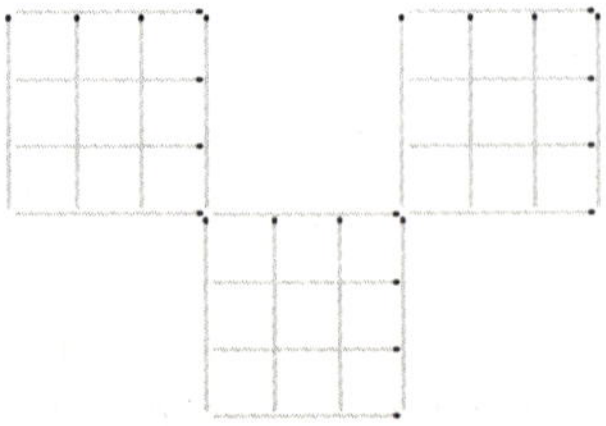

i)

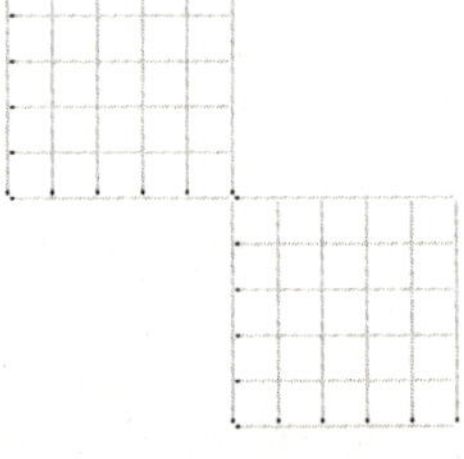

348.

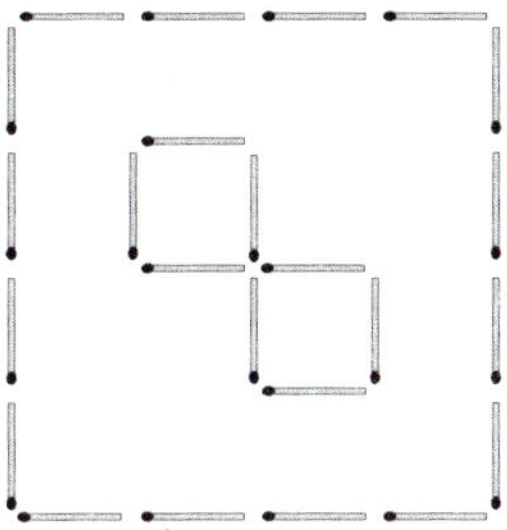

349. 1. Brillen, 2. Computer, 3. Finger.

350. 1. OTTE, 2. STER, 3. D, 4. LOG, 5. TER.

351. c (16; die Zahl wird mit sich selbst malgenommen; 36 und 16 sind Quadratzahlen.)

352. c (Wurzeln; oben – unten.)

353. Es sind 27 Rauten.

354. D (Kreis zählt 2, Quadrat zählt 1, Dreieck zählt 3)

355.

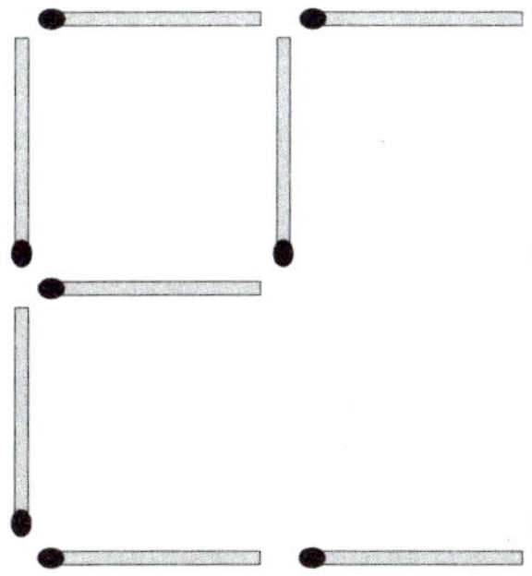

356. A) 112 (immer + 12)
B) 41 (immer + 3, x 2)
C) 1440 (1. Zahl x 2, 2. Zahl x 3, 3. Zahl x 4 usw.)

357.

9	7	5
8	3	10
4	11	6

358.

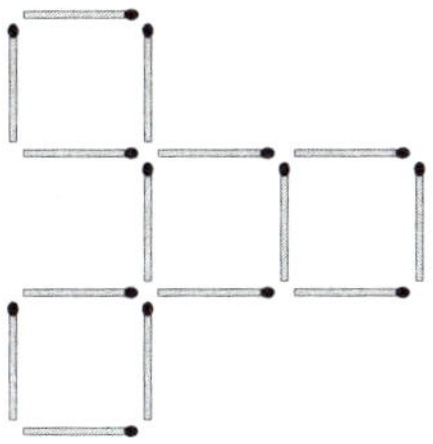

359.

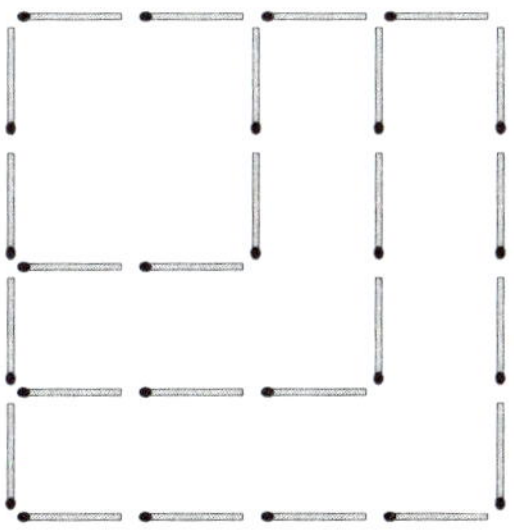

360. (Keine Lösungsangabe)

361. D (Pik = 7, Herz = 5, Karo = 9, Kreuz = 2)

362.

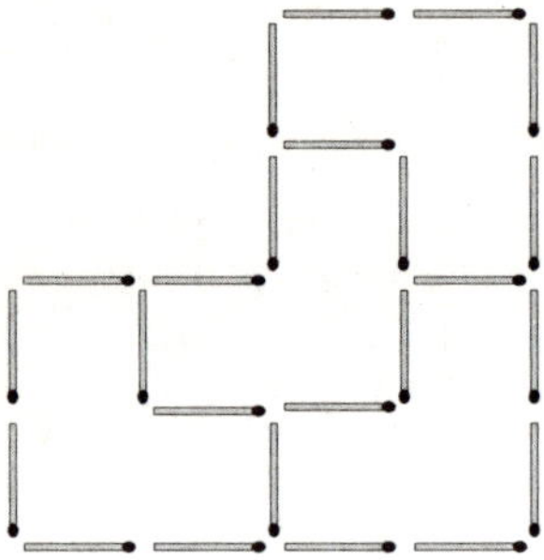

363. Lösungen von links nach rechts und von oben nach unten: 88, 216, 70, 78, 76, 192, 119, 90.

364. D (Der Stundenzeiger geht immer um zwei Stunden vor.)

365. C (In jeder waagerechten Reihe gilt: 1. Zahl + 2. Zahl – 3. Zahl = 4. Zahl.)

366. 9 Stück

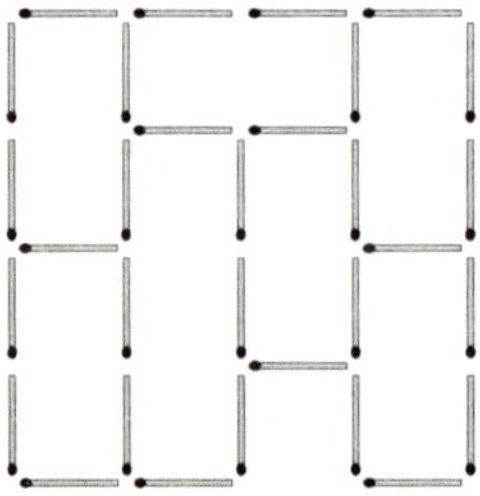

367.

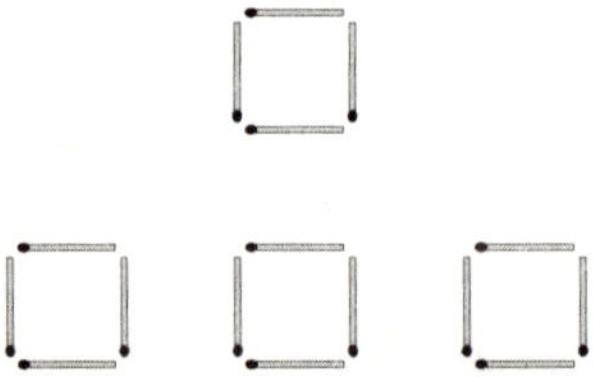

368. (Keine Lösungsangabe)

369. E

370.

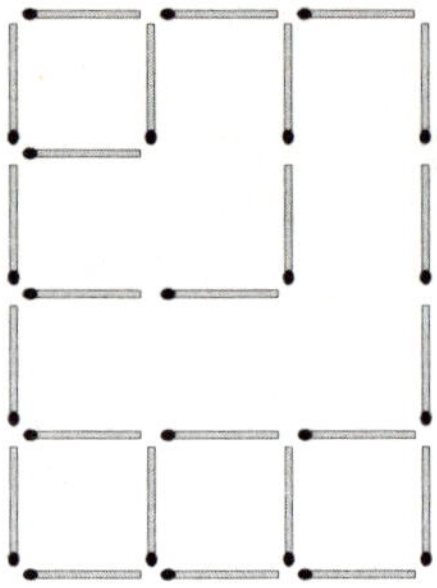

371. Mögliche Lösungen: Großhirn, Eisverkäufer, Hitzefrei, Indianertuch, Reifenpanne, Narrenzug.

372.

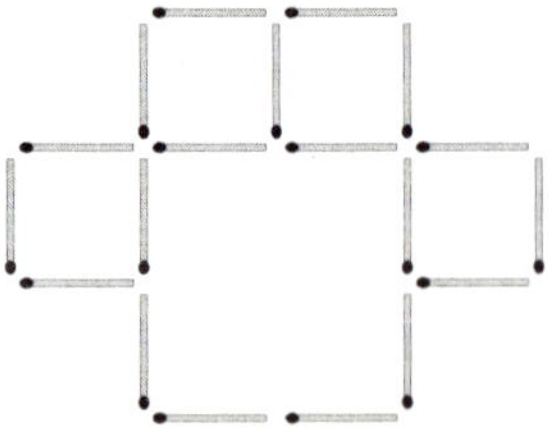

373. D (Senkrecht und waagerecht ergibt sich die gleiche Buchstabenfolge.)

374. A) Strom, B) Tuch, C) Pferd D) Wand, E) Topf, F) Licht

375. C (Die Summe in jeder der vier senkrechten Spalten beträgt 18.)

376.

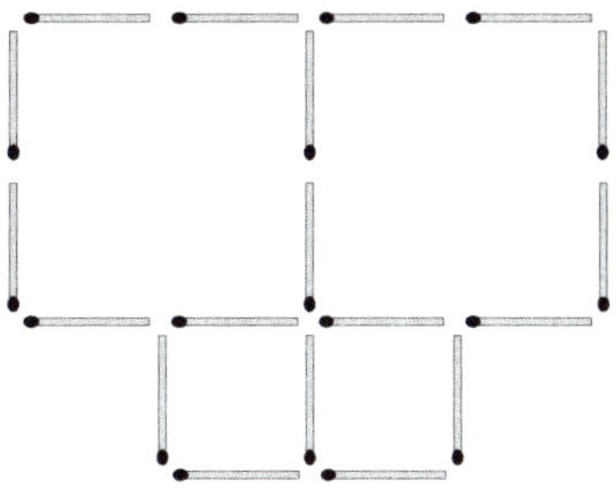

377. c)

378. 31 (Jede Zahl wird verdoppelt und mit 1 addiert.)

379. E

380. F (Die erste Reihe ergibt addiert mit der zweiten Reihe die dritte Reihe.)

381.

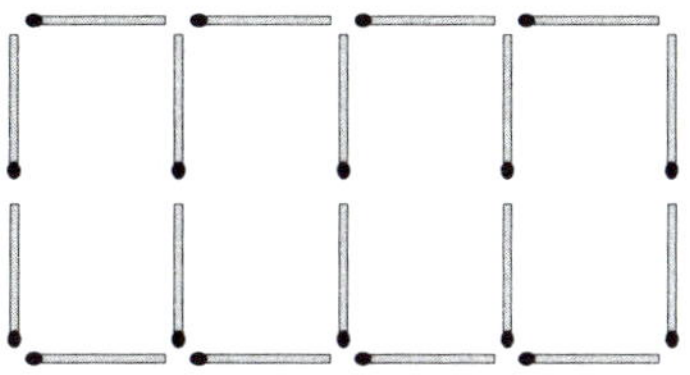

382. a (Fluß; in beiden Analogien bezeichnet das erste Wort den Ursprung des zweiten.)

383. Folgende Tiernamen sind versteckt: Pferd, Pfau, Nashorn, Papagei, Igel, Luchs, Affe, Maus, Leguan, Uhu.

384. b (Japan; das Zeichen steht für den japanischen Yen.)

385.

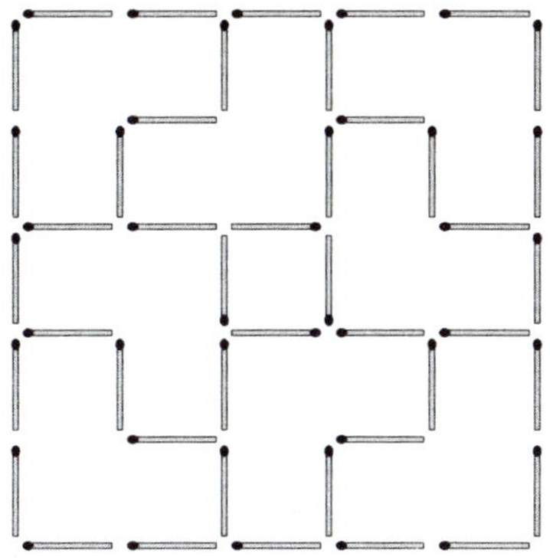

386. A (In jeder waagerechten Reihe gilt: 1. Zahl + 2. Zahl + 3. Zahl = 4. Zahl.)

387. „Ich bekomme nicht B." Jürgen kann nur A bekommen, sonst sind die Konditionen nicht erfüllt: C kann er nämlich nicht erhalten, weil er die Wahrheit gesagt hat; dann hätte er allerdings A oder B bekommen müssen. B kann er aber auch nicht erhalten, denn dann hätte er gelogen.

388. a (Symbole umgekehrt und ohne Farbe)

389. (Keine Lösungsangabe)

390.

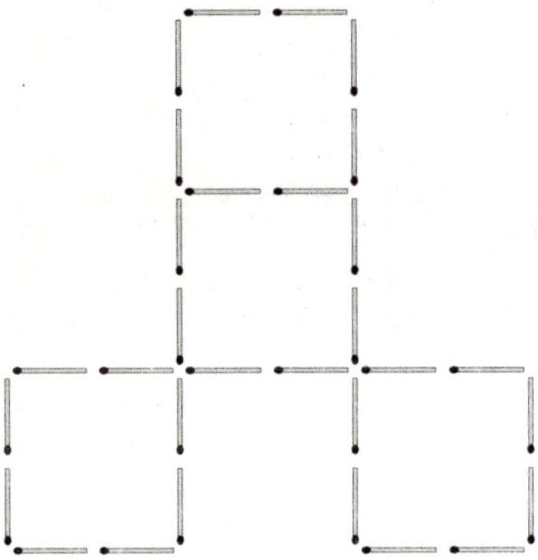

391.

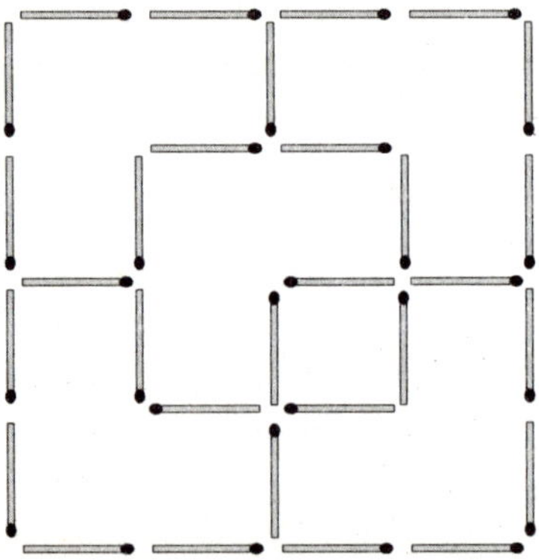

392. b (Die Symbole in der oberen und der unteren Zeile sowie rechts und links wurden vertauscht.)

393. a)

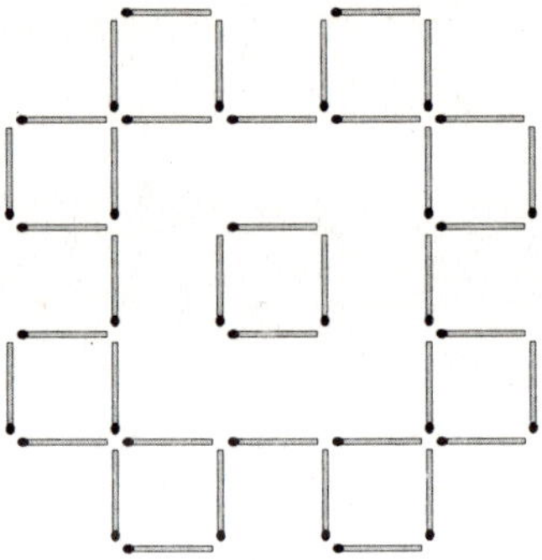

b)

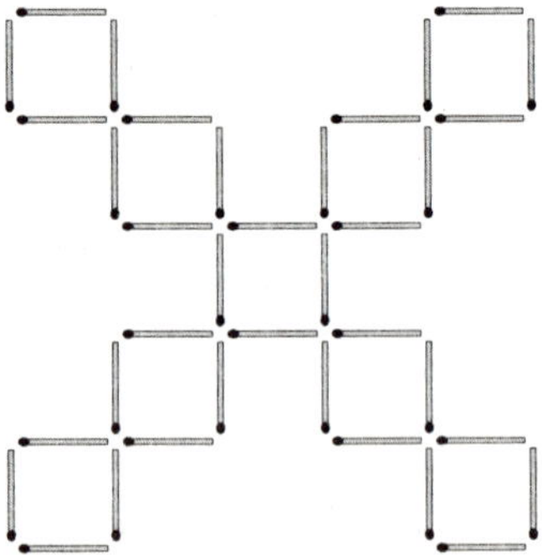

394. E

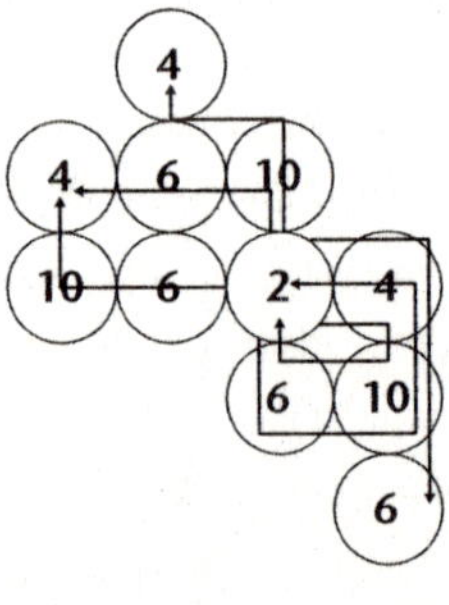

395. b (Rechteck zu Kreis, wie räumliches Rechteck zu räumlichem Kreis)

396. a)

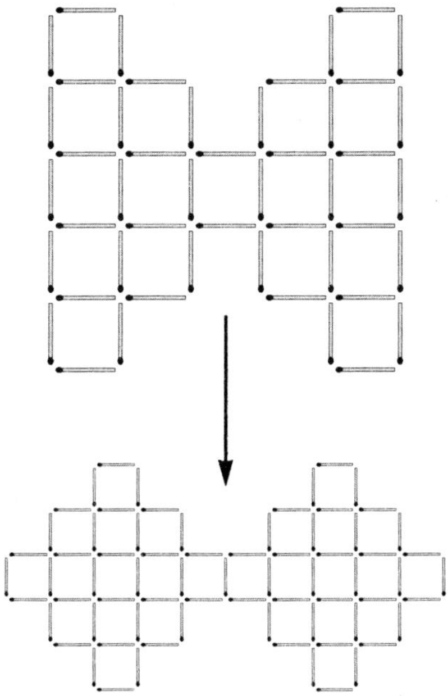

b)

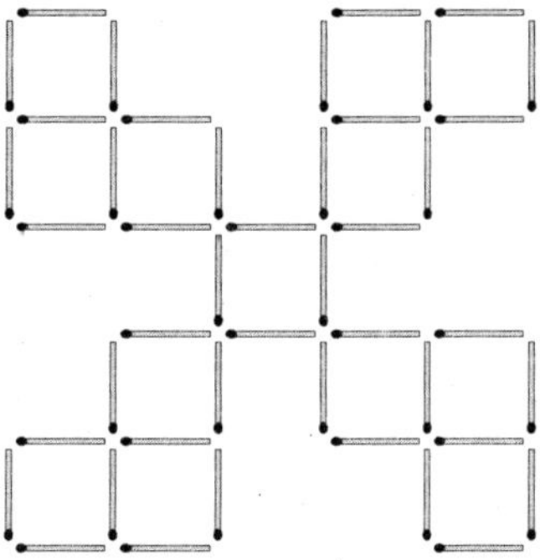

397. a)

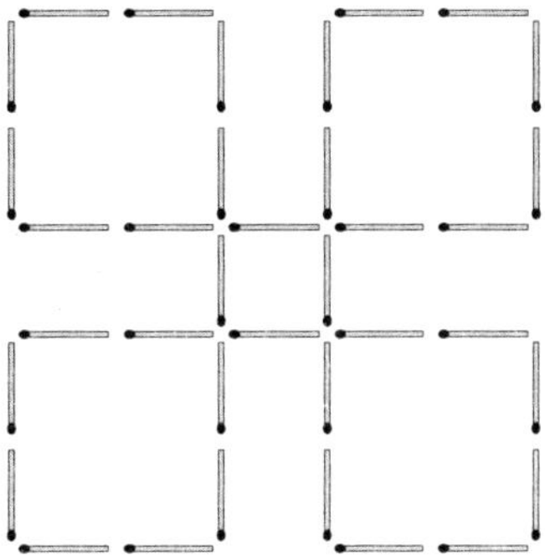

b)

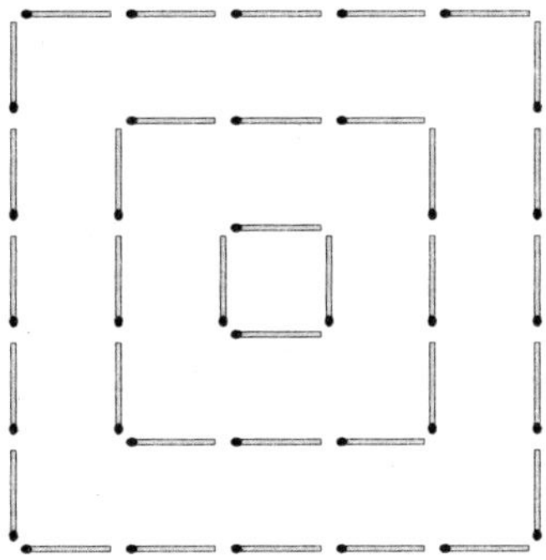

398. Zum Beispiel: LEER, ERLE, REN.

399. (Keine Lösungsangabe)

400. 48 x 117 = 5616